杭州市市属高校重点实训基地——会展旅游综合实训基地资金
全额资助出版

会展调研

主　编　周晓音
副主编　钱世凤　孙　力

浙江工商大学出版社
ZHEJIANG GONGSHANG UNIVERSITY PRESS
·杭州·

图书在版编目(CIP)数据

会展调研 / 周晓音主编. —杭州：浙江工商大学出版社，2015.2(2024.8 重印)
ISBN 978-7-5178-0932-6

Ⅰ. ①会… Ⅱ. ①周… Ⅲ. ①展览会—工作—研究 Ⅳ. ①G245

中国版本图书馆 CIP 数据核字(2015)第 006633 号

会展调研
主编 周晓音 副主编 钱世凤 孙 力

责任编辑 任晓燕
封面设计 王好驰
责任印制 包建辉
出版发行 浙江工商大学出版社
(杭州市教工路 198 号 邮政编码 310012)
(E-mail:zjgsupress@163.com)
(网址:http://www.zjgsupress.com)
电话:0571-88904980,88831806(传真)
排 版 杭州朝曦图文设计有限公司
印 刷 广东虎彩云印刷有限公司绍兴分公司
开 本 710mm×1000mm 1/16
印 张 16.25
字 数 266 千
版 印 次 2015 年 2 月第 1 版 2024 年 8 月第 5 次印刷
书 号 ISBN 978-7-5178-0932-6
定 价 36.00 元

序

会展业随着我国经济体制改革的不断深入和对外开放的不断扩大，已成为国民经济增长的重要引擎，成为我国第三产业中一个相对独立的行业并逐步走向成熟，大会展概念也得以逐步实践。

会展业既是生产性服务业，又是生活性服务业；既包括传统服务业内容，又涵盖现代服务业诸多领域。会展业是现代服务业的核心和引擎，也是现代国际性中心城市必经承载的产业任务。作为一个具有广阔前景的朝阳产业和绿色产业，随着专业化、市场化、法制化、国际化水平不断提高，会展活动空前活跃，会展业已成为中国国民经济中增长较快、发展潜力较大的行业之一。

今天，杭州科技职业技术学院周晓音、钱世凤两位老师和浙江大学博士生孙力结合自己的专业经验，编写了《会展调研》一书，很给力。会展产业要发展，会展研究要跟上，真正做到会展业的产学研结合，会展调研是基础。要把学生培养成为高技能的应用型人才，首先要让学生学会市场调研方法与工具的运用，掌握会展数据的收集与分析，提高信息整合与判测的能力。毕业后从事会展工作时，能够熟练地运用调研方法，为会展活动提供策划。

“会展调研”倡导校企合作、工学结合、知行合一。希望今后运用多种视角，集结不同观点，有更多的市场调研案例出现，增强我国会展教学与研究，促进我国会展业的发展。

亚太会展研究院院长　郭牧

2015 年 1 月 28 日

前　言

随着会展业的日益发展,展览、会议、节事活动的相关组织需要调研的工作越来越多,调研能力已经成为会展从业者的重要能力。因此,“会展调研”成了会展专业的一门课程,甚至一些学校把它列为专业的主干课程,以期使学生通过系统的学习,知晓调研的方法与工具、信息的收集与整理、情况的分析与预测等,在毕业之后从事会展工作时,能够运用调研为会展活动的决策提供服务。

目前,市场调研一类的教材很多,但会展调研的教材却很难找到。我们在编写会展调研教材之前,会展调研课程中使用的就是市场调研的教材,但我们发现市场调研主要是从企业的角度去做市场的调查与分析,虽然会展调研也要做市场调研,但会展有自己的特性,调研的发起者、使用者、调研对象、调研任务等都有自己独特的范畴。为了给学生提供更具实际指导意义的教材,我们得到了我校(杭州科技职业技术学院)会展专业多家校企合作单位的支持,编写了《会展调研》这本书。在此,对本书的写作特点做简要的介绍:

1. 校企合作,共同开发

高职院校会展专业的设立主要是为会展相关企业培养高技能的应用型人才。人才需要什么样的知识、能力、技术,企业最有发言权。我们这本教材与企业共同开发,里面所举的许多案例就是依托两个合作会展公司执行的会展项目开展工学结合调研活动的实例,调研从方案设计到具体执行都得到了企业的指导与支持。教材最终也由企业专家审定。因此,整本教材贯穿了“校企合作”“工学结合”“知行合一”的精神,有助于学生职业能力的培养。

2. 注重理论,强化技能

本教材分为两大部分:理论篇、操作篇。理论是操作的基础;操作是理论学习后的具体实践。理论篇主要介绍什么是会展调研,会展调研的提供者与使用者,展览、会议、节事活动的主要调查内容,会展调研的方法等,为会展调研项目实务提供相关的知识准备。操作篇根据会展调研的环节与程序安排学习任务，使学生通过每个项目的练习，掌握整个会展调研的各项工作。这样安排教学内容，不同于传统教材偏重理论知识，也不同于现在的许多高职教材偏重实践操作的做法，目的是使学生在掌握较为系统的理论知识的基础上，开展实践与应用，两者有机结合，有利于学生的成长与发展。书中特别介绍了SPSS软件的应用，因为它具有强大的数据统计分析功能，是会展调研中被广泛运用的工具。所选案例注重典型性、实用性，尤其是选取了我校“会展调研”课程工学结合调研项目的例子，便于学生从模仿入手，最终能够自主设计完成调研任务。

3. 一体化设计，项目化操作

教材采用一体化设计、项目化操作的体例。理论篇共分四章，第一章为概论，总的介绍会展调研的特点、作用、程序、内容、方法，第二、三、四章分别介绍展览调研、会议调研和节事活动调研，每章前面列出学习的知识目标和能力目标，后面有思考练习，巩固所学的知识。操作篇按照会展调研的工作进程安排了七个项目，每个项目前面也列出了学习目标——知识目标、技能目标和训练路径；每个项目又分若干模块；每个模块由工作任务、理论指导、实践操作、注意事项组成。如此使学生在工作任务的驱动下，接受新的知识，在操作中真正掌握技能，并提示学生操作中容易出现的问题，引起他们的注意和重视。

本书的编写得到了许多业内专家无私的支持与帮助，在此，表示我们最诚挚的谢意！教材的编写也参考了许多市场调研的教材和其他文献，在此也特向这些文献的作者表示真诚的感谢！

由于编者学识、经验的局限，本教材难免存在不足甚至错误，衷心希望各教学单位和读者在使用的过程中能够提出宝贵的意见和建议。

编　者

2014年11月25日

目录

理论篇

操作篇

理论篇

第一章 会展调研概论

学习目标

【知识目标】

- ◆ 能理解会展调研的概念与要素
- ◆ 能认识会展调研的特征
- ◆ 能认识会展调研的目的
- ◆ 能认识会展调研的类型

【能力目标】

- ◆ 能举例说明会展调研的作用
- ◆ 能掌握会展调研的程序
- ◆ 能描述会展调研的内容
- ◆ 能掌握一手资料和二手资料调查方法

会展调研是会展组织进行会展活动决策、预测市场、制订政策的基础，只有掌握了大量的情况并据此做出科学的分析，得出结论，才能正确地判断当下，把握未来。

第一节　会展调研的概念

一、会展调研的定义

调研是调查研究的简称，指通过各种调查方式获取信息，进行统计分析，研究事物特征，做出科学判断。市场调研，是以市场为对象的调查研究活动。它是指组织按照预定的目标和要求，运用科学的方法，有计划、有目的地收集、整理、分析和研究市场环境和市场情况资料，获取市场信息，从而了解市场、认识市场。美国市场营销协会（AMA）给市场调研做出这样的定义：市场调研是对商品和服务市场相关问题的全部数据进行系统计划、搜集、记录和分析的活动过程。

会展业是与市场紧密结合的产业。参考市场调研的概念，会展调研的定义可以理解为：会展调研是会展产业及其活动的相关组织者，利用特定的方法和手段，对会展业的有关情况和问题进行系统的调研设计、信息收集、整理和分析，得出各种调查数据资料和研究结果，从而为组织制订会展决策提供依据的活动。

根据上述定义，会展调研不仅要对会展资源、会展市场、会展活动、会展人员的情况进行收集、分类与整理，还要对调查所获取的数据资料进行分析，并得出合理的有价值的结论。

会展调研包括以下几个要素：

（1）会展调研的主体，即会展调研的发出者，包括政府、会展主办方、会展公司、参展商等。他们为了了解会展的资源、决策或检验会展活动，需要通过调研得到确切的信息。

（2）会展调研的目的，即会展调研的出发点，为什么要进行这次调研，为了获得哪方面的信息。

（3）会展调研的客体。有主体，必然有客体。会展调研的客体是调查的对象，也即调查什么，调查谁。它可以是人（参展商、观众、与会者等），也可以是物（展览场馆、会议中心、交通设施等）。

（4）会展调研的方法。根据明确的调查目的，采取特定的方法和手段，才能获取信息，保证调查内容的客观性和准确性。

(5)会展调研的内容。根据调研目的，来确定调研的内容。

(6)会展调研的范围。目的不同，调查的范围也不同。凡是直接或间接影响会展环境、会展资源、会展市场变化的因素和相关资料，都属于会展调研的范围。

(7)会展调研的过程。指的是经过前期的设计，具体展开调查，到展会现场获取数据资料，或者进行二手资料的收集。

(8)会展调研的数据资料整理分析。对收集到的数据资料进行分类，运用手工或 SPSS 软件进行录入、分析。

(9)会展调研的结论。会展调研所获得的信息，能够为处在动态竞争环境中的会展组织制订决策提供依据。会展调研的结果可以是直接的调研数据，也可以是最终的研究报告，在日常工作中后者往往居多。

二、会展调研的特点

(一)目的性

会展调研具有明确的目的性，调研主体要依据真实、可靠的信息来预测活动的情况，做出科学的决策。譬如，中国艺术节是国内目前级别最高、规模最大的国家艺术盛会，为了了解艺术节对政治、经济、文化、社会的影响状况，促进和谐社会的建构与发展，“国家艺术节对中国社会影响和作用”课题组，就进行了第十届中国艺术节问卷调查，了解公众对这一盛大节事活动的关注程度：艺术节的节目、举办地、观看的方式、举办地的旅游活动、对公众所在地文化的推广情况等等。通过调研，获得大量的数据，以此来说明艺术节举办的意义、价值，公众的知晓度、参与热情，等等。另外，通过调研，也增加了全国各地公众对艺术节的了解，宣传了艺术节，带来了附加的效应。

(二)动态性

会展调研不是静止的，而是一个动态过程。一是会展市场环境在不断地发生着变化，会展调研就是面对不断变化的新情况、新问题。二是会展调研为一个活动过程，围绕着会展调研的目的，实施会展调查，对会展调查所获取的第一手资料进行分析，自始至终，都体现着动态的特点。调查也由少到多，由点到面，由浅入深。譬如，调查需要一定的时间，对展会人员进行访问，对展览现场进行观察，对二手资料进行收集与校验，进而在获取了大量材料的基础上进行梳理、归类、判断，提取有价值的信息。因为会展调研的动态性，才使会展调研的发出者，对会展的情况从无知到有知，从暗昧到显豁，从而促进会展活动的开展，这也就是调研的魅力所在。

(三)系统性

会展调研需要全面系统地收集信息，这样，才能防止局部的、表面的现象所带来的失误。要深入地、全面地看待现象，就要对影响会展活动的政治、经济、文化、社会等各种因素进行全面的观照。如一些以做政府会议为主的会议公司、酒店宾馆，在《中共中央政治局关于改进工作作风、密切联系群众的八项规定》出台以后，明显感受到政府会议减少了，酒店的高档消费减少了，礼物消费减少了。但有些公司或宾馆期待这是一种短期的行为，坐等政策的改变，有些把服务“隐蔽”化，以图规避政策要求。其实，这时就需要深入系统地调研会议市场的变化。一方面，政府会议减少了，但政府会议仍然是会议市场的一部分，如何把服务做得更好，提高质量，符合政府会议的要求，这是需要调查和研究的；另一方面，发展经济，发展文化产业，未来企业的会议是否会成为会议市场的主要份额，社团会议又是否会蓬勃发展起来？它们有什么样的需求？所以，对于会展市场的调研，不能只注重微观的，还要注重宏观的；不能只埋头做自己的事情，还要关注这个产业链上的其他组织，也就是说，不能就事论事地做事情，还要抬起眼睛观望。会展活动是在整个社会的大环境下展开的，要考察与此相关的诸多因素。因此，进行调研就要关注它的系统性，这样才能得出有益的、有深度的信息。

(四)实用性

会展调研在于提供决策建议和依据，它使用广泛，应用于展览、会议、节事活动的各种调查研究，要求为活动开展前的准备工作，活动开展后的总结、评估等，提供有价值的信息，实用性很强。所以，一方面要求“真实”，调查资料必须来源于客观实际，不能弄虚作假。譬如，调查人员为了达到调查问卷的数量要求，自己填写部分问卷；为了提高活动的满意度，调查人员暗示被调查者做有利的回答，给予奖励，等等，就会使调查结果失实，使据此决策的组织在活动运行中出现问题。另一方面要求“按时”，即调查必须注重时效性，如预测节事活动参加人员的数量，调查就必须在活动开展之前的规定时间完成，否则，调查就失去了意义。会展调研人员一定要牢记调研的实用性，准确、及时地反映会展活动的资源状况、运行状况，使决策者运用这些具有重要参考价值的信息，运筹帷幄，决胜千里。

杭州西博车展10月17日开幕(节选)

西博车展的规模取决于浙江市场对厂家的吸引力。

2011年，中国的全年汽车产销量仍居全球第一，中国已经成为世界第一大汽车市场，浙江更是各大汽车厂家的布兵重镇，所以，仍有75家中外汽车厂家报名参加西博车展。然而，建于20世纪90年代中期的杭州汽车城已无法满足不断增加的展车，迫于场地压力，西博车展首次出现了分季展示，分上、下两场打造主流热销品牌和高端豪华品牌的汽车盛宴。那一年的展车达到了史上数量最多的500余款，参观人数15.7万余人次，成交车辆3046辆，总成交额7.19亿元。

去年，受钓鱼岛事件影响，部分日系车厂家缺席西博车展，但参展厂家仍有56家，展车400余款，参观人数15.1万人次，实际成交车辆6616辆，总成交额12.68亿元。

今年，汽车三包规定将于10月1日起实施。而此前，我国在经历了2008年的全球金融危机后，几次出台救市政策，如2009年的汽车下乡，2010年的汽车节能补贴和以旧换新等政策，今年上半年又针对经济形势推出了稳中求进的政策，今年的西博车展是否还有新的商机？杭州是否会出现新的风向？由杭州西博车展向浙江甚至长三角辐射的市场对中外汽车厂家究竟有多大的吸引力？

(材料来源:《杭州西博车展10月17日开幕》,《都市快报》2013年9月4日,第D14版)

针对上述情况，西博车展的组办方就要进行深入的调研，在掌握前两年的车展背景、展商数据、观众数据的基础上，还要调研2013年政策的变化、市场的变化、参展商对西博车展平台的评价、观众需求的变化等等，才能更好地招商招展，做好车展的推广和营销工作。

三、会展调研的作用

调查研究是一切工作的开始，没有调查就没有发言权；调查研究是一切决策活动的基础。会展调研为会展产业和会展活动的相关组织制订会展政策、进行市场预测、做出经营决策、改进有关问题、拟订活动计划提供重要依据。具体地说,会展调研的作用主要体现在以下几个方面。

(一)通过调研掌握宏观环境

会展活动是在宏观的社会环境下展开的,通过会展调研,能够正确掌握国情、国力与国策,以此为据,规划会展产业发展,并通过会展产业为社会经济服务。在"十二五"发展规划中,我国决定"把推动服务业大发展作为产业结构优化升级的战略重点","促进广告、会展业健康发展"。① 杭州市在《杭州市国民经济和社会发展第十二个五年规划纲要》中明确提出"优先发展现代服务业",把"会展经济"作为现代服务业发展的重点领域。因此,杭州会展办通过广泛调研,掌握国家、省、市的发展决策,针对杭州城市的综合特点,分析杭州会展业的历史与现状,发表《杭州市"十二五"会展业发展规划》,提出全面打造"最具潜力的全国展览中心城市、最具活力的中国节庆之都、最具魅力的国际会议目的地"的目标。杭州市会展办副主任施永胜说:"未来,杭州将选择层次较高、国际性和专业性较强的展会。展览和会议题材相对比较偏向第三产业,可能会舍弃一些重工产业类型的展会。另外,城市未来的发展面临低碳、环保的趋势,所以对相关题材的展会,政府将重点培育,积极引导,还会在这方面有一定的政策倾斜。"②会展为杭州市的十大产业搭台唱戏,有力地服务于经济的发展。由此可见,通过调研,我们能够正确地认识社会发展的现状和趋势,科学地制订会展业发展的规划,形成会展发展的优势、特色和效益。

(二)通过调研为政府支持会展业发展提供信息

政府不是会展业发展的直接运行者和参与者,却是会展的引导者与支持者。城市的会展往哪个方向走,本市会展业的优势与劣势在哪里,需要在哪些方面给予政策的扶持、资金的支持,等等,都需要通过调查找到答案。政府通过对本地情况、兄弟城市情况、国际会展业发达城市的情况进行调研,就能明确所在城市会展业的定位、政策的支持、环境的营造,成为会展发展的有力推手。

---

① 《我国国民经济和社会发展"十二五"规划纲要》,百度文库,http://wenku.baidu.com/link?url=Io61FFWtHF4c2GounptIfdEXaW2jnyFkR18epSIHxG_AOsxivA7xmFhL8xzObWIV1_h78sAXswMefvRWzKkIdkmXr-VyYJMiowYHlluJD8W。

② 《杭州加快打造"国际会议目的地"》,http://www.hzchs.org/show.asp? id=181.

(三)通过调研为会展组织决策活动服务

会展组织(会展活动主办方、会展公司、参展企业、宾馆、旅行社等)需要通过调研来了解市场,包括产品的产业链、商品的需求度、产品的购买力、城市的影响力、会展场馆的容纳度与先进性。通过调研,能够决定是否组织或参与会展活动。如杭州市人民政府、中国工业节能与清洁生产协会主办的"中国(杭州)国际新能源汽车产业展览会",由杭州思诺博会展服务有限公司执行。为了办好这个展会,思诺博会展服务有限公司进行了一系列的调查,包括政府对发展新能源汽车,支持节能、环保、安全等关键技术开发的政策;新能源汽车厂商的参展需求;国内各节能与新能源汽车示范推广试点城市的用户(中国现阶段主流市场)需求;大学研究机构对新能源汽车的研发与推广情况等。在调查研究的基础上,确定了展会的办展时间、展会主题、展品范围、展会论坛、体验活动等,为展会取得成功打下了基础。举办会展活动有一些规律可循,如社团会议,往往喜欢在不同的地方轮流举办;企业会议则喜欢在产业发展比较成熟的地方举办;专业观众看重展会的品牌和产业链,普通观众对日常消费品(吃穿用等)比较热衷。但无论如何,调研都是一种必需,调研越深入,对参与者的需求就会越清楚。会展组织决定一个项目是不是要开展,如何开展,用什么来吸引客户,都需要通过调研向市场投石问路,这样才能知己知彼,胜券在握。

(四)通过调研为会展活动查找问题

调研通过观察、访问,了解会展环境和会展活动的真相,就像医生一样,面对患者,望闻问切,可以知道好的在什么地方,不足之处又在哪里。知道"肌体"的问题在哪里,我们才能够对症下药,使之变得健康、强壮、美好。比如,我们的展览面积是否足够,展览场馆的交通是否方便,会议中心的吃住游购娱是否配套,与会人员对会议有什么意见,参展商对展览的宣传是否满意,等等,通过调查寻找问题,并找出问题的症结,就能进行改善,或者及时弥补,或在下一次的会展活动中进行改进,使会展活动越办越好。如果不调查研究,听之任之,或者想当然,展会活动可能就会办得差强人意,每况愈下,没有生命力。所以,调查之后就有了发言权,有时候寻找差距,发现问题,找出病根,比发现亮点、知道成绩更重要,因为这样才有上升的空间。

四、会展调研的目的

总体而言，会展调研的目的就是帮助决策。政府发展会展的宏观决策和会展相关组织策划活动、传播会展信息、协商或调整会展事务的微观决策都要以调研为重要依据，全面彻底地了解情况，才能使决策者洞察形势的发展，把握事态的演变方向，决断做什么和怎么做。

调查的出发点不同，调查的方向、内容、范围、对象也就不同，所得到的信息和所发挥的作用也就不一样。会展调研的目的多种多样，千差万别，但归纳起来可以分为三大类：以摸清会展有关情况为目的，以预测会展情况为目的，以诊断会展问题为目的。

（一）摸清情况

摸清情况的调研是回答"有什么""是什么"的问题。如《宏观环境与中国会展业》（中国会展经济研究会副会长陈泽炎在第六届浙江会展经济论坛上的主题演讲），就是以大量的调研数据来说明 2013 年中国会展业的现状。发展会展产业，开展各类会展活动，都不能盲目而行，需要建立在对已有基本情况掌握的基础上。如各个城市都在发展会展产业，那么我们所在的城市如何发展，就要通过调研来了解情况，城市地位、地理位置、交通状况、旅游资源、产业发展、会展场馆、经济水平、消费意识，会展产业在国民经济中所占的指标，等等，以若干统计指标来描述其基本状况，说明有什么优势，有什么劣势，资源状况如何，使决策者在决策会展产业的发展时找到自己的发展方向。如决定把某个国际赛事活动放在某个城市举办，就要调研该城市是否有举办该赛事活动的条件：比赛场地、设施的先进性、安全状况、宾馆数量及服务水平、居民的热情程度等等。依据调查所反映的各种信息，就能做出判断、选择。这种了解、掌握实际情况的调研，比较直观，但要花功夫去做。

（二）预测趋势

预测趋势的调研是回答"可能怎么样"。俗话说"预则立，不预则废"，在很多情况下，我们对自己所关心的问题是不够清楚的，没有把握的，如果冲动地做决定，很可能会出现愿望和实际相背离的情况。因此，事先调查，做出预测，就能做充分的准备。如杭州将举办国际戏剧节，活动期间进行国内外有影响的戏剧表演，邀请了颇负盛名的艺术家开展讲座，时间是在九月份，是杭州最美的季节，旅游旺季。这就需要预测将会有多少演员、多少戏迷朋友云集杭州。杭州的宾馆事先通过调研，根据已经报名的演出团体的情况，以及以往各届在其他城市举办的戏剧节的情况，根据杭州这个城市的特点，做出预测，对可能在宾馆下榻的客源数量、类别做到心中有数，以此决定团体房间数量，散客房间数量，并预留一些房间视动态的变化备用。又如受邀请的参展商，决定是否参加某一展会，应该通过调研慎重地做出决定，需要调研这一展会的历史数据，其他参展商的反响，同期是否还有更合适参加的展会，这一展会目前所邀请的参展商和专业观众的情况，以此来预测参加这一次展会是否会有较好的收益。这种预测性的调查对调研人员的要求比较高，需要对现有情况，历史性的情况，不同地区和城市的情况等，进行统计、比较、评价、估计，才能得出一个初步明了的信息判断。虽然这种信息是不充分的，不可能十分准确，但根据历史与现实的情况进行分析，应该是基本可靠的，能够给决策者以参考。

（三）诊断问题

诊断问题的调研是回答“问题在哪里”“原因是什么”。会展产业的发展，会展活动的举行，都会存在一些问题，不可能一蹴而就，十全十美。发现问题，找出问题的根源，是为了更好地发展。如会展组办方往往会在一个展览、会议、节事活动结束前，对活动的参加者进行调研，了解他们参加活动之后的感受，因此就能听到一些最中肯、最切合实际的回答，其中有对好的地方的肯定，也有对不足之处的意见，从中找出原因，是宣传工作没有做到位，还是费用太高，或是同时期有同类主题的展会等。从现象找出根源，就能据此做出整改，使下一次活动开展得更好。诊断问题的调查应该全面，方法多样，如通过参展商和观众、会议人员的登记注册的数据信息，通过现场的观察，通过问卷、访谈，通过对媒体情况的收集，通过工作人员的总结，等等，多渠道地收集材料，分析原因，说明为什么会出现这种情况。针对查找问题的调查要求很高，需要通过现象看到本质，需要看到各种现象之间的内在的联系。

五、会展调研的类型

会展调研的目的不同，对调研的课题、调研内容、调研结果的要求也不同，这就决定了调研类型的不同。

（一）描述性调研类型

描述性调研是对会展的客观情况如实地加以反映的一种调研类型。调研要特别重视对现状的了解，与会展相关的政治、经济、文化、社会的状况，会展现场的考察、数据的收集，也不能忽视对历史资料的搜索。在全面系统地掌握形势政策、各种数据、运行情况后，做出分析，把分析结果叙述表达、呈现出来。也就是说，是如实地反映了情况。如《加快杭州市会议产业发展》的调研报告，就通过对杭州市的宾馆、交通等基本状况的描述，对比发达的会议城市的情况，提出打造国际会议目的地的对策。

（二）因果性调研类型

因果性调研就是寻找出产生某一会展现象或问题的原因，并把它揭示出来。如某届房交会参展商数量可观，而观众数量较前几届减少，观望情绪浓厚，现场比较冷清。此时就要调研这种现象产生的原因，是价格因素、政策因素、推销策略因素、产品结构因素还是购买水平因素，这种现象是短期的还是长期的，它会给下一届房交会、房产市场带来什么样的影响。通过调研，找出造成这种现象的直接和间接的原因。某种现象的出现，原因往往是多种的，复杂的，不要从经验出发，从感觉出发，运用一些零星的材料来说明，一定要深入、具体、细致地调查。

（三）探测性调研类型

所谓探测性调研，就是人们对会展的情况还不太清楚、明了，通过调研，让有疑虑的问题得到解答，让未知的东西变得心中有数。譬如杭州每年会举办一个车展，在这个车展之外，再举办一个新能源汽车展览会，能办得好吗？这时候就要通过对政府节能环保政策的解读，对汽车厂商新能源汽车的研发与市场投入情况的调研，对观众对新能源汽车的接受程度的了解，预测这个车展的受欢迎程度。因此，展览组织者很有信心，做了大量的宣传、营销工作，精心策划各项活动，把展会办得非常成功。探测性调研在会展工作中有着非常重要的作用，能够预先获得对市场的认知，能够规避一些问题，控制一些可能出现的情况，也能够使决策的成功概率大大提高。

六、会展调研的程序

为了使会展调研达到预期的目的，收到实际的效果，需要有计划、有步骤地进行。充分准备，严格执行，科学分析，才能保证调研的结果是有价值的。会展调研的全过程通常分为以下三个阶段。

(一)调研准备阶段

俗话说:磨刀不误砍柴工。准备充分才能有良好的效果。在准备阶段主要是调研方案的设计和调研计划的制订,它是整个调研活动的起始阶段,也是关键阶段,后面的调研工作都遵循它来完成。

调研方案是明确“要发现什么并如何去发现”的问题。主要包括:(1)发现问题。发现问题是调研的开始。通过已有的一些材料,分析宏观和微观的情况,初步掌握信息,发现问题。(2)明确调研的目的。为什么要做调研?想要调研什么情况?调研后有什么用途?有清晰的调研目的,调研才有意义。(3)选定调研课题。一般是一个课题;也可以是一个课题,下设几个子课题。(4)明确调研内容。内容要根据目的来确定,不能散漫无际。(5)确定调研范围和调研对象。(6)选择调研方法。(7)决定对调研所得资料进行分析研究的方法和手段。(8)形成调研结果。这一部分的内容非常重要,不能随意地“拍脑袋”确定,需要非常慎重地、缜密地思考,并进行认真的论证。

调研计划主要解决“如何保证调研方案能够顺利实施”,它涉及时间、人员、经费等。(1)要确定调研各个环节的时间,如什么时间完成调查问卷的设计,什么时间进行现场考察访问等,明确任务的起始点,才能做到忙而不乱、循序渐进。(2)要确定哪些人员参加调研活动,总体要求素质高、技术好、责任心强,但不同的岗位和工作又有不同的要求。还要对人员进行培训。(3)经费保障。预测完成整个调研活动需要多少经费,这些经费如何分配,使用方法的规定等。

调研方案和调研计划通常可以合并到一起,形成调研活动方案,因为这两个方面的内容是互相联系的。调研什么,怎么调研,谁来调研,何时完成调研,如何保障调研,完全可以放在一起,形成一个周密的、操作性强的方案。

(二)调研执行阶段

第二阶段是具体地实施调研的阶段,主要是广泛、全面地收集与调研活动相关的资料。根据调研方案所确定的目的、内容、范围、对象、方法进行,通过实地调查,直接了解调查对象,获得第一手的资料;通过案头调查,即第二手资料的调查,间接地获得相关材料。调研应以实地调查为主,间接调查为辅。实地调查是运用问卷、访谈、电话、座谈会等多种形式,调查人员直接对调查对象进行观察、访问、登记等获得相关数据。如会展调研人员到某一展览会现场,观察展览场馆的布置、展商的展位数量，向展商发放问卷回收信息，与部分展商进行面对面的交流等。间接调查是调查人员通过年鉴、报纸、杂志、网站等发表的资料获取信息，如通过 2013 年、2012 年、2011 年的会展年鉴了解杭州市会展的情况，通过网站了解某一展览会的历史情况等。

原始资料新鲜、真实，但需要有较多的人员参与，要在特定的时间和场合进行；二手资料是间接获得的，不太受时间的制约，收集比较经济、方便。二手资料是过去的资料，能够说明历史状况，对于预测新的展会情况有帮助，但往往不够全面。两种资料结合起来运用，才能更加科学地做出预测，有利于决策的科学性。

参考案例

"每日艺抽"活动

在艺术节展览现场（两个会场皆可）填写一份艺术调查问卷，就可获得一次抽奖机会。每天下午 4 点公开抽奖，抽奖和领奖地点均设在万达分会场。一等奖现在增至 3 名，每人各送艺术家作品一件（具体作品以现场公示为准，形式包括中国画、水彩、版画、陶瓷等）。

（材料来源：《都市快报》2013 年 10 月 2 日，第 16 版）

这是 2013 年第二届杭州"壹加艺"艺术节的问卷调查活动，在开展期间进行。通过抽奖的形式，吸引参加艺术节活动的人填写调查问卷，以此获得第一手的资料。

(三)分析结果阶段

在会展调研的最后一个阶段，调研人员把已经收集到的各种信息资料进行汇总，并将分析结论以调研报告的形式提交给会展调研的使用者，供他们决策参考使用。

分析结果阶段由两个环节组成，一个是整理分析的环节，一个是撰写调研报告的环节。

整理分析：调研人员面对调查所得到的各种信息，要进行汇总，对资料进行统计、编码、归类，制作各种图表，进行分析。在资料汇总中，要对资料做一定的取舍，舍弃一些诸如调查问卷的废卷，没有价值的信息，合并同类资料。

目前,较多地运用SPSS软件做调查信息的处理。

撰写调研报告:运用获得的各种数据资料,进行深入的分析,撰写调研报告。说明事实情况,在分析中形成观点,在此基础上还可以提出建议。如果只是停留在数据资料的罗列上,那只能叫调查情况介绍,还没有研究。如果只是做出一般的分析,那也还是不够的,往往只能使人看到一些现象,还需要进一步研究,抓住实质,寻找规律,形成观点。一份好的调研报告,应该是资料翔实,情况客观,分析全面而深入,善于捕捉有用的信息。调研报告中往往会插入一些图表,以便更直观、形象地说明情况。

调研报告的完成并不意味着整个调研活动的结束,因为它不是一个案头的文字,而是要为会展服务的。会展调研的使用者运用调研报告的信息进行决策,由此反映出调研报告的情况是否客观,问题是否找准,推测是否准确,建议是否可行。一个好的调研报告,会带来良好的社会效益和经济效益。

第二节　会展调研的内容

一、会展调研的基本内容

会展调研的内容十分广泛,有宏观的、微观的;有关于资源的、政策的、市场的;有关于展览的、会议的、节事活动的。凡是直接或间接影响会展产业发展、会展活动举办的各种数据资料,都有必要收集、整理、分析。

(一)会展环境调研

1.政治环境

法律、法规及政府制定的各类政策,影响着各个产业的发展,自然也直接或间接地影响着会展产业的发展。

2.经济环境

会展活动本来就是一种经济活动。经济环境包括产业结构情况,经济水平,外贸和内销的状况等。我国幅员广大,沿海地区、西部地区、少数民族地区、经济特区等的经济状况都各不相同,互有优势,各有特点。良好的经济环境会给会展业带来蓬勃发展的机遇。

3. 社会文化环境

(1)社会环境包括交通、安全、文明程度、消费习惯等。交通方便、安全程度高、文明程度高、消费意识强的地方,往往是举办会展活动的福地。

(2)文化环境包括生活习惯、文化水平等。如杭州是一个历史文化名城,又是一个文化创意产业非常活跃的城市,杭州举办"文化创意产业博览会""艺术博览会""大红鹰玫瑰婚典"等等,就依托了这个城市的文化氛围、底蕴、气质、品格。

4. 自然地理环境

会展产业与自然地理环境紧密相关。气候宜人、山水富有特色、有丰富的旅游资源的城市,是会奖活动、会议旅游、节庆活动的好地方。所以,无论是地方政府和会展办,还是会议主办方,都会非常重视这一方面的调研,开展富有特色的活动。

(二)活动参加者调研

活动的参加者,是会展活动的核心,只有使他们"希望而来,满意而归",才能产生多赢的局面,调研就是为了使活动收到良好的效果。

1. 展览的参展商

对于会展主办方来说,一个展览会的举办最为直接的影响因素是参展商。能否邀请到相当数量和质量的参展商,参展商参加了本届展会活动后,下届是否还会再来,都是展览组办方关心的。所以对参展商的来源、参展动机、服务需求、参展效果、参展商对展会的评价等都要进行调研,以便留住参展商,吸引有潜在动机的参展商。对于参展商来说,调研其他参展商的情况可以知道自己的商品在市场上的竞争力。

2. 展览的观众

一个展会是否成功,主要看观众。观众分专业观众和普通观众,贸易展以专业观众为主,销售展以普通观众为主。数量众多且购买意向和购买能力强的观众,才能给参展商带来效益。所以,展会组办方、参展商都需要对观众进行调研,了解观众对产品、价格、服务的需求,了解观众是否在本届展会上找到了所需要的产品。展览会是参展商(企业)与观众(客户)进行沟通的最直接的平台。

参考案例

"杭城市民最喜爱的十大品牌农产品"评选表

<table>
<tr><td>您喜爱的十大农产品序号</td><td></td><td></td><td></td><td></td><td></td><td></td><td></td><td></td><td></td><td></td></tr>
<tr><td>投票人姓名</td><td colspan="2"></td><td colspan="2">身份证号</td><td colspan="6"></td></tr>
<tr><td>通讯地址</td><td colspan="6"></td><td colspan="2">邮编</td><td colspan="2"></td></tr>
<tr><td>投票须知</td><td colspan="10">1. 请在候选产品中选取 10 个您最喜爱的产品，填写相应的序号后，将本表投入设在浙江农业展览馆（杭州和平国际会展中心）的投票箱内，本表限选 10 个，多选、不选无效，涂改、复印无效；
2. 投票日期：11 月 21 日—11 月 24 日，投票时间：9：00—16：00；
3. 本次活动将以抽奖的方式产生"市民参与奖"：一等奖 1 名，奖金 1000 元；二等奖 10 名，奖金 500 元；三等奖 100 名，奖金 100 元；届时将发函通知所有中奖者；
4. 本次活动由杭州市钱塘公证处公证，浙江农业博览会组委会办公室拥有最终解释权。</td></tr>
</table>

（材料来源：2014 浙江农业博览会）

《"杭城市民最喜爱的十大品牌农产品"评选表》见于 2014 浙江农业博览会入场券，凡购买入场券进入农博会的市民都能得到评选表，参与十大品牌农产品的评选活动。由每位观众（市民）进行评选，结果非常公正，有利于组委会了解观众（市民）对这次农博会产品的评价，以更好地组织下一届的展商与展品，为观众（市民）服务。

3. 会议的与会人员

会议的性质不同，与会人员的目的也各有不同。所以要调研与会人员的参会目的，比如，与会人员希望获得什么信息，以及对住宿、餐饮和活动有什么需求。对与会人员的调研可在会前展开，也可在会中、会后进行。

4. 节庆活动的参加者

调研要了解节庆活动的参加者的来源、消费水平、文化水平、消费倾向，了解参加者对活动的时间、项目、管理水平的满意度。特别要注意节庆活动所在地区和周边地区的人们以及不同年龄的人群的消费意向、活动爱好，因为他们是活动的主要客源。如 2013 年 8 月在杭州举办的"哈尔滨啤酒·音乐啤酒节"就事先对客源、现场的情况有一个预测，对主要群体的年龄、爱好做一个调研分析。了解参加活动者的年龄结构——中老年人喜欢休闲，年轻人喜欢刺激、浪漫；职业——一般来说农民喜欢喜庆热闹的活动、传统的活动，如戏曲、舞龙，而学生比较喜欢时尚的运动，诸如骑行活动、赛车活动等；性别构成——性别的不同，对活动的需求也有差别，男的偏好一些运动的、力量的，女的偏好一些柔和的、静态的、优美的活动；文化程度——文化水平也与活动密切相关，文化水平高，相对会参加一些高雅的活动，譬如参加艺术节活动、摄影展等；收入状况——一般来说，收入水平高，消费的水平也会比较高，收入水平较低，则会多考虑一些经济性的活动。当然，许多节庆活动是群众性的活动，男女老幼皆宜。

（三）产品（项目）产业链调研

1. 产业链

举办会展活动，要调研产品（项目）的产业链。如举办一个节能汽车展，有节能汽车的研发单位、节能汽车的制造厂家、节能汽车的零件供应商、节能汽车的出租商等，只有充分调研，才能把这个产业链上的参展商都邀请到，使参展商能够相互获取新的信息，观众能够看到一个节能汽车的成熟市场。又如，举办一个会议（特别是大型会议），主办方希望到一个会议产业链成熟的地方举办，如政府、会议局、会议中心、会议宾馆、会议公司等都属于会议产业链上的组织。只要产业链上的任何一家有薄弱之处，都会影响会议的质量；相反，会议的管理水平、服务水平都会很高。

2. 商品生命周期

大部分会展活动都属于经济活动，与企业的商品联系在一起，商品生命周期长，需求疲软，那么大家开展会展活动的意愿也不会太强烈。而商品生命周期短，更新换代快，市场需求旺盛，往往需要通过展会走向市场，如“电子产品展销会”“汽车展销会”“服装节”“节能环保建材展”等等。所以作为会展组织，要研究商品的技术、价格、性能等，通过展会投石问路。

（四）会展市场调研

1. 流通渠道

展会也与商品的流通密切相关。举办展览需关注生产商在哪里，销售渠道在哪里，市场在哪里。譬如，广州地处沿海，城市开放性程度高，商业发达，又紧邻香港，货物流通便捷，因此非常适合做商品进出口贸易的平台，广交会由此办得红红火火。又如，作为参展商，想要打开某一区域市场，也要了解某一区域的产品流通渠道。

2. 供需方面

会展活动永远和供需紧密地结合在一起。哪里有供应方（参展企业）、需求方，哪里的展览会就有吸引力。譬如，国际最有影响力的车展，它们大多是汽车制造商的所在地。在中国，上海汽车展规模很大，因为上海汽车集团股份有限公司实力强大，是国内领先的乘用车制造商、最大的微型车制造商和销量最大的汽车制造商，上海大众、上海通用、上海申沃等都是它的下属企业，还有自主品牌荣威、零部件企业等；此外，世界各地的汽车厂商都想通过中国经济最发达的大都市打开中国的市场，最主要的是中国这几年对汽车的需求非常旺盛，已经成为世界第一。所以上海车展年年火爆，就是抓住了市场。会议也一样，对于宾馆、会议中心来说，会议的供应方，如政府、企业、社团等，它们的会议数量、会议类型、会议需求都在变化。会议的需求方——与会者也会有不同的需求，这些都要进行调查。

（五）同类展会调研

一个展会要是题材好，同类的展会往往到处"开花"。展会主办方要进行调研，要在时间上避开同类展会，并力求形成自己的特色，否则招商困难，观众分散。作为参展商，每年用于参展的活动经费是有限的，不能盲目地参展，要对同类的展会进行比较选择，通过调研，找到最适合自己的展会。

二、会展调研课题的确定

明确了调查目的、调查基本内容，就要确定会展调研的课题。

这几年，大学生就业是一个非常严峻的问题，由于各种复杂的原因，每年有一部分学生不能就业。某地政府要举办一个关于促进大学生创业就业的研讨会。在举办会议之前，主办方梳理了有关的政策，比较了最近五年大学生就业创业的数据、岗位情况，分析了普通高校、高职院校的毕业生就业状况，发现部分大学生就业困难，有许多复杂的原因，有心理问题、待遇问题、需求与专业的吻合度问题等等，但最为突出的还是用人单位的要求与大学毕业生的状况不相适应的问题，有些大学生不愿意吃苦，有些大学生缺少社会体验，有些大学生不善于与人交流，有些大学生专业技术较弱，等等。根据现有的情况，该地政府决定把"大学毕业生素质与技能情况的调查"作为调研的课题。

第三节　会展调研的方法

以下介绍调研的几种方法，在实际的调研互动中，往往是几种方法综合使用的。

一、原始资料收集的方法

（一）询问调查法

询问调查法又称直接调查法，一般是调查人员以询问为手段，直接从调查对象的回答中获取信息的方法。询问调查法是会展调查中运用最多的调查方法。

1. 面谈调查法

（1）面谈调查法的分类。

①问卷法。这种方法是调查人员按事先拟好的调查表，向被调查者发放问卷，调查的公众面往往比较宽。调查者根据所提的问题，一一做出回答。这种询问方式内容明确，调查表回收率高，调查结果容易处理；不过，对问卷的设计要求比较高。

参考案例

“文化：可持续发展的关键”国际会议调查问卷

亲爱的嘉宾朋友：

您好！

首先热情欢迎您来到素有“人间天堂”美誉的历史文化名城杭州！我们在美丽的世界文化遗产地西子湖畔，共话“文化：可持续发展的关键”这一主题，并亲身感受了杭州的美丽风光和独特文化。在此，我们真诚地期待您能接受我们的访问，感谢您为杭州的可持续发展奉献真知灼见。

一、您是第一次来到杭州吗？您对杭州的自然环境、人文历史、遗产保护、文化特色等方面有哪些深刻而美好的印象？

二、您对本次文化大会的组织服务，印象最深刻的是什么？

最后，衷心祝愿您在杭州度过愉快而美好的时光，留下深刻而美好的记忆！

杭州欢迎您！

世界文化大会杭州方组委会

2013 年 5 月 15 日

（材料来源：2013 年世界文化大会——文化：可持续发展的关键[说明：已删去英文的部分]）

②访谈法。这是一种个别访问的方式，调查者根据访问提纲对被调查者进行访谈，它的询问面较窄，只是选取一部分人员进行调查，一般是有重点、有目标地进行访谈。这种方式能使被调查者清楚问题的来由，充分发表看法，有利于双方深入地交流，广泛地探讨。有时，调查者还能了解到未列入调查提纲的重要信息。运用这种调查方式，要求调查人员有较高的沟通技巧，使被调查者愿意在百忙中接受访问；要善于启发和引导，访问的问题让被调查者觉得有话要讲，有话可说。

③座谈法。这是一种集体访问的方式，也就是开调查会。调查者根据调查的目的，邀请一部分人员进行座谈，大家围绕调查的意图，回答自己所知道的问题，或者发表自己的见解，甚至能够做到相互启发。这种方法能在较短的时间里获得较多的信息。但要注意被调查者人数要适当，人员要有代表性。调查者（主持人）身份要合适，善于启发、总结，能够控制会场的气氛。最好事先通知座谈会参加人员，使他们知道座谈的目的、要求。如杭州西博办趁着 2011 年第六届亚洲展览会议协会联盟（AFECA）年会及论坛在杭州千岛湖举办之机，专门召开座谈会，邀请来自 13 个国家和地区的业界专家为"杭州打造

国际会议目的地”献计献策，寻找良方。

(2)面谈调查法的优点。

①真实性强。由于是对被调查者做直接的访问，尤其是在现场，被调查者能把最直观的感受表达出来。而且调查者还可以根据被调查者的表情、语气、肢体语言，进一步了解到被调查者的心理，掌握其真实的想法。

②效率高。直接面对被调查者，从发出信息到反馈信息，效率很高。问卷调查现场填写，回收率高；面对面的访问，事先约定或趁着受访者的会展工作空隙进行，避免了拒绝回答的情况，能及时记录访谈的内容。

③偏差小。问卷调查与面谈调查相结合，对情况的掌握有面有点，比较全面，不太可能出现偏差。在问卷调查的过程中，被调查者对问题有不清楚的地方，调查者能够当面做出解释。访问或座谈中，调查与被调查者双方的沟通较多，能够避免出现理解上的误差。

(3)面谈调查法的不足。

①费用高。要安排相当数量的调查者到会展的现场进行调查，调查人员的培训费、报酬、交通费用等，都是一笔不小的开支。

②被调查者易受调查人员的影响。调查者的引导、启发，一方面能诱导被调查者顺着调查者的问题回答，并逐步深入；但另一方面，被调查者也会受到调查者思想的牵引。另外，被调查者有时碍于面子，说成绩、说好处、说亮点多，容易掩盖一些问题。

2.邮寄调查法

邮寄调查法就是会展调查人员，将事先设计好的会展调查问题打印出来，通过邮局寄给被调查者，请被调查者填写后在规定的时间内寄回；或者将问题用电子版调查表的形式，用电子邮箱寄发给被调查者，请他们回答后通过网络发送回来。

在邮寄调查中，要注意称谓的运用，使被调查者觉得受到了尊重。要把调查的目的写清楚，使被调查者乐意配合。如果是需要通过邮局寄回的调查表，为了提高回收率，在发出的信件中要附有贴好邮资的信封。对积极配合填写表格的，应该给予一定的报酬或者纪念品。

(1)邮寄调查法的优点。

①调查时间灵活。因为是邮寄，不需要在现场进行调研，所以不受展览、会议、节庆活动举办时间的约束，会展组织方可以根据需要在任何时间

展开调查。

②调查面广。采用邮寄的调查方式，不受区域的限制，样本选择面较大。调查数量可以多一些，它不像面对面的访谈，数量总是有限的。

③调查费用低。只需要印刷费用、邮寄费用和少量的报酬或纪念品费用。通过电子邮箱的邮寄，费用更加节省。

④结果客观、充分。因为被调查者不在现场，所以被调查者不受调查人员态度、观点的影响。此外，有充裕的时间回答问题，结果比较客观、具体。

(2)邮寄调查法的不足。

①回收率低。被调查者或者觉得问卷对自己没有多大意义，或者觉得没有特别的义务回答，所以回收率较低。如果回收率能达到25%，已经是相当高了。

②回收时间比较长。被调查者因为工作繁忙往往不能及时作答，再加上邮寄的投递时间，往往需要一定时间的等待。

③容易产生理解的误差。缺少调查人员面对面的沟通，有时信息所传递的符号会因为地域、文化背景等不同，产生一定的误解或偏差。

3. 电话调查法

电话调查法是指通过电话与被调查者进行交流，收集所需要的资料。这种方法也是调查活动的常用方法。电话调查要求调查者在打电话前做一些准备，尽可能掌握对方的基本情况，以免拿起电话无话可说。访问者语气要亲切，语音要标准，传达信息要准确、精练。特别要注意对电话内容的记录，能够及时捕捉有价值的信息。

(1)电话调查法的优点。

①反应迅速。具有即时性的特点，马上能够得到对方的反应。

②便于沟通。双方虽然不能见面，但可以通过电话及时地传达意图、沟通问题，通过语气判断话外的意思。

③真实。因为双方不见面，说话没有或少有顾虑，所以能够在电话的一端大胆地、真实地说出自己的感受、想法。

(2)电话调查法的不足。

①费用较高。打电话以分钟来计算费用，若调查数量多，累积的成本较高。

②不适合复杂的调查。电话调查的时间有限，不可能很长，所以难以进行

深入细致的调查。如果“打破砂锅问到底”，容易引起被调查者的反感。电话调查方式适合做一些简单的调查。

③接访率较低。因为目前运用电话进行调查的组织太多，容易遭到被调查者的拒绝。

4. 计算机调查法

计算机调查法是指通过计算机网络终端向被调查者了解、收集有关信息资料的方法。

组织普遍拥有计算机，个人计算机的拥有量也相当高，而且现代技术发展迅速，依托网络进行访问的手段也多种多样。如设计调查问卷，挂在公司的网站上，或者挂在专业调研网站（付费）上，通过 IM 即时聊天工具（QQ、阿里旺旺、网易泡泡，以及国外的 ICQ、MSN 等）将问卷或者网址告知被调查者，请被调查者进行回答然后上传。这种方法适合于探索性的调查，最大的优点是便于统计，能直接在电脑上生成数据。有些调研公司建立了交互式计算机网络终端，接受采访的被调查者（客户）坐在一个终端旁，阅读计算机显示屏幕上的问题，并按要求键入回答。又如，电脑屏幕上出现两人交谈的画面，能互相看到对方，听到对方的声音，对被调查者的情况能够清楚地掌握。这种方式往往用于深入的调查，而且被调查者一般是已经建立了关系的客户。运用计算机调查法，对技术的要求比较高。

（1）计算机调查法的优点。

①实时。用计算机调研，只要提交调查答案，调研公司的计算机网络终端就能及时收到信息。

②私密性强。如果不是客户，不设置影像，完全可以不用暴露个人的信息。

③费用低，甚至不产生费用。

（2）计算机调查法的不足。

①真实性有时不强。因为调查者有时不知道对方的真实身份，所以有些调查者就利用了电脑发布信息的私密性、隐蔽性的特点，重复地递交答案，或者传递虚假的信息，调查者难以辨别，降低了数据资料的可靠程度。

②调查对象必须具有电脑操作能力。年纪较大、文化水平较低的公众，可能不会操作电脑，影响了被调查人员的广泛性、层次性。

参考案例

《中国会议蓝皮书》在线填报系统

《中国会议蓝皮书》作为国内首部以真实数据为依托、客观反映会议市场现状及趋势的专业年鉴，于 2011 年 11 月首次发布，并于 2013 年 1 月由旅游教育出版社正式出版发行。

《中国会议蓝皮书》的推出受到了新华社、《中国旅游报》等各界媒体及会议产业界的广泛关注。

《中国会议蓝皮书》在数据样本、统计分析、实用参考上力求严谨。参加填写的酒店由 2011 年的 80 家增长到 2012 年的 240 家。每年于 3—6 月开展数据统计工作。

为感谢各酒店的支持和积极参与，参与酒店将被免费收录在《中国会议蓝皮书》中。该书调查由中国会议酒店联盟秘书处具体组织实施。活动不向企业收取任何费用。我们将对单位信息保密。在此，诚邀各酒店积极参与，共同为中国会议产业及酒店行业的发展做出贡献！

（材料来源：中国会议酒店联盟，www.confhotel.cn）

5. 询问调查法的比较

询问调查法中的面谈调查法、邮寄调查法、电话调查法、计算机调查法，各有特点，现从回收率、准确性、速度、费用、资料范围这五个方面做一个比较，结果见表 1-1。

表 1-1　四种询问调查法的比较

项目方法	面谈调查法	邮寄调查法	电话调查法	计算机调查法
回收率	高	低	一般	较高
准确性	很好	较好	好	还好
速度	快	较慢	快	较快
费用	高	一般	较高	低
资料范围	一般	面最广	面较广（但数量有限）	面较广（视人群而异）

运用何种调查方法，或者运用哪几种调查方法，要由调研的目的、调研的对象、调研的时间、调研的范围等情况来确定。如果预测参加会议的人数，运用邮寄调查法比较好，通过邮局或电子邮箱发出会议通知，并附有参加会议的回执，规定在一定的时间内发回信息，这样，了解的面就会比较广，它不受地域的限制，国内的会议、国际性的会议都能够到达潜在的会议人员的手中，且费用较低。虽然邮寄调查法的回收率比较低，但有意愿参加会议的人一般都会及时发回信息，准确率也较高。该种调研运用其他的调查法就不合适，面谈调查法显然不能进行；电话调查法费用高，尤其是国外的通话费更高，此外，电话上不能详尽描述会议通知的各项内容，被调查者也不可能及时做出是否参会的决定。计算机调查法虽然回收率较高，资料范围广，但因为被调查者隐蔽性的原因，有时所给信息会给分析参会者的具体情况带来一定的困难。

如果一个会议举办之后，要调查与会人员对这次会议的反响，则最好用面谈调查法，也可以进行大面积的问卷调查，或进行约谈访问，这都能够非常高效地反馈信息。当然在会议结束之后进行电话访谈也可以。若要得到参会者对参加会议全程情况的评价，就比较适合对会议嘉宾进行电话访谈，或者抽取一定的样本进行访谈，但数量会受限制。采用电话访谈，被调查者对会议的印象是回忆性的，准确性还是现场的调查更强。

在具体运用各种询问调查法的时候，要根据调研内容的简单和复杂，调研时间的紧急与缓慢，调研面的广泛与狭窄，调研费用的多与少，调查方法的各种利弊优劣，做出合适的选择。

参考案例

在家上学集中在小学阶段　中、高考还是个难越的坎（节选）

2013年8月24日，21世纪教育研究院主办的“学在民间：在家上学多元教育国际研讨会”在北京召开。会议举办前进行了调研。

21世纪教育研究院采取网络调查问卷、QQ群和“在家上学联盟网”统计三种数据收集方法对“在家上学”这一情况进行调研，分析了我国“在家上学”的一些现状。

调研报告显示，当前在家上学人数最多的前三个省/市依次为广东、浙江和北京。这可能与这些地区经济文化水平高、社会公众教育观念开放有关。

在家上学的孩子中，男孩占62.30%。多数孩子的年龄在4至10岁之间，6岁的孩子最多(12.18%)，17岁最少(0.51%)。可见，在家上学的孩子主要处于小学阶段，较少处于初、高中阶段。这在一定程度上表明，中考、高考仍是我国家长不得不面对的、难以逾越的“坎儿”。

……

(材料来源:《钱江晚报》2013年8月26日,第A0009版)

21世纪教育研究院因为面向全国民众进行调查，选择了计算机网络调查的方法，使之做到调查范围广泛，反应信息比较准确，费用低，统计方便。

(二)观察调查法

1.观察调查法的概念与使用

观察调查法是指调查人员在调查现场，对调查对象的情况进行直接的观察和记录，以收集有关信息资料的方法。观察调查可以单独使用，也可以作为询问调查的补充。既然是观察调查，就不是随意的观察，而是在一定的思想指导下的有目的的主动观察。譬如，调查人员通过某个展览会了解竞争对手的情况，就可以通过观察，了解他们产品的性能、外观、价格定位、包装款式、广告策略、推广形式等。又如，要了解一个展会的水平和影响力，可以通过观察参展商数量和质量，观众的人流量，展会的规模，展览现场的布置，展会的活动项目，展会工作人员的素质，展会的广告宣传等得出印象。一个节庆活动的管理者通过观察，了解活动参与人员的数量、交通方式(自驾车，或者旅行社的车辆，或者公共交通工具)，就可以安排好活动结束以后的公共交通车的数量，以免造成用车紧张或人员积压的情况。

观察主要是用眼睛看、耳朵听，形成对周围现象与事物的印象。但观察注意不要被表面的现象所迷惑，还要观察各种现象之间的关系。譬如，某个展会观众数量很多，据此得出这个展会宣传做得好、影响力大，这个结论就未必准确。可能个别展会的组办方为了应付参展商，搬来了许多人员，是来救场的。所以调查人员在调查时还要细致、深入，仔细观察这些“观众”是否对展品感兴趣，他们是否会去展位上洽谈，有没有下订单等。通过细致的观察、认真的甄别，观察的结果会更加符合客观实际。

在运用观察调查法时，必须事先做一些准备，如做好观察记录表格，把观察到的各组数据及时记录下来；准备照相机等其他现代化的记录设备，间接地进行观察，使记录的材料更形象、生动，而且便于储存和进一步研究。

2.观察调查法的优点与不足

(1)优点。

①真实性高。会展调查者用自己的所见所闻获得调查的数据资料，由于不直接向调查对象提问，被调查者并未意识到自己正在被人调查，一切进行得比较自然，调查的客观性相对较强。对会展环境、相关物像的反应是直观的，不会受到被调查者夸大其词等不实情况的干扰。

②受调查人员的观点态度影响小。在面对面的访谈中，调查人员的观点会不由自主地流露在问题中，如“我们的产品是否价廉物美啊”，这会影响被调查者的回答。而观察调查不直接向被调查者提问题、提要求，就不会影响到对方。而且，通过设备做出的记录，人为因素的影响小。

③利用现代设备记录情况精确、迅速。

(2)不足。

①能观察到现象但很难观察到动机。观察法能够看到发生了什么，但难以了解到发生这种现象的原因。如某一位观众到一个展位上看了看，离开了。为什么离开，是对产品感兴趣，但要货比三家再做决定，或者觉得产品不合适他，或者觉得产品价格太贵，还是别的原因，就需要通过面谈进一步深入了解。

②费用较大。需要调查人员到现场进行观察，需要一定的人力、物力的投入。

③对调查人员的素质要求高。要求调查人员有敏锐的观察力、良好的判断力，以及使用各种设备的能力。

(三)实验调查法

实验调查法是指调研人员根据调查的目的，在给定的实验条件下，在一定范围内，通过寻找和控制一个或数个自变量来发现这些自变量与所要研究的因变量之间的因果关系，做出正确的分析判断，为会展活动决策提供依据。

实验调查，一般在商品需要改变结构、样式、颜色、规格、价格、包装和广告策略时使用，而且适合在小范围进行对比试验，然后通过实验结果确定是否采取新的营销策略。譬如，参展企业运用实验调查法调查一辆汽车的车灯款式和位置发生变化，选择的人是否有所增加；又如一部手机，面对各种外观色彩，选择不同颜色的各有几人，原因是什么。实验法是利用各种手段人为地干预或控制被调查对象，排除干扰，突出主要因素，通过变量间的因果关系来描述和揭示市场某一现象变化和发展的客观规律。因为会展调研的观众是随机的、流动的，比较难以展开实验，在会展调研中很少运用，所以就不具体展开介绍。

二、二手资料收集的方法

二手资料也称现成资料，是指以前已经收集好的数据，或者已经见诸报端、网络、出版物的资料，它与当前调查的问题有一定的联系。进行广泛的收集，可以满足或辅助预测和决策。

（一）二手资料的作用

二手资料虽然是间接的资料，但决定会展项目是否实施，预测其效益如何，或者正式开始实地调查之前，都要做一些调研和资料收集工作。二手资料常常具有许多重要的参考价值，其作用如下。

1. 有助于调研主题的形成

在收集、整理一些现成数据资料的过程中，会发现一些值得探索、认识、研究的问题，因此产生调研的愿望和目的，明确调研主题。例如，健康协会在调研社区老人健康保障时，通过收集二手资料，发现“健康体检公司”和“休闲生活馆”或者“运动馆”的数量增长得非常快，它们更多地关注白领的生活状况、工作压力、健康投入，因此，产生了“企事业管理者健康状况与关注程度”的调研课题。

2. 为一手资料调查提供重要的背景材料

调研方案设计前，或者在正式启动实施一手资料的调查前，需要对调查问题的整个宏观经济背景有一个充分的认识和把握，它主要依赖于对二手资料的收集。如某市投洽会的组织方，调研本年度投资方与需求方的变化，首先通过二手资料掌握国家的宏观经济政策与经济数据，这样对调查对象的选择、调查问题的设计就更加明确了。

3. 提供一些直接解决问题的途径

在某些情况下，二手资料可以为解决问题、确立方案提供充足的信息资料。比如，某一城市要建立新的展览场馆，需多大的面积？太大是一种浪费，太小不能满足需求。原有多少场馆，面积多大，现在每年展览的场数、规模，城市对展览的定位与规划，国内外其他城市展览场馆的建设情况，这些通过网络、《中国会展年鉴》、所在城市会展管理部门的统计数据就能得到比较充分的信息，从而提出新展览馆建设面积的建议。而实地调查，则难以准确地获取所需的资料。

4. 提供预测情况的信息

二手资料能够对连续的时间序列资料进行收集。例如，节事活动的主办方要预测今年活动的人数，可以通过前面几届活动的人数是递增的还是下降的，有哪些动态的变化，来预测今年的人数。虽然这是不准确的，但这种推断是有历史依据的。又如，参展商通过前几年不同区域参展的不同商品的订单数据，预测 A 区域、B 区域、C 区域的不同情况，由此做出是否进一步拓展市场的决定，并据此考虑是否参加某一区域的展会。

5. 可以作为检验一手资料可靠性的依据

一手资料一般采用抽样的方法进行调查，样本的选择很有讲究，无论如何，与真实的情况会存在一定的差距，只能得出近似值。而二手资料可以帮助检验一手资料的准确性。另外，在访谈中，有些被调查者夸大情况，报喜不报忧，也需要通过二手资料的数据来检验材料的真实性。

（二）二手资料的来源

二手资料一般可以分为来自于组织内部的信息资料和来自于组织外部的信息资料。

1. 组织内部信息资料

内部资料具有收集方便、资料可靠、费用节省的特点。主要包括以下几个方面。

(1)业务资料。如会展管理组织的发展规划，会展场馆的资料，各相关协会的活动资料，来自于展览、会议、节事活动各子系统的资料，业务培训资料，等等。又如参展商、订单、产品销售记录、广告等。通过对这些资料的收集分析，可以评估组织的管理、业务开展状况。

(2)统计资料。譬如某一年展会的数量，某一年展会的展商数量、观众数量，同一会议参会人员的餐饮消费数据，等等。能够据此分析会展产业的发展状况，预测某一项目的成本和利润。

(3)客户的资料。客户资料是指组织内部收集的客户的姓名(组织名称)、性别、年龄、职业、文化程度、收入水平、兴趣爱好、工作内容(经营内容)、区域范围等等。他们的信息一般都会保存在数据库中。如会议公司收录的会议主办方的信息一般有单位名称、性质、主要负责人、联系方式、会议类别、会议费用、需要哪些个性化的服务等等，据此能够分析各类会议组织方的服务需求，帮助策划会议方案，提高会议组织方的满意度，知晓重大客户并做好维护，保证公司的稳定发展，分析各类会议的数量，确定公司的主营业务，寻找业务的增长点。

(4)竞争对手的资料。竞争对手给组织发展带来压力，也给组织发展带来动力，一定要知己知彼。竞争对手的资料是指组织现已收集到的竞争对手的经营特色、竞争策略、市场占有率、员工素质、企业文化、社会评价等。如会展公司、宾馆、旅行社、会议中心、物流公司、翻译公司等与会展相关的机构，都要根据这些现有的资料，确定自己的差异化发展战略，提升服务水平，以抢占市场，或者联合竞争对手壮大力量。

2. 组织外部信息资料

(1)出版物。一般能够在图书馆、档案馆和其他相关机构查找到。

①报纸、杂志。这些大众媒体，刊登了一些国家经济运行的信息、会议信息、政策信息等，也能找到自组织和竞争对手见诸报端等公开出版物的信息。

参考案例

给老龄社会画一幅科学素描——愁容满面

近1/4生活贫困　40%有抑郁症状　过半患高血压(节选)

当这幅“科学素描”渐渐浮出纸面，一个愁容满面的老人出现了：根据“中国健康与养老追踪调查”的数据，近1/4的老年人生活贫困，40%具有明显的抑郁症状，超过一半被调查者患高血压。

素描的素材来自一个名叫“中国健康与养老追踪调查”的项目。7月1日起，大学生对分布在全国150个县级单位、450个村级单位的约17708名45岁(为了解人们如何变老，项目组选取45岁为界限，而非60岁)以上的中老年人进行问卷调查。在至少3小时的面对面交流中，他们得到个人信息、家庭资产状况、身心健康状况，甚至和子女的关系等资料。

数据显示，2011年，中国60岁及以上人口达1.85亿，占总人口的13.7%，预计2050年这一比例将升至34%。“欧洲用了80年完成类似过程，中国却缩短至20到30年。”美国兰德公司中国老龄化研究中心主任詹姆斯·史密斯总结。

(材料来源：《都市快报》2013年9月4日，第B08版)

举办健康文化节、养老论坛、保健品展览会等，需查阅有关信息资料，像这份来自于《都市快报》的材料，就可以采纳为举办展会、确立展会主题的一个背景数据信息。

②蓝皮书，会展年鉴，权威机构关于展览、会议的统计数据。如中国贸易报社编写的《中国展览年鉴(2010)》，分第一篇中国展览业概览，第二篇区域展览业发展状况，第三篇行业展览观澜，第四篇国际展览与合作，第五篇办展主体，第六篇上海世博会与中国展览业，涵盖了展览业的方方面面，极具代表性、权威性、指导性。该年鉴每年出版，是展览有关组织可以使用的重要文献。此外，还有 UFI(全球展览业协会)、ICCA(国际大会及会议协会)每年的统计数据。

③电话黄页。

④专业性刊物。如《中国会展》《杭州会展》等。

(2)网络。现在，许多党和国家发布的报告、统计数据都会见诸网络，许多企业也会利用网络发布信息，如会展网、中国经济、杭州西博办网等。可以通过网络搜索一个展览或者会议的网页，里面有历届展会的回顾，有上一届展会的评估报告，本届展会已邀请到的参展商和专业观众，等等。通过网络查找的二手资料一般是免费的。如企业要参加 2013 年第 11 届俄罗斯国际航空航天展览会，就可以通过网络了解俄罗斯航展的历史：第一届的举办时间、举办方，每一届参加的国家数量、参展企业数量，各参展商以实物样品、模型、宣传资料等形式展示世界各种航空航天设备的状况，以及有哪些新产品、新技术，展会上的飞行表演等活动情况。可以说，网络为人们收集资料提供了相当大的便利。

小知识

会展产业资讯浏览网址(部分)：

中国会展网 http://www.expo-china.com

中国会展经济研究会 http://www.cces2006.org

中国会展产业协作联盟 http://union.hfk99.com

中国会议酒店联盟 http://www.confhotel.cn

中国会展门户 http://www.cnena.com

中国行业会展网 http://www.31expo.com

会展在线 http://www.cce.net.cn

香港会议展览中心 http://www.hkcec.com/front-page

中国台湾网·会展资讯 http://www.taiwan.cn/tsfwzx/jmzx

第一会务网 http://www.diyihuiwu.com

国家会议中心 http://www.cnccchina.com

上海国际会议中心 http://www.shicchotel.com

浙江会议在线 http://www.china-meeting.cn

中国杭州西湖国际博览会 http://www.xh-expo.com

杭州会展网 http://www.mehz.cn

义乌会展网 http://hzb.yw.gov.cn

(3)向商业机构购买的信息。有些机构专门从各个渠道(报纸、杂志、网络、政府文献、市场调研报告等)收集各类信息,并对其进行编辑、整理和分析。它们收集的信息范围广、资料全、质量较高,是需要付费购买的,但节省了自己组织调查所需花费的时间和人力。一般来说,这些购买的外部资料,具有信息量大的特点,但费用较高。

(三)二手资料的收集方法

在信息化的社会,二手资料分布广、信息分散,面对海量的信息,如何便捷、有效、准确地收集信息,需要具备必要的方法和技术。

1. 资料收集前的准备

(1)列出所需资料的关键词。根据此次会展调研的目的、调查的基本内容,列出关键词,这样,收集资料就能够紧扣需要,不至于漫无目的地寻找,找到什么算什么。

(2)明确所需资料的范围和时间。收集资料是为了有用,不一定是越多越好,所以要确定收集的范围和时间:是某一地区的,全国的,还是国外的;是最近的,今年的,还是最近几年的。一般来说,时间越近,信息的价值越大。

(3)了解可能获得信息的渠道。是通过专业期刊、企业网站,还是相关的咨询机构,抑或是通过多种渠道,都需要在调查之前,做到心中有数。

2. 资料的收集和获取

(1)查找法。

①纸质资料查找法。这种方法大多运用于已知资料存在于什么地方。首

先，查找组织内部的信息，这是最容易获得的，也是最准确的数据。如企业要确定参展，国内各地区同类的展会有好几个，选择哪一个呢？可以根据企业内部所收集保存的大量信息资料，特别是企业近年的营销数据，市场分布与变化，供应商、客户的材料等，分析适合企业参展的展会；在此基础上，查找同类展会的资料，确定适合自己企业参展的展会。其次，可以到企业外部的图书馆、档案馆、政府信息中心去查找，如报纸、杂志、会展年鉴、研究报告、文献资料、统计数据等。譬如，可以通过某专业研究期刊、出版的论文等，查找与会展主题相关的研究者、研究机构，他们往往会成为某一展会的新成果信息发布者，或者展会的专业观众（了解市场），或者成为某一专业会议的嘉宾、参会人员。

②网络查找法。主要有两种方法。一是直接使用网址，如果已知所需的二手资料从哪个网站上可以获得，可以直接在IE地址栏里输入中文或英文网址。也可以通过中国会议酒店联盟、浙江会议在线等查找，如输入“东盟博览会”网址，直接了解东盟博览会的时间、地点、观展情况等。二是使用搜索引擎，通过百度（baidu）、谷歌（google）、雅虎（yahoo）、搜狗（sogou）、360等搜索需要的内容。如在百度输入“杭州”“酒店”等关键词，就能出现许多相关的条目，选择进入相关网址，就能掌握有关信息。

（2）索取法。

索取法是向拥有资料的单位或个人无偿索取信息资料。可以向政府部门索取信息，譬如，向政府有关部门索取有关支持会展发展的政策信息；酒店可以向旅游局索取最近几年境外到杭州的旅游人数的统计数据；可以向兄弟单位索取数据信息，如旅行社向酒店宾馆索取信息，会展公司向展会主办方索取信息。也可以向下属的单位索取信息，如杭州市会议展览业协会设立会议产业专业委员会、展览产业专业委员会、节庆活动专业委员会、会展教育专业委员会、会展衍生服务与产品专业委员会，因此，杭州市会议展览业协会就可以向这五个专业委员会索取所需的相关信息。向系统内的下属单位索取资料比较方便；向一些平行而不相隶属的单位、上级主管部门、政府机构索取资料时，特别要注意找对部门，且尊重对方，毕竟这是有求于人。尽管政府有关部门有公开信息、服务组织与个人的义务，但在任何时候，尊重对方，礼貌用语，都是基本的办事方式。

（3）购买法。

购买法是通过付出一定的资金，向有关单位购买信息资料的方式。一是向行业协会、信息中心等单位购买定期和不定期出版的市场信息数据、市场分析报告等；二是直接付费委托专业咨询机构、调研公司等收集市场数据、竞争对手材料等。目前，提供有偿服务的专业机构很多。

(四)二手资料的质量判别

收集的二手资料质量如何，需要进行甄别。有时候眼见不一定为实，更何况是间接获得的信息材料。可从以下几个方面去保障二手资料的真实性与可靠性。

(1)政府的信息公信力强。政府有关部门发布的市场信息比较具有可靠性，因为它代表政府向企业、公民个人发布信息。如国家统计局发布 2013 年 2 月份 70 个大中城市住宅销售价格变动情况，数据显示，与上月相比，70 个大中城市中，价格下降的城市有 1 个，持平的城市有 3 个，上涨的城市有 66 个。环比价格上涨的城市中，最高涨幅为 3.1%。其中，北京与广州同为涨幅 3.1%，为环比涨幅最高城市，而温州成为唯一一个环比下跌的城市，跌幅为 0.4%。这个来自国家统计局的数据就非常准确，能够成为房地产参展商价格定位的一个重要参考。

(2)来自于组织内部的信息真实性强。企业的市场销售数据、客户数据、市场占有率等，都是比较真实的一手资料。

(3)信誉好、实力强的调研机构提供的信息质量高。好的专业调查机构注重调查人员的能力，注重维护公司的信誉和品牌，发布信息注重真实性。

(4)近几年的信息利用价值高。太早的信息资料往往因为市场瞬息万变，没有太多的参考价值。而近年的数据比较鲜活，比较接近现状。如食品安全研讨会，就要关注最近几年食品安全部门发布的报告、食品标准等。

(5)组织自己对外发布的信息需要“慎重”。如一个展览会结束之后，展览主办方会发布报告，这个报告是否客观地反映了展会的情况，就需要我们抱审慎的态度，不可不信，也不可全信，有时可以采取存疑的办法，因为主办方既是运动员又是裁判员，没有第三方的校验，也许可能选择有利于自己的评价方法和评价指标。所以在收集这一类资料时，还应该向曾经参加展会的参展商和观众进一步了解情况。

思考练习

1. 请结合一个会展项目，说明会展调研的作用。

2. 某地拟举办第二届“东海美食节”，当地宾馆需要了解客源的情况，你认为可以通过什么方法进行调研？

第二章 展览调研

学习目标

【知识目标】

- 能了解展览的定义、展览的相关组织、展览的作用
- 能认识展览调研的使用者和提供者

【能力目标】

- 能对展览调研的主要内容有基本的认识
- 能结合某一展会说明展览主办方开展调研的意义
- 能举例说明参展商进行展前调查的作用

第一节　展览会的基本内容

一、展览会概述

（一）展览会的定义

展览，从字面上分析，可直接理解为有“展”有“览”的活动。换言之，它是

一种为达到一定的目的，在固定的场所和特定的时间里对物品进行陈列、展示，供人观看的活动。

展览会是由展览组织者进行策划，众多参展商将展品实物或样品、模型、图片等利用展览场馆这一特定的媒介向市场和消费者展示，吸引观众观看、购买或订购的一种社会活动。

（二）展览会系统的五大要素

展览会系统由展览组织者、参展商、观众、展览场馆和展览市场五大基本要素组成。

1. 展览组织者

展览组织者是展览的主办单位和承办（执行）单位。展览的主办方一般是专业行业协会，还有展览公司、企业。但目前，许多展览会为了树立品牌，使展览会更具号召力，往往由政府出面，政府成为最大的主办单位。承办（执行）单位一般由展览公司承担，具体负责展览会的运营。展览组织者要具备两个条件：一是创造出产品——展览会，确定展览主题，提供展览环境和信息；二是与特定的参展商发生业务关系，即有特定的服务对象。

2. 参展商

参展商是展览会的主体，即参加展览会的企事业单位、团体以及个人，也是展览组织者通过招商取得的服务对象。没有参展商就没有展览会的存在。

3. 观众

观众分专业观众和普通观众，是参展商的参展活动的对象，即参展商的客户。观众是参展商参展行为的起点，企业的生产目的是满足客户（消费者）的需要，有产品才有通过展览平台展示、推销产品的意愿；观众也是展览行为的终点，因为展览活动的目的是满足专业观众和普通观众的购买需求。展览效果的好坏是由观众来决定的，因此，观众是展览活动中最重要的因素。

4. 展览场馆

展览场馆是指展览馆、室外展览场地等。参展商与展览场馆的联系通过展览组织者来实现，即参展商通过会展组织者提供的场地，达到展示、宣传、洽谈、销售等目的。

5. 展览市场

展览市场是参展商获取信息、宣传企业形象、进行商品贸易（销售）的渠道。作为市场，它不是简单的商品交换、购买的场地，而是商品所反映的各种经济关系和经济活动现象的总和。在展览市场中，最为活跃的是参展商和观众。

二、展览会的办展机构

(一)主办单位

展览的主办者(单位)是拥有展览会并对展览会承担主要法律责任的办展单位，是负责确定展览主题、制订展览方案计划、监督展览实施，并对整个展览过程承担最终民事责任的法人机构。主办者可以通过具体方式委托、授权给承办者，也可以自己负责会展的实施。主办者一般分为以下几类：

1. 政府及有关部门

中国是政府主导型的社会，政府有巨大的行政资源、强大的公信力，它的权威性能够吸引众多的企业参与。如中国进出口商品交易会(广交会)主办方是中华人民共和国商务部、广东省人民政府；中国国际丝绸博览会暨中国国际女装展览会主办单位是中华人民共和国商务部、杭州市人民政府；浙江国际医疗展主办单位是浙江省卫生厅。政府的角色能够在招商、招展中发挥重要的作用，尤其是一些国际性的展览，政府若出面，能够邀约到各国的政要，也因此带来大的展商和专业观众，为展览会带来巨大的效益。

2. 行业协会

行业协会是主办展览最活跃的组织。行业协会拥有许多资源，如协会下属的企业、研究机构、评估机构等，具有权威性，又具号召力，掌握着行业的发展水平、科技信息、企业产业链的分布、供需的状况等。如中国杭州国际汽车工业展览会，浙江省汽车行业协会就是主办单位之一；2013 中国玩具展，中国玩具和婴童用品协会是主办单位之一。行业协会主办，能够促进科技的交流，推进产业的转型升级。

3. 专业展览公司

专业展览公司具有丰富的办展经验，在他们庞大的数据库里，展商的资源众多。在国外，专业展览公司是办展的主力，如德国慕尼黑国际博览会公司(MMG)主办了第 19 届慕尼黑国际建材、建筑系统及建筑更新贸易博览会。专业展览公司熟悉展览的市场，与行业、企业都保持着密切的关系，尤其是一些国际展览公司，能够把国外的展览引进到中国，也能集合中国的资源到国外办展。

4. 各类企业

一些大型的企业，它们产品的销量非常大，也积累了相当多的客户，为了进一步扩大业务，辐射自己的影响力，树立企业的形象，往往自己办展。如阿里巴巴网货交易会就是由阿里巴巴集团主办，通过展览进一步凸显了企业的实力，实现网上与网下的更好对接。

5. 展览中心

展览中心在展览场地的拥有上具有得天独厚的优势，可以利用自有的资源举办展览，使场地的空置率减少，又能够获得一定的经济效益。如北京国际展览中心、上海国际展览中心就自行主办过不少有影响力的展览。

（二）承办单位

承办者是指通过招标、审批、委托等方式，由主办者确定的负责整个展览具体实施业务的单位，具体承担招展、招商、广告宣传、服务等工作。承办者可以是政府、贸易促进机构、行业协会、商会或有资格承办展览的企业。如中国（贵州）国际酒类博览会暨2011中国·贵阳投资贸易洽谈会，它的承办单位是贵州省商务厅、贵阳市人民政府，属于政府组织；2012中国（杭州）国际新能源汽车产业展览会的承办单位是杭州市经济与信息化委员会、中国国际贸易促进委员会杭州市分会；2013杭州市老年健康文化博览会由杭州市老龄委、杭报集团承办。

（三）协办单位

协办单位是协助主办或承办单位负责展览会的策划、组织、操作与管理，部分地承担展览会的招展、招商和宣传推广工作的办理单位。如中国国际丝绸博览会暨中国国际女装展览会的协办单位有杭州出入境检验检疫局、中国丝绸城管委会、杭州武林路时尚女装街管委会、杭州市丝绸行业协会、杭州市服装设计师协会、杭州四季青服装特色街区管委会、杭州市服装行业协会、杭派女装商会、杭州日报报业集团、杭州市文广集团。

另外，一些展览会还有支持单位、合作单位等。

三、展览的作用

展览的作用是多方面的，概括地说，主要有以下几个方面。

(一)沟通产销,促进投资

参展商(生产企业)和观众(经销商、产业链上下游的企业等)参加贸易类的展览会,主要是为了取得订单、扩大销售或招商引资。展览会的平台具有"第三方认证价值",为企业提供公平竞争的舞台,成为买卖双方进行商业洽谈、商业交易的特定场所,所以许多参展商把参加知名展览会纳入企业战略营销之中。通过展览会,巩固老客户,结交新客户,影响潜在的客户,使产销关系更加紧密和畅通;此外,也能调节供给,使市场供需的关系得到平衡。展览也是实现招商引资的重要渠道,在展会上项目方与投资方经过洽谈,实现资金与项目的结合。如中国国际投资贸易洽谈会(简称"投洽会")是中国目前唯一以促进双向投资为目的的国际投资促进会议,也是唯一通过国际展览业协会(UFI)认证的全球规模最大的投资性展览会,为引进外资、扩大生产做出了巨大贡献。还有各地举办的投洽会,有力地促进了地方经济的发展。

(二)交流科技信息,促进产品提升

大部分企业会带着新产品参加展会,在展示产品形象的同时也展示了企业的创新能力,以此寻找客户,赢得市场。因此,展览会成为企业新产品集聚亮相的重要平台,在不涉及企业机密的情况下,新材料、新技术在参展商与参展商之间、参展商与观众之间得到了广泛的交流,也通过新产品发布会等交流了科技信息,促进了产品的改进和升级换代。在今天由中国制造到中国创造的发展道路上,展览会尤其需要发挥这样的作用:促进生产技术交流,促进科技开发,实现科技成果转让。

(三)促进地方经济的发展

一方面,会中的贸易洽谈、招商引资,有利于产品的进出口交流、吸引外资投入、刺激消费、扩大内需,或者购买先进的理念、技术、设备等进一步发展生产,为各行各业提供科技与信息的支持等,这有利于一个国家和地区的经济发展。另一方面,展览的集聚性所吸引的大量人流与物流,带动了交通、餐饮、宾馆、旅游业的发展,展览的展示与传播性能又为广告、媒体、工程设计、工程制作、艺术设计带来巨大的商机,经济的拉动作用十分明显。

(四)提升城市的形象

一方面,为了吸引全国各地乃至世界各地的参展商和专业观众,展览的组织方要做大量的推介工作,而推介活动不是简单地"卖"展览,而是把展览会与城市经济、城市交通、城市旅游、城市文化等进行整合营销，提升整个城市的知名度，使参展商与观众能切身体会办展城市的社会经济环境和良好形象，从而使得城市的影响力不断得到辐射和扩大。另一方面，城市为了发展会展产业，会不断改善城市交通，进行展览场馆、宾馆酒店等基础设施建设，并重视城市的安全保障和生态环境，提高市民素质，良好的形象将为城市赢得更多的发展机遇。

因为展览的独特作用，政府及其相关部门、行业协会、企业、科研机构等都会积极地关注展览，以不同的角色，在不同的层面上做好与展览相关的工作。而做好展览的相关调研，则是发展展览产业，办好展览活动，以实现发展目标的必不可少的基础工作。

第二节　展览调研的使用者与提供者

一切与展览会相关的组织，都需要进行调研。

一、展览调研结果的使用者

（一）政府

政府是展览调研结果的主要使用者之一。会展举办地政府关注会展调研的结论，其主要目的在于：

第一，研究展览与区域经济的发展关系。通过调研，可以进行科学的定量定性分析，探讨展览与各产业间的发展关系，寻找产业借助展览加快发展的机遇，谋求经济的可持续发展。

第二，科学制定展览产业发展战略。通过对发展展览业必备资源和社会环境的调研，以及对展览产业对所在地社会经济的促进作用的数据分析，科学定位展览产业，制定发展战略，确定扶持政策。

第三，促进城市的建设与推广。根据对现有展览资源的统计和对未来的发展预测，进行符合展览产业发展的城市基础设施建设；根据展览的需求，利用政府的关系网络与影响力，进行公关宣传、城市推广等。

（二）展会组办方

展会的组办方，主要有主办方、承办方、协办方、执行方。它们虽然角色不同，但都共同承担着展会的组织运营工作。成功举办展会，才能获得多方共赢。展会组办方将调研获取的信息主要用于：

第一，确定展会各项工作的需要。展会的举办地、展会的内容与主题、展会的规模、展会的组织、展会的运营等各项工作内容不可能凭空制订，都需要依靠相关的数据信息的分析，做出最合理的策略安排。

第二，为具体计划做准备。在基本框架与构思的基础上，组办方必须制订详尽的执行计划，包括展示计划、活动计划、宣传计划、招商计划、财务计划、进度计划、安保计划等，相关的调研数据可为这些计划的制订提供信息。

第三，预算的需要。举办展会的各项支出（场地租赁、搭建，招展，活动举办，嘉宾邀请，会刊印刷，人员服务等）和各项收益（展位费、门票、会刊等）的平衡点、收益率等，是组办方十分关注的内容，准确有效的调研结论能够科学指导预算的制订。

第四，招展招商的需要。由专业机构或者会展组办方自己提供的调研数据，如参展商数量、观众数量、境外采购商数量、成交总额、满意度、展览面积等，在招商过程中最有说服力，真实而漂亮的数据往往能够提高参展商的参展兴趣，从而推进组办方的招展招商工作。如由都市快报社、艺乐园联合主办的杭州"壹加艺"艺术节，凭借主办方媒体单位的优势，每天《都市快报》以一个版面报道开展的情况。其中，对于艺术展览会的报道很多，如：2013 年 9 月 16 日，《杭州"壹加艺"艺术节开展三天，已有 60 多幅作品找到归属》；2013 年 10 月 1 日，《专业人士也来"壹加艺"艺术节淘画》，画廊老总一口气买了版画家陈龙的三幅作品，看准版画"会有较好的前景"；2013 年 10 月 2 日，《长假第一天很多人选择了"壹加艺"艺术节》，又有 38 件艺术品被挑走，版画、国画占了一半以上；《逛解百逛进了艺术展》，张女士和老公一下子买了四幅作品；等等。文章虽然是报道性的，但数据却是调研统计所得，通过每天画作被购买的调研结果进行宣传，对整个展览会的推广和人气的提升起着重要作用。

（三）参展商

参展商使用调研获取的信息主要用于：

第一，指导参展方向。企业根据内部的销售数据、经济实力、发展目标和外部的市场调研结果，指导参展工作，如参加国际展还是国内展，综合展还是专业展，贸易展还是销售展，参加哪个地区的展览会，哪个级别的展会，等等，都需要相关数据的支持。

第二，根据展会的数据决定是否参展。好的展会能够强化参展商对展会的信心。参展商在做出参展决策之前，根据展会组办方提交的相关数据资料，了解历届展会的规模、成交额等，也调研同类展会的数据信息，然后选择适合自己的展会，做出参展决定。

第三，指导产品生产与定价。企业根据自己或第三方调研机构从展会上获得的产品信息，改进产品的设计、材料、生产工艺，指导各类产品的生产数量，也能够更加合理地定价，争取客户，占领市场。

(四)相关广告商

相关广告商包括两类：一类是展会广告代理商，这类广告代理商主要负责展会本身的广告宣传工作；另一类是为企业服务的广告代理商。广告代理商对展会调研数据的需求相对较大，展会组办方、参展商都将广告作为整合营销传播中必不可少的元素，因此，展会的实际效果、展会的性价比、各类展会对广告的不同需求、广告的新技术等成为广告代理商希望获得的重要信息。

除了以上四种展览调研结果的使用者，其他相关展览组织也会需要展览的调研结果，如物流公司、展台搭建公司、宾馆饭店、旅游公司等。

二、展览调研的提供者

(一)政府

为了摸清展览的资源(人的资源——展览从业者的数量与素质，物的资源——宾馆饭店、展览场地等)、展览的环境(交通、安全、空气等)、产业的需求、展览的效益，做出展览产业的规划，提出发展展览业的政策等，政府直接提出调研的课题，组织人员进行调研。政府往往选择大的调研课题为宏观决策服务。譬如收集大量的数据，进行杭州展览产业的SWOT分析；了解会展经济带与会展城市圈情况，为本市会展业发展提供依据。

(二)展览公司

展览公司是展览活动最具体的执行者，他们关注自己的效益，需要向主办方负责，也需要为下一届展会提供参考信息，因此，常常在展会展出期间进行调研，直接获取参展商、观众数量的数据信息，通过问卷、访谈、数量统计，收集满意度、成交额等信息，为整个展览会的评估、下一届展会的招商招展等，提供富有说服力的调研数据。

(三)企业营销调研部

企业的营销部常常承担着调研的工作,也承担着展会的工作,因为这个部门和客户的关系最为密切,也能从历年和当下的营销数据中分析出客户对产品的偏好、市场情况、竞争对手情况等,为企业参加展会提供参考。

展会又是企业面向客户的最直接的窗口。在展会的平台上,各家企业展开竞争,因此,营销调研部的调研工作比较接近于"情报工作"。产品是否有竞争性、老客户的态度、潜在客户的意向、竞争对手的产品与竞争策略、政府政策对竞争产生的影响等等,这些情报提供给自己的企业,能够使企业管理者预测商业关系的变化,把握市场机会,对抗来自各方面的威胁,洞悉对公司产生影响的技术动向,学习他人的经验改进产品,做好价格定位,及时调整公司的发展战略,使公司在市场上立于不败之地。

(四)展览学会

展览学会聚集着展览业的研究专家,他们大多来自展览的管理部门、运营部门和教育部门,关注展览产业的发展趋势,结合展览的现实问题进行研究,举办会议交流信息,写作调研报告、论文。如浙江省社会科学界首届学术年会"杭州会展业机遇剖析"分论坛,浙江省会展学会的会员就以新收集的数据分析杭州会展业的现状与机遇,可为政府、企业等决策提供一定的参考。

(五)展览协会

展览协会拥有众多的展览组织:设计公司、搭建公司、会展公司、展览中心、物流公司等。一方面,展览协会整合相关展览组织的统计数据,为政府发展会展产业、服务会展产业提供信息;另一方面,协会整合的数据,又为这些会展组织提供服务。如杭州市会议展览业协会发放会员服务需求调查表,在此基础上进行统计,为协会工作提供依据。

参考案例

杭州市会展业进行年度会员服务调查统计

近日,杭州市会展协会通过传真、电邮等方式,向各会员单位发出2012年度服务调查表,征求了解企业需求意见。调查活动得到了各会员单位的积极响应,其中包括会展活动的主办招展、场馆酒店、营销策划、人才培训、衍生服务等方面的代表。他们为杭州会展业的健康发展提出了各自不同的建议，涉及面广、有代表性，具有很大的参考价值。

经过统计整理，反馈内容主要集中在三个方面：一、希望协会能组织更多的行业活动，打造会员之间自主交流的合作平台，实现资源共享，多方共赢；二、规范行业业务程序，实施政策指导、项目引导，完善和提高会展从业人员的专业性和综合素质；三、希望可以给予更多的政策扶持、资金鼓励，帮助企业更好地开展项目活动。（市西博办）

（材料来源：杭州会展网，http://www.mehz.cn/meitixinwen-03/3451.html）

(六)市场调研(咨询)公司

市场调研（咨询）公司有专业的、经验丰富的调研人员，它们接受企业（制造商和经销商）的委托进行市场调研。市场调研的范围与对象比较宽泛，展会调研是市场调研的对象之一，市场调研公司往往将展会作为调研的平台，选择使用特定的调研手段，将展会调研数据纳入相关的系统营销研究之中。市场调研公司也为参展商提供独立的展会效果评估等服务。由于市场调研（咨询）公司掌握的展会资讯的丰富性，参展商可直接向市场调研公司购买数据用于指导决策。

(七)高校

高校的会展专业学生，在会展公司和专业老师的指导下，以展会为平台开展调研活动，将调研的数据进行分类、统计、分析，写出调研报告，为会展公司评估展会效果、寻找和改进问题提供依据。会展专业的师生也接受政府相关组织的调研课题和活动，以专业的知识服务产业。

第三节　展览调研的主要内容

所有与展览相关的组织，它们从不同的需求出发，开展不同内容的调研，以此作为展览各项工作决策的基础。

一、政府调研的主要内容

政府及主管会展产业的部门，主要负责展览产业的发展，其调研的内容有以下几个方面。

(1)资源调研。包括对物质资源(展览场馆、宾馆酒店、交通运输等)、人力资源(展览的管理人才、设计人才、执行人才、精通国际合作的人才等)、资金状况(扶助资金、奖励资金)、社会资源(国内外合作伙伴)等的调研。

(2)产业结构调研。包括对本区域的经济结构、产业结构、优势产业、主导产业、重点发展行业等的调研,主要解决选择什么样的项目作为城市发展会展业的基点,寻求产业发展与展览结合的问题。

(3)会展经济带调研。五大会展经济带(环渤海会展经济带、长三角会展经济带、珠三角会展经济带、东北会展经济带以及中西部会展经济带)有什么样的特征?所在城市处于哪个经济带上?各个城市在发展会展业上有什么优势?出台了什么政策?所在城市将如何支持展览产业而发展?这些都是会展经济带调研所要解决的问题。

(4)办展的社会条件与环境状况调研。交通状况、治安状况、清洁状况、文明状况、地理位置等都是办展的重要因素。

(5)投资环境调研。手续简便、扶持力度大、经济环境好,有利于吸引国内外投资者。投洽会是地方为了吸引资金与项目而举行的,政府进行投资环境调研,能够进一步改善投资环境,营造良好的招商引资氛围。

(6)展览的经济效益与社会效益调研。包括展览对产业的发展作用,展览对其他第三产业的带动作用,展览对城市形象的提升作用,展览对城市的知名度与美誉度的传播作用等的调研。

二、展览组办方调研的主要内容

展览组办方的调研多是为展会本身提供资讯的调研,主要内容有以下几个方面。

(一)展会组办方策划举办展会所需要的调研

为了成功举办展会,组办方必须自行完成或委托完成一些基本调查,主要包括以下几个方面。

1. 主题调研

展会名称、展会主题都应在相关调研的基础上确定。每一届的展会主题应具有延续性,又有独立性,具有现实意义。如2009年中国(杭州)国际循环经济产业博览会的主题是"成就循环经济产业国际合作",2010年,该博览会的展会主题是“低碳经济”，两个主题都与“保护美丽家园，循环利用资源”的宗旨有关，但又各有侧重，都是在经过了对社会、经济发展调研的基础上形成的，符合全球各国对减少温室气体排放、保护全球气候的共识，符合世界经济的发展趋势，也符合杭州市打造低碳城市的目标。展会主题调研不仅应研究同个展会和同类展会的主题性质，还应该广泛研究社会经济的发展需要，行业的发展需要，同时与市民关系密切的展会也可以通过民意调研的手段广泛了解和听取市民的意见。

2. 参展商调研

组办方对参展单位非常重视，参展商直接关系到展会的规模与质量。一般会就参展商的数量、级别、性质、需求等进行调研，并要调研同期是否有同类展会，以免使参展商被分流；还要调研本区域的产业结构与市场需求，这些都直接影响对参展商的组织。即便是举办多年的固定展会，参展商的数量也会有较大的增减，需要科学预测。

参考案例

70 余个品牌参展，40 多款新车首发

杭州车展 10 月 17 日启幕　预计购车总让利达亿元（节选）

10 月 17 日，杭州西博会唯一注册车展项目——中国杭州国际汽车工业展览会，将在石祥路 589 号的杭州汽车城国际会议展览中心启幕。这也是杭城年度规模最大、品牌最全、新车豪车最多、优惠最大的车展。

杭州唯一一个厂家直接参展的车展

本届车展不仅是参展品牌数量最多的一届，同时也是新车、概念车数量最多的一届，据悉，浙江本地汽车品牌众泰将在车展期间向全国首发 Z300，北京现代将携 2013 战略车型 Mistra 名图量产车进行华东市场首发。MG 不仅将携目前全国仅有 17 辆的 MG6 2014 款在车展期间进行华东地区首发，还有一款概念车 MG CS 也将亮相。另外，上汽大通今年也将携商用车行业首款概念车 G10 亮相；除此之外，江铃、东风标致、广汽丰田、别克、东风日产、进口起亚、DS、奔驰等各大汽车品牌均有新车重磅发布。

在车展第二季中，不仅奥迪、奔驰、宝马、捷豹、路虎、讴歌、英菲尼迪、凯迪拉克、沃尔沃、雷克萨斯等高端车悉数到场，世界顶级豪车劳斯莱斯、宾利、法拉利、玛莎拉蒂、保时捷、阿斯顿马丁等都将参与。

据悉,劳斯莱斯将携旗下价值数百万元的两款豪车亮相杭州车展,其中古思特是劳斯莱斯汽车迄今所生产的动力最强劲的超豪华轿车,价值400多万元以上。阿斯顿马丁也将以超强阵容亮相车展,四款价值数百万元的豪华跑车V8,DB9,Vanquish,Rapide S一一列席。法拉利四款超级跑车(California,458Italia,FF,F12)也将参展。宾利更是首次以中国大众名义参展,不仅携今年在上海车展亮相的A级展具参展,除了慕尚、GT Speed、GT V8三款豪车外,届时还将携新飞驰在车展现场首次与杭州观众见面。

预计总让利将达亿元,特供车最高优惠7万元

作为年度最大车展,杭州西博车展是目前杭州唯一一个厂家直接参展的大型车展,厂家支持力度非常大,各参展商不再局限于赠送礼包、抽奖等这种单一的促销手段,更是有实力着眼于实打实的优惠,预计整个展期车商总让利将达1亿元。

据悉,车展期间部分品牌还将推出"西博版特价车"。如菲亚特500西博特供车指定车型最高优惠7万元;一汽马自达6超豪华直降5万元;菲亚特菲跃西博版特供车优惠4万元;上海大众新途安全系车型最高现金优惠2.5万元(限时限量西博特供10辆);广汽本田奥德赛直降3万元;东风标致308风尚西博版直降2.8万元。

(材料来源:《每日商报》2013年10月9日,第23版)

为做好展前的宣传,组办方要对展出的参展商情况进行调研。如上面的参考案例,组办方需掌握参展企业的品质状况,它们能带来什么展品,并了解上海车展的情况,以上海车展为参照说明西博车展的档次,同时也需与上一届西博车展比较,说明本次车展的特色。如此,就能大张旗鼓地为车展做宣传推广。

3. 资金预算调研

展会的招商招展、展会的宣传推广、展会的场馆租赁、展会的举办及其各项活动的开展等所需要的支出,与展会的门票、展位费、赞助费、资料费等收入,直接关系到展会是否收支平衡与盈利,在展会筹备之际需通过科学的定量调研予以预测。展会处于培育时期还是进入品牌发展时期,收支也会有很大不同,需要区别对待。

4. 参观人数预测

组办方对贸易展的国际、国内专业观众，对消费展的普通观众的人数十分关注，参观人数的预测直接影响场馆选择、门票定价、办展时间、活动组织、交通工具、安全保障等一系列重大决策。人数的预测可以参考往届的实际参观人数，还要考虑本届展会的参展商水平、展会活动的吸引力、举办地点、同类展会的竞争、天气条件、展馆交通等，需要结合诸多实际因素进行分析预测。

参考案例

第38届巴黎国际旅游展开幕（节选）

2012年巴黎国际旅游展共接待参观者10.6万人次。由于可以享受7%至20%的优惠，26.9%的参观者当即在现场预订了旅游行程。虽然经济衰退持续影响欧洲旅游业，但组织者仍乐观地期待本届展会可以吸引超过10万人次观众，签订更多旅游合同。

据世界旅游组织报告显示，2012年国际出境游客数量首次突破10亿人，增长5%，其中新兴旅游国家与地区旅游业增长强劲。该组织预测2013年国际旅游人数将增长3%至4%。

（材料来源：新华网，2013年3月22日，http://news.xinhuanet.com/travel/2013-03/22/c_124492715.htm）

5. 同类展会竞争者调研

不同地区、不同级别的同类展会，加剧了对参展商和观众的竞争。如北京国际汽车展览会、上海国际汽车展览会、广州国际汽车展览会、成都国际汽车展览会，规模都非常大，另外还有很多不同级别的车展。因此，要想成功举办同类展会就必须对竞争展会的规模、展览内容、参展商数量、观众数量、举办时间、满意度、效果等进行详尽的调查研究，设计策划好展会，力求同中求异，同中求优，避免无序竞争。

6. 媒体调研

一个好的展会，往往能够在媒体的助推下，更好地得到品牌的树立和推广，因此组办方都非常重视与媒体的合作。展会对媒体的吸引力有多大，将会有多少家专业媒体到会，有多少记者到展会进行现场采访，媒体有什么需求，都需要预先进行调研，为展会的宣传做准备。

7. 环境影响调研

环境影响调研内容包括：展会期间，大量的参展商、观众、展品的运输，是否会给城市的交通带来一定的影响；展馆内外用于宣传造成的声光电污染有多大；撤展后，大量展会现场遗留垃圾如何处理等。政府有关部门要求展会组办方在展会申报时必须提交环境影响调研的预计结论及解决方案，组办方也有义务通过环境的调研减少展会对环境的负面影响，展会应该向着“绿色”的方向发展。

8. 其他

组办方要办好展会，需要调研的内容还有很多。如展馆条件（展馆面积、展馆设施、展馆的交通状况）、物流运营（供应商的质量、价格）、展台（展台设计、展台搭建）等等。

(二)展会组办方为展会评估所需要的调研

展会评估是展会整体运作管理中的一个重要环节，是当届展会的终点，也是下一届展会的起点。一个展会办得好不好，有没有生命力，要通过调研来对各项工作进行评估。最重要的是针对参展商和观众的调研，因为他们是展会的“核心”。

1. 针对参展商的调研

针对参展商的调研包括参展企业的数量、参展企业的类别、参展企业的运营状况、参展企业的展位面积、参展企业的特装展位占整个展位数量的比例、参展企业在展会期间的交易状况、参展商对展会（包括展会活动、展会宣传、场馆布置、参展商与观众对接、现场服务等）的满意度、对下一届展会的态度等。

参考案例

2012 中国杭州文化创意产业博览会（节选）

在文博会期间，文博会组委会专门组织了对参展商的调查，反馈数据显示，由于本届文博会规模大、专业水平高、活动安排丰富，参展商满意度达98%，其中国际及台港澳地区参展文创机构满意度达98.6%以上，表示明年将会继续参展的展商达99.8%，观众满意度达96%。

（材料来源：《2012 中国杭州文化创意产业博览会举行　三馆联动创意生活》，《杭州会展》2012 年第 3 期，第 12 页）

2. 针对参展观众的调研

针对参展观众的调研包括观众的数量、观众的成分(专业观众、普通观众,国外观众、国内观众)、观众的需求(洽谈、采购需求等)、观众对展会的满意度等。

参考案例

2012 中国杭州文化创意产业博览会(节选)

文博会专门设置了三个主会场:杭州和平国际会展中心、世贸展览中心和白马湖生态创意城国际会展中心。文博会期间,三大场馆参观总人数 19.8 万人次,比去年增加 52.3%,其中专业观众 12.52 万人次,占参观总人数的 63%以上,比去年增加 60.5%。

(材料来源:《2012 中国杭州文化创意产业博览会举行　三馆联动创意生活》,《杭州会展》2012 年第 3 期,第 12 页)

又如,浙江图书馆在举办克劳斯·施泰克"一事无成"展览时,准备了读者留言本,以了解读者对展览的评价、建议和意见。

3. 针对展览供应商的调研

针对展览供应商的调研包括对展览搭建供应商、展览物流供应商、展览餐饮供应商、展览广告供应商、展览安保供应商等的调研。

4. 针对媒体的调研

针对媒体的调研包括媒体数量、记者数量、各类大众传媒的传播数量、媒体对展会的评价等。

因为展会组办方的工作非常重要,我们设计了一些调研的题目,供大家参考:

(1)展会是否服务地方社会经济的发展?

(2)所在区域是否已有同类展会?

(3)展会主题是否具有时代性、现实性、新颖性?

(4)展会能否得到政府的大力支持?

(5)展会在什么时候举办最为合适?

(6)多大的展会规模是合理的?

(7)展会举办地的市场发育状况是否良好?

(8)展会是否需要赞助商的支持?

(9)展会的宣传推广渠道如何?

(10)展会在全国与海外的合作伙伴有哪些?

(11)展会对哪些媒体会有吸引力?

(12)展馆的条件如何?

(13)招展组团的代理机构的区域分布怎样?

(14)招展组团的代理机构的实力和影响力如何?

(15)展位的价格多少合理?

(16)展会在场馆与市区各主要交通节点之间是否需要设置免费巴士?

(17)参展商是否进行“绿色”展台搭建?

(18)展会是否需要举办开幕式?

(19)展会是否需要举办招待酒会?

(20)展会的专业活动是否受展商与观众的欢迎?

(21)参展商对展会的需求是什么?

(22)参展商的数量有多少?

(23)参展商的质量如何?

(24)参展商是否实现了参展目标?

(25)参展商对展会的满意度如何?

(26)参展商是否愿意参加下一届展会?

(27)观众的洽谈效果如何?

(28)观众的采购意愿是否强烈?

(29)观众对展会的满意度如何?

(30)展会的供应商合作是否良好?

(31)展会服务人员的素质如何?

(32)媒体的数量有多少?

(33)是否为记者朋友提供了便利舒适的采访报道环境?

(34)展会宣传投入的成效如何?

(35)展会的风险与危机管理能力如何?

(36)展会对当地产业发展的作用如何?

(37)展会对当地居民有哪些影响?

(38)展会的规模有否扩大?

(39)展会的可持续性如何?

……

三、参展商需要调研的主要内容

(一)参展商选择展会与参展决策所需要的调研

参展商在参展之前,要根据企业的发展需要对展览会进行选择,通过深入的调研,慎重做出决定。

1. 展会评估调研

(1)本届展会基本情况,包括展会主题、办展时间、主办方、联系电话、展览会网址、电子邮件、主要参展产品、展会的主要活动、主要服务内容、门票价格、办展场馆、场地面积、参展面积、展位价格、已报名的参展商数量与质量、参展商产品行业分布、广告价格等。

(2)历届展会情况,包括创办时间、展览面积、参展商数量、观众来源、观众分布统计、签约项目数、成交金额、展会届数、知名度、社会反响等。

(3)同类展会,包括各地举办的同类展会规模、参展商数量、观众数量、媒体数量、成交额、影响力等。

2. 展会所在城市调研

企业参展,不仅要调研展会本身,还要调研展会举办城市的情况。因为参展商关注的是整个城市在资源配置上起决定性作用的市场,而展会是一个很好的配置资源的平台,所以参展商要调研展会举办城市的定位、展会举办城市的辐射力、展会举办城市的经济发展水平、展会举办城市的产业结构、展会举办城市的市场、展会举办城市与参展企业相关的上下游企业状况等等。如杭州是一个历史文化名城,登上福布斯 2011 大陆最佳商业城市榜,适宜发展十大产业:文化创意、旅游休闲、金融服务、电子商务、信息软件、先进装备制造、物联网、生物医药、节能环保、新能源。参展商调研了这个城市之后,参加与这个城市的定位、产业、经济息息相关的展会,就能更好地拓展市场。

3. 企业内部调研

(1)企业发展状况,包括企业产品种类、产品在市场上的占有量、产品市场分布、新产品的研发、市场拓展、竞争对手、企业发展与行业趋势、进出口目标等。

(2)企业参展需求与投入,包括拓展新市场、宣传新产品、获取市场信息、每年用于参展的资金、展会的推广效果等。

(二)参展商进行以展会为平台的调研

展会具有集聚性的特点,在展会中生产商、批发商、零售商、消费者、政府主管官员、行业主管人员、专业人士等聚集,大量同行参展商带来企业的新产品和有市场竞争力的优质产品,并为吸引客户公开产品的一些数据。因此,在展会的平台上,汇聚大量信息流,展示企业的实力,参展商都非常重视展会上的调研,主要包括以下几个方面:

(1)产品调研:产品的市场接受度、产品的市场前景、产品的科技含量、产品的竞争力、产品包装、价格定位等。

(2)消费调研:消费者的价值观念、购买行为、使用习惯、态度,以及品牌市场概念的定量分析和定性分析,消费者对品牌的忠诚度等。

(3)销售与市场调研:市场份额、销售分析、分销渠道、促销手段等。

(4)客户信息调研:老客户的变化、新客户的数量、客户的来源、数据库信息。

(三)参展商评估参展效果需要进行的调研

参展效果的评估,要围绕参展目标进行,系统、切实地考核与评价各项工作指标,要在深入调研的基础上进行。

(1)客户的兴趣调研:到展位观展的观众数量、有洽谈意愿的观众数量、下订单的观众数量等。

(2)整合营销效果:通过展台搭建、产品展示、广告投放、新闻宣传带来的整合营销效果。

(3)经济与社会效益:交易额、订单数量、企业公众形象、科技贡献等。

根据以上调研内容,我们设计以下一些参展商调研的题目:

(1)该展会能满足我们市场拓展的需要吗?

(2)展会所在城市的产业结构是怎样的?

(3)同类展会有哪些城市举办?

(4)有多少观众是来自目标市场的?

(5)有多少观众是来自我们主要的服务地区的?

(6)组展机构怎样推广展会?

(7)展会已经举办过几届，过往的业绩如何？
(8)哪些竞争对手将参展？
(9)组展机构对参展商的推广提供哪些协助？
(10)组展机构可以提供参观买家专业性的保证吗？
(11)展台的面积、位置、视觉效果和传播效应如何？
(12)展会上的演示活动是否吸引人？
(13)接待客户的数量有多少？
(14)客户购买计划指数如何？
(15)老客户是否继续青睐我们的产品？
(16)结交了多少新客户？
(17)我们的产品有哪些优势？
(18)我们产品的价格定位是否合理？
(19)参展的宣传(广告、资料发放、媒体报道等)效果是否良好？
(20)竞争对手的展出情况、产品情况如何？
(21)展会的交流给我们带来了哪些新的信息(政策、科技、价格等)？
(22)获得多少订单，成交额多少？
(23)是否达到开拓新市场的目标？
(24)企业形象是否得到进一步的传播？
(25)是否需要调整企业的发展战略？
……

(四)其他组织需要调研的内容

各类展会活动的供应商，共同促进展会的成功举办，也是展会利益的分享者。各类展会供应商需调研的内容如下所示：

(1)物流运营商：一年的展览会数量、开展时间、组办方和参展商需要的服务、物流的来源、展品的体量等。

(2)广告商：展会的数量、性质，广告的发展趋势、价格变化，组办方和参展商对广告的需求等。

(3)餐饮供应商：展会组办方的需求、价格、食品安全等。

(4)安保供应商：展会组办方或参展商需要的安保服务、哪些展会或者展品需要提供特别安保服务等。

思考练习

日本爱知世博会的成果与不足

为期半年的日本爱知世博会25日落幕，下一届的上海世博会则进入了准备工作的新阶段。此时，总结一下爱知世博会的成果和不足，看看哪些经验值得借鉴和汲取很有意义。

首先，作为当今世界最重要的博览会，本次世博会鲜明地表现了“自然的睿智”这一环保主题，凸显了人类可持续发展的重要性。这一主题的选择符合时代潮流、意义深远。本次世博会会场设立在森林中，与展会主题吻合，很有创意。另外，日本的诸多展馆从不同角度生动地展现了与“自然的睿智”有关的内容。比如，三井东芝馆通过电影表现地球毁灭后人类探索宇宙生存空间的活动；三菱未来馆表现了没有月亮、地表全是沙漠的情形。一些展览活动还展示了风力发电、太阳能发电等新能源形式给人类带来的美好远景等。

除展览内容外，世博会展馆本身使用的建材很多都是废物利用，展会结束后还可再利用。另外，会场垃圾被分为9类，可以被不同程度地再利用。更重要的是，本次世博会非常重视公众参与。在濑户会场，有235个允许市民参与的环保项目，这有利于进一步树立公众环保意识。展会主办者认为，实现可持续发展仅靠政府和企业是不够的，只有普通民众“从我做起”，21世纪才能真正成为环保的时代。

其次，本次展会处处体现“以人为本”。会场大门旁备有上千辆婴儿手推车和轮椅，供带小孩的家长和腿脚不便的老人使用；世博会占地100公顷，其间有很多道路。除了缆车线路之外，只要是供人通行的地方都很注意防滑；会场中的厕所设有报警装置，一旦有人身体不适或发生意外，只要按下电钮，救护人员会很快赶到。另外，有志愿人员时时提醒游人下台阶时注意脚下，以免发生意外；夜间道路标志不清，车站有志愿者指引帮助；夏季天热容易中暑，会场主要干道两侧有遮阳布，支架上有冷气向下吹，使坐在凳子上的人感到凉爽。随着展会的进行，主办者还不断调整服务措施，力争处处为观众着想。由于组织筹划细致周到，半年展会期间没有发生一起安全事故。

爱知世博会的成功还体现在颇丰的经济效益之上。本次展会原本预计参观人次1500万，但实际达到2200万。这给展会所在的日本中部地区带来了巨大的经济利益。扣除大量开支之外展会盈利50亿日元，吉祥物销售额达800亿日元，相关收入超过4500亿日元。数据显示，会展期间，名古屋的百货商店销售额比去年同期增长6.3%，旅店爆满。日本民间调查机构共立综合研究所推测，爱知世博会给爱知、三重等县带来的总体经济效益可达1.28万亿日元。由于交通等基础设施得到改善，世博会还给这一地区经济发展带来后劲。交通网络得到完善，使很多企业都计划在这一地区发展，这种趋势从名古屋一些地段的地价上涨可见一斑。

当然，本届世博会的组织也存在一些不足。一个突出问题是，主办方对参观人数估计失误。原先估计每天参观人数最多不会超过20万。但实际上单日参观人数最多达到了28万。人多之后，会场、交通工具都明显拥挤，造成观众等待时间较长。另外，世博会长久手会场除了迎宾馆和主要道路外，其他展馆设施等全部拆除，据称拆除费用约100亿日元，这多少有些"物未尽其用"的遗憾。本次展会还有一个缺陷，就是会外语的服务人员太少，很多志愿服务者对外国观众只能比比画画，沟通存在障碍，影响了服务质量。（新华社记者　何德功）

（资料来源：新华网，2005年9月25日，http://news.xinhuanet.com/world/2005-09/25/content_3542973.htm）

这是新华社对2005年日本爱知世博会的成果与不足的报道。请思考2009年上海举办世博会，在策划阶段是否就需要进行调研？分析研究这份二手资料，对于上海世博会来说，是否具有借鉴意义？

第三章 会议调研

学习目标

【知识目标】

- ◆ 能了解会议的定义、功能和类型
- ◆ 能认识会议调研的使用者和提供者

【能力目标】

- ◆ 能对各类组织进行会议调研的主要内容有基本的认识
- ◆ 能说明调研对于会议主办方策划会议活动的意义
- ◆ 能举例说明会议组办方对参会人员满意度调查的作用

第一节 会议的基市内容

一、会议的定义

会议是人们为了某种特定的目的，围绕一个共同的主题，进行信息交流或聚会、商讨的活动。一般的会议，都有以下一些特征：

（一）会议是围绕特定的目的而开展的活动

会议的组织者为了某种目的（传达信息、商议工作、决策活动、解决问题等）而召开会议，与会者们围绕某个议题进行讨论、分享。会议目的是会议活动最基本的驱动力。

（二）会议是一种高度组织化的活动

会议主办方根据会议目的策划会议活动，确定会议的管理系统、服务系统、会议主题与议题、会议参与者、会议的各项议程等等，并按照一定的规则有序地举办会议，实现会议目标。

（三）会议是一种以口头交流为主要形式的活动

会议活动中的报告、演讲、发言、辩论等，都是以口头交流的形式传递信息、交流思想、阐述观点，在与会者中能够达到迅速传播的效果。尽管会议也有书面材料和声响资料等，但这些是会议的辅助交流手段。

（四）会议是一种群体性的活动

会议是多数人（至少三人）集体商议、共同探讨，一起接受新的信息并努力达成共识的活动，因此，会议也往往伴随着一定规模的人员流动和消费。

二、会议的功能

（一）信息沟通

信息沟通是会议的基本功能。会议主办者和会议参与者都希望通过会议这个沟通平台，传递和接收信息。通过会议进行面对面的交流，减少信息中转的损耗，做到接收速度快，反馈及时，而且使信息的沟通更具生动性、感染性。

（二）民主议事

与会者平等的身份，使他们能够在会议上自由讨论、发表己见。管理上、专业上、商业上的种种事情，都因为与会者的议论，变得更加周全、合理、科学。

（三）联络感情

会议使与会者在一定的时空里聚集，在传递思想、交流信息的同时，也联络了感情。共同的话题，使人们更加乐于相识相知，会议的宴会、酒会、茶歇、旅游等活动也为与会者联络情感提供了方便，使交往交流在会议结束之后仍然能够延续。还有一些会议如茶话会、团拜会、联谊会、会奖旅游就是以联络情感为重要目的的。

（四）促进合作

组织之间通过会议进行沟通，能够化解矛盾，达成共识，促进融合，加强合作，有助于促进国外、国内各类组织、团体之间的合作。

三、会议的分类

（一）按照会议的组织形式划分

（1）年会（convention）。

（2）代表会议（congress）。

（3）论坛（forum）。

（4）专题学术讨论会（symposium）。

（5）讨论会（workshop）。

（6）座谈（panel discussion）。

（7）培训课程（training courses）。

……

（二）按会议的发起组织划分

（1）政府会议。

（2）社团会议。

（3）企业会议。

（4）教育会议。

（5）宗教会议。

……

（三）按会议的规模划分

（1）特大型会议，指会议规模万人以上的会议。

（2）大型会议，指会议规模在千人至数千人的会议。

（3）中型会议，指会议规模在百人至数百人的会议。

（4）小型会议，指会议规模在百人以下的会议。

（四）按与会者的地域范围划分

（1）国际性会议。

（2）全国性会议。

(3)区域性会议。

(4)单位性会议。

会议类型还可以根据会议的性质、会议的功能、会议的周期、会议的举办方式等标准来划分。

第二节　会议调研的使用者与提供者

一切与举办会议相关的组织,都需要进行调研。会议调研的发出者,也是会议调研结果的使用者。在一般情况下,他们自己组织人员进行调研,即会议调研的提供者与调研结果的使用者常常是同一组织,如会议组织者、会议公司、会议中心、会议宾馆、旅行社、会议局、政府、咨询机构等。当然,会议调研结果的使用者,也可以通过其他组织获得调研信息。

一、政府

政府是会议业的支持者和推动者。会议产业的发展依托于城市的发展,反过来又促进城市基础设施、生态环境和经济水平的提升。政府调研,主要是将结果用于有关会议产业发展的政策制定、资源调配、公共设施与环境的建设等,为会议产业提供良好的发展环境。

二、会议局

会议局可以是一个政府机构,也可以是一个官方机构或者是半官方机构。在国外,会议产业发达的城市或国家多设立会议局,但我国大多是会展办,如杭州市由西博办(会展办)管理会展产业。会议局或者会展办负责一个国家或城市的会议产业,对其进行规划、管理,对外进行会议业的宣传推广,吸引国内、国际会议到所在城市或国家举办。会议局或者会展办的工作相当重要,对发展会议产业起着举足轻重的作用,因此需要进行积极调研,为会议产业的规划、发展更好地服务。

小知识

杭州市西湖博览会组委会办公室

市西博办(市会展办)是西湖博览会组织委员会的常设办事机构,为市政府直属的正局级事业单位。主要职责:(一)负责西湖博览会的总体策划和日常工作的综合协调。(二)受理西湖博览会的项目申报,指导、督查西湖博览会项目的组织实施工作。(三)负责筹集西湖博览会办会资金,管理西湖博览会的经费、资产和投资。(四)承担西湖博览会组织委员会的日常工作,牵头与协调组委会各办事机构的工作。(五)研究制订全市会展业发展规划;受委托研究起草有关发展会展业的地方性法规、规章草案;负责承办有关重大会展节庆活动报批的具体事项。(六)负责全市重大会展、节庆活动的组织指导和协调管理;组织开展会展节庆行业的对外交流与合作。(七)承办市委、市政府及西湖博览会组委会交办的其他工作。

(材料来源:http://xbh.zjol.com.cn/05xbh/system/2009/08/25/015772407.shtml)

三、会议主办机构

会议主办机构通过会议沟通信息、交流感情,并获得一定的会议收入。为了使会议对目标人员有吸引力,并且使参加会议的人们觉得物有所值,会议主办方就要调研人们参加会议的目的,策划好会议的活动,并调研会议市场的各种服务,满足参会人员的需求。

四、专业会议组织者(会议公司)

专业会议组织者(PCO,也称专业会议公司)是指通过为客户组织、经办会议而获取收入的专业的会议组织机构。他们要为会议主办方提供会议策划、会议审批、会议促销宣传、会议组织、会议住宿、会议餐饮、会议旅游等服务,因此,调研就成为必不可少的工作环节。在此基础上做到办会专业、精准,使会议主办方满意,与会者满意。

五、会议中心

会议中心是一个专门为会议主办者提供会议场地、会议设施、会议服务而获取收入的企业。分析会议市场的各种需求，才能对会议中心的硬件与软件做出最好的设计，以提供最好的服务，使会议中心在竞争激烈的会议市场上具有竞争力。

六、会议酒店

会议酒店是指能够为会议主办方提供一定的会议场地、设施与服务的酒店。随着会议业的兴起，会议酒店不断增加。为了能为客户提供会议、住宿、餐饮、娱乐等方面的优质服务，就需要加强对会议客户（主办方和参会者）的调研，也需要加强对同类会议酒店的调研。

小知识

中国会议酒店联盟

中国会议酒店联盟（www. confhotel. cn）是在中国旅游协会支持、中国旅游饭店业协会指导下，由管理规范、影响力大、会议接待水平高的国内大中型会议中心、会议酒店等单位，按照平等自愿的原则结成的全国性合作组织。联盟于2008年成立，目前会员单位90余家，其中轮值会长单位4家、副会长单位12家。下设秘书处和专家委员会，为会员酒店服务并提供智力支持。

（材料来源：第五届中国会议经济与会议酒店发展大会会刊）

七、旅行社

随着旅行社常规旅游产品竞争的日益激烈，许多大型的旅行社跨界开展会议服务，承担会前策划、会场布置、食宿安排、会务接待、交通旅游等环节。要在日趋激烈的会议市场上分一杯羹，旅行社必须找到与会议的最好结合点，通过调研把工作做好，凸显旅行社的独特优势。

八、翻译公司

翻译公司主要是为国际会议服务，使来自不同国家的报告人、与会者能够良好沟通。翻译公司特别需要掌握不同语种的翻译人员，以胜任国际会议对翻译的高水准要求。需要对翻译人员的素质、数量、语种，笔译与口译的需求程度与价格，翻译的设施等进行调研。

九、协会

会议协会一类的组织要为会员单位服务，要进行会议的发展趋势的预测与研究等。如国际大会及会议协会(ICCA)、国际社团组织联盟(UIA)提出国际会议的标准并进行相关统计。国内有由中国旅游饭店业协会、中国会议酒店联盟、中国旅行社协会统计调研信息，共同编写了《中国会议蓝皮书》，从2010年开始发布，凭借强大的协会网络获得全面的数据，发布权威的信息，对外宣传，同时为会员服务。

以上单位，既需要会议调研的结果，同时又常常自己组织调研。

小知识

杭州会议企业产业链(节选)

一、会议策划营销企业：杭州城市会展研究发展中心、杭州励通商务服务有限公司、淳安千岛湖会议会展有限公司、中国美术学院创意产业发展公司、杭州市国际会议展览有限公司、杭州西湖国际博览有限公司等。

二、会议现场服务企业：杭州西博网络技术有限公司、杭州盛博会务有限公司、杭州玛雅村文化传播有限公司、杭州尚典广告有限公司、浙江风行传媒有限公司、杭州天航会议服务有限公司等。

三、会议配套服务企业：杭州万事利丝绸礼品有限公司、杭州万众设备租赁有限公司、杭州百合礼仪服务有限公司、浙江恒晟图文制作有限公司、杭州国际旅行社有限公司等。

(材料来源：《杭州会展》2011年第2期，第56—65页)

以下单位一般不直接使用会议调研的结果，而是通过调研，将会议结果供政府和有关会议运营机构使用。

十、咨询机构

接受会议主办方、政府等委托，进行会议的有关调研，凭借专业的调研能力进行调研分析。

十一、会展学会

学会的专家、学者进行会议的调研，为会议的管理机构、各类会议供应机构提供有用的信息。

十二、高校

高校教师、学生也会参加会议的相关调研工作。如以调研课题的形式，接受政府或会议主办方等委托，执行调研任务。

第三节　会议调研的主要内容

一、政府调研的主要内容

会议产业对一个城市或国家的经济、社会发展起着重要的作用。一般认为，国际会议城市需要具备几大条件：国际著名旅游、历史文化名城，一国首都或者地区中心，国际性城市，国际化的会展场馆设施，便捷的交通网络和综合服务体系，较完备的接待能力，良好的气候环境和社会环境，政府支持，等等，而政府是城市发展的主体，可以利用公共权力推进城市建设，发展会议产业。

（一）针对城市形象的调研

针对城市形象的调研包括对城市的历史文化环境、开放性程度、国际化程度、人文与自然旅游资源、安全性、交通状况、文明与洁净程度等的调研。良好的城市形象能够促进会议的举办，政府通过调研对各种影响城市形象的因素做出分析，从宏观上把握和推进会议产业。

（二）针对支持政策的调研

会议产业会给城市或国家带来直接或间接的经济效益，政府要在政策和法规上支持会议产业。如何给会议企业以税收优惠政策，如何给在城市举办的大型的或国际性的会议补助，对会议的审批立项是否需要简化优化，是否应该给参会人员优先证和入关的待遇，等等，调研的信息会让政府做出正确的判断和决策。

(三) 针对会议的规划调研

一是对会议产业的规划调研，即把会议放在一个什么样的位置进行发展，如杭州提出打造“最具魅力的国际会议目的地”的目标；二是发展会议产业，在城市基础设施的规划上要重点考虑会议中心和大型宾馆交通的便捷性。通过调研，对机场、地铁等交通设施做合理规划，使城市有良好的可进出性。

(四) 针对住民意识的调研

会议在一个城市举办，有时参会人数会达到成千上万，国际会议有外国人士的参加，特别是开闭幕式、论坛上有重要领导甚至国家元首出席，这都会对当地住民的交通、生活等方面造成影响。当地住民的态度将在很大程度上影响会议的效果，热情好客会给与会者留下美好的印象；冷漠反对则会给会议管理带来很大的压力。因此，政府要做好调研工作，培养住民的文明习惯和配合意识，当然也应努力减少对住民工作、休息、出行带来的不便。

二、会议主办方调研的主要内容

(一)基于会议策划的调研

1. 确定会议的主题、议题、形式

在确定会议的主题与议题之前，会议主办方常常需要先调研，使主题、议题能够关注现实，反映人们共同关心的问题。如博鳌亚洲论坛 2003 年年会秘书处委托中国(海南)改革发展研究院(以下简称“中改院”，它是一个由政府和企业共同投资创办的股份制研究机构)设计主题、议题。2002 年 10 月，博鳌亚洲论坛秘书处研究部制作了第一份议题设计方案征求意见稿，提出了“亚洲寻求共赢，合作促进发展”的年会主题。2003 年 2 月 19 日，论坛秘书处邀请了以中改院亚洲问题专家委员会为基础的国内外专家，就年会议题进行讨论。中改院同时向 100 多位亚洲问题专家发函，征询对年会议题的建议，最终获得对议题征求意见稿 12 个方面的看法……论坛秘书处密切关注世界政治经济格局的变化，关注亚洲关注焦点的变化，令最终出台的议题充分体现了亚洲各界的声音。[①] 可见策划会议主题、议题需要非常充分的调研。在考虑会议主题与议题的同时，也要考虑会议的形式，因为形式是内容的载体，好的形式能

---

① 肖庆国、武少源:《会议运营管理》，中国商务出版社 2008 年版，第 49—50 页。

够使会议更有新意和成效。“我想明年的网商大会，我们必须要有新的创新，创新也许不够好，但是我们必须走新的路，九年了，世界变了，中国变了，经济变了，网商变了，如果我们网商大会不变，那么我们还在走老路，我们一定会很后悔。”[①]这是阿里巴巴集团主席马云说的一段话，从这里我们也看到策划会议既要调研社会的变化，又要调研参会对象的变化。

2. 选择会议的地点

大部分会议都在城市举办，有些会议固定在一个城市举办，有些会议轮流在不同的城市举办。作为主办方，要为会议选择合适的地点。通过调研考察各地举办会议的环境、条件（城市的国际化、安全性、旅游资源、交通条件、宾馆、会议中心等），提出几个备选方案，或者直接选定某一城市举办会议。

3. 策划会议的活动

在前期做了深入的调研，确定会议主题、议题后，还要进一步调研会议人员的需求、会议嘉宾的人数、会议场地的安排、会议的性质等等，然后策划会议的专业活动（大会演讲、分组演讲、讨论、论文张贴、参观活动、附设展览等）和会议的社会活动（开幕式、欢迎招待会、茶歇、咖歇、游览活动、闭幕宴会等），使会议的目标得到更好的实现。

4. 会议人员预测

会议的规模定多大需要调研，做出一个比较准确的估计。如果估计不准确，盲目追求大规模，可能会出现到会人数不足，影响会议气氛，造成会议收入不足等问题。所以要调研是否有同类会议、本次会议的吸引力、会议人员的来源等等，对各种情况进行充分的分析。此外，上届会议的人员数量也可作为参考数据。

5. 经费预算

会议经费来源、会议经费的各项用途，需要精心地测算。足够的会议经费才能保证会议的各项开支。当然，会议主办方需要精打细算，控制经费的合理使用。

（二）基于会议评估的调研

1. 会议的目标是否实现

会议主办方根据会议活动的开展情况、经费的收支平衡（盈利或是亏空）、

① 《杭州会展》2012年第3期，第3页。

会议各方面的反应等来评估会议目标是否实现，而这些需要通过调研所获得的数据信息做定量和定性的分析来加以判断。

2. 与会者是否满意

与会者的满意度调研是主办方常做的一个调研。与会者对会议的议题、会议主持人、演讲嘉宾、会议活动、会议信息、会议服务等是否满意，是会议成功与否的重要标志，也直接影响下一届会议的举办。

3. 会议的亮点与不足

会议的亮点是让与会者经久难忘的地方，事实上，只需一两个亮点就会让会议增色不少。调研会议的不足，能使主办方及时进行总结，找到不足的原因，今后弥补和改进，使会议办得更有品质。

三、专业会议组织者(会议公司)调研的主要内容

专业会议组织者(会议公司)为会议主办方提供全方位的服务，因此，调研的内容涉及面也比较广。其调研内容主要包括以下几个方面。

(一)会议举办地点和场所的选择

通过调研，为会议主办方提供举办会议(包括会奖旅游)所需的合适的会议地点和会议场所。如调研杭州酒店资源：酒店名称、地理位置、房间数、主会场与分会场的数量与容量等，这样能够知道500人、1000人的会议找哪个酒店最合适。

(二)会议宣传的调研

调研掌握会议促销宣传的资源、途径、方法；调研广告制作和其他印刷品的制作成本、厂家实力；调研会议促销宣传的效果等。

(三)会议服务的调研

通过调研，掌握接待、餐饮、住宿、翻译、旅游等资源，从水平、安全、特色、价格等多个角度提供会议主办方所需要的信息，选择最优、最合适的服务项目。另外，也要在会议结束前调研各项服务的反响。如参会人员的注册(预先注册和现场注册)是否顺畅，餐饮的价格、特色、个性化服务状况如何，等等。

(四)会议活动的调研

调研会议主办方的需求和各种可能利用的资源，协助主办方策划会议活

动；收集各项活动（社会活动、学术活动）的组织落实情况；参会者、主办方的满意程度等。

四、会议中心调研的主要内容

（一）会议产品的来源

每年会议的数量非常可观，但举办会议的竞争也非常激烈，所以一定要摸清会议市场的情况，了解会议产品的来源，才能有针对性地进行宣传促销。可以按照会议的主办者对社团会议市场、企业会议市场、政府会议市场、工会会议市场、教育会议市场、宗教会议市场等进行细分和调研；可以进行国内外会议产品市场的调研；可以通过会议管理机构、社团管理机构等进行调研。还应该调研会议市场的变化，譬如，了解中共中央政治局关于改进工作作风、密切联系群众的八项规定出台后，会议市场发生了哪些变化。

（二）会议场地和设施的竞争力

会议中心要争取本地会议和外地会议包括国际会议的举办，就必须要有竞争力，因此要知己知彼，通过调研其他城市会议中心，宾馆的会议室，会议设备，交通网络，停车场地，餐饮场地与品种，休闲娱乐场所的配套设施等，了解自己所处的水平与优劣，进行改进与提升。

（三）会议服务的水平

既要进行内部调研，也要进行外部调研，或者通过会议客户的评价来考察自身的会议服务水平。主要调研是否具有高水平的专业会议管理人员，是否具有训练有素的各类专业会议服务人员，是否具有接待国际会议的能力等。如国家会议中心非常重视员工管理，他们调研考察国内外高星级的酒店和会展中心，提出员工管理的思想——员工最需要的福利是培训。国家会议中心非常重视员工的学习和培训，使得员工具备了良好的服务水平和外语水平，造就了一支高素质的员工队伍，具备了明显的人才优势。

五、酒店宾馆的主要调研内容

（一）会议产品的来源

目前，许多酒店宾馆成立了会议部，承接各类会议。酒店宾馆要对会议市场进行调研，寻找会议的组织机构，了解会议市场的细分，在会议主办方提供的社团会议、企业会议、政府会议等各类大中小型会议中，根据自己酒店宾馆的定位(商务型酒店、会议酒店、休闲酒店等)和接待能力，争取尽可能多的会议客户。

(二)会议设施与服务

当今会议市场规模很大，但对会议承接能力的要求也越来越高，所以要调研会议主办方的需求，调研会议设施的发展趋势，调研参会者的反应，调研同类宾馆的服务特色，以求自己在会议市场的竞争中能够胜出。如杭州黄龙饭店和浙江世贸君澜大饭店，同属商务型酒店，同在黄龙商务圈，都具有地域上的优势和品牌优势，要得到更好的发展，就要调研市场，形成自己的特色。如浙江世贸君澜饭店除了致力于打造品质、尊贵、高雅的艺术文化品位，把收藏四库全书的文渊阁、文澜阁、文汇阁等作为会议室的名称，还通过对会议市场需求的调研，投入资金，进行客房的改造，使其温馨、便捷、智能化，在富有历史文化品位的同时又具有现代的设施，赢得了客户的好评。黄龙饭店历来以高端的硬件设备和优质的软件服务著称，为了不断寻求创新和突破，经过调研，与 IBM 合作开发全球第一家智慧酒店，量身设计了一整套"智慧酒店"方案，与会者无论是徜徉其中，还是置身其外，都能获得尊崇、体贴、智能的体验，提高了接待高端国际会议的竞争力。

杭州的太虚湖假日酒店是华东地区首家东方文化主题休闲酒店，融园林文化、休闲文化与养生文化为一体，以会议会展、休闲度假和疗养体检为特色。酒店为了提升服务，十分注重收集宾客的意见。

参考案例

TAIXUHU HOLIDAY HOTEL

太虚湖假日酒店

宾 客 意 见 征 询 表

尊敬的宾客：

感谢您下榻杭州太虚湖假日酒店，我们的每一步改进有赖于您对我们服务质量的评估，如果您能抽出时间填写此卡，我们表示万分的感谢！

会议服务				
	非常好	好	一般	差
服务态度	□	□	□	□
服务效率	□	□	□	□
茶水服务	□	□	□	□
茶歇服务	□	□	□	□
音响效果	□	□	□	□
场地布置	□	□	□	□

您认为最需要改进的是：____________________

____

____

宾客姓名：________ 房号：________ 联系电话：____________

日期：________

（材料来源：杭州太虚湖假日酒店）

(三)会议节候特征

一般来说，酒店宾馆的经营有旺季和淡季之分，这与节假日有关。作为营利性企业，要通过调研获取比较准确的数据，如什么时候以接待会议的团体客人为主（有比较固定的客源，但要提供优惠价），什么时候以接待散客为主（价格高，但只有部分客人相对固定，大部分客人是临时的），会议团体客人与散客的比例是多少比较合适等。

(四)会议数量

需要调研国际会议数量、国内会议数量、区域的会议数量。社团会议、企业会议、政府会议、教育会议、宗教会议等各类会议所占的比例，各类会议数量的升降变化情况等。

六、旅行社的主要调研内容

除了会议中心、酒店宾馆在争取会议的举办，旅行社凭着旅游资源、交通资源上的优势，也在争取会议的"大蛋糕"。旅行社的调研内容主要包括以下几个方面：

（一）会议客户

一是要调研会议客户在哪里，这与会议中心、酒店宾馆一样；二是要调研会议客户的会议产品与旅行社的业务有哪些关联。譬如，旅行社在安排旅游活动（线路、车辆、费用）、参观活动，以及与会人员（嘉宾、发言人、与会者）的接送，会奖旅游的策划与安排上，都有相当的优势与能力，通过调研掌握会议客户的需求，为他们量身定制一些服务项目。如接待人员的用车数量、档次，不同的客户可以区别化对待。

（二）旅游资源

旅行社为会议客户服务最大的优势在“旅游”上，如会奖旅游中的旅游、参观活动等，其他如会议策划、会场布置则是它的延伸服务。因此，旅行社对本地区的旅游资源和其他地区的旅游资源都要了如指掌。人文景观还是自然景观，传统旅游项目还是新开发的旅游项目，适合哪个年龄段、哪个文化层次的人群，价格，线路，等等，都需事先进行调研。

（三）相关的合作方

旅行社接受了会议客户的委托后，常常需要把会议产品的一些项目分包给其他机构，譬如说开会、住宿、餐饮的酒店宾馆，用车的交通运输商，翻译公司，会场布置的搭建公司，需要通过调研，知道这些合作方的品质、价格、信誉等。

七、会议局的主要调研内容

（一）针对会议产业的规划进行调研

作为一个城市或国家的会议产业规划和管理的机构，会议局要对与会议相关的要素、资源、环境等进行调研，从定位、条件、途径等方面做出符合城市或国家发展方向的会议产业规划。如杭州市会展办经过多方深入的调研，掌握发展会议产业的条件，杭州城市的禀赋与会议相关资源，听取国内外会议专家学者的意见等，做出了《杭州市“十二五”会展业发展规划》，提出打造“最具魅力的国际会议目的地”的目标，并有具体的任务、布局、保障措施等规划。

（二）城市举办会议的条件

一个城市要举办会议，首先要对该城市举办会议的条件进行调研，创造良好的会议环境，如会议中心、酒店宾馆的数量、规模和水平，专门为会议服务的会议公司的数量和质量，这样，才能通过投入、培训等，提高举办会议的硬件和软件。另外，也可通过调研掌握情况，为外地（国）会议客户提供会议方面的咨询，争取大型的或者国际的会议落户所在城市或国家，把争取到的会议客户介绍给优质的会议供应商等。

（三）宣传促销调研

要对国际会议组织、会议客户进行调研，了解举办会议的条件、标准，能够有针对性地对城市或国家的文化、经济、设施等进行整合营销。通过调研，寻找有影响力的会议大使，帮助推广会议。通过调研，掌握全球有较大影响的会议展览会和专业会议，可以到会上做会议目的地城市形象的展示宣传，也可以做某一会议的营销宣传。

根据上述会议调研的主要内容，我们分别设计了以下会议调研题目，可供大家参考。

会议活动：

（1）会议的主题及其议题是否具有现实意义？

（2）主旨演讲人及其演讲是否有吸引力？

（3）会议演讲人的演讲信息量是否够大？

（4）会议邀请的嘉宾是否具有代表性？

（5）与会者在小组讨论中是否有较充分的发言机会？

（6）会议议程的安排是否合理？

（7）会议举办的时间是否合理？

（8）会议举办的地点是否吸引人？

（9）参观活动是否有亮点？

（10）征文是否得到了较好的响应？

（11）论文的质量是否好？

（12）论文评奖是否合理？

（13）论文集（电子光盘）是否满足与会者的需要？

（14）旅游的地点、线路是否受欢迎？

（15）与会者是否能顺利地到达会议场所？

（16）会议场所的音响是否适中、悦耳？

(17)同声翻译的设备是否有质量保障?
(18)翻译的水平、语速如何?
(19)会场的布置是否与会议主题相吻合?
(20)会议中的展览能否满足展出需求?
(21)与会者是否达到了预期的参会目的?

会议住宿、餐饮:
(22)宴会的设计是否具有特色?
(23)餐饮是否符合与会者的需求?
(24)茶/咖啡及点心的质量如何?
(25)会议指定宾馆离会议场所的距离是否够近?
(26)指定宾馆的硬件设施如何?
(27)指定宾馆的服务水平是否够高?

会议接待:
(28)会议的注册工作是否顺利高效?
(29)安排的车辆是否够用?
(30)车辆的质量如何?
(31)会议接待人员的服务水平如何?

会议宣传促销:
(32)会议宣传促销的投入情况如何?
(33)会议宣传促销所运用的方式有哪些?
(34)宣传促销的成效如何?

会议目的地:
(35)是否需要运用会议大使发挥作用?
(36)会议目的地政府是否持支持的态度?
(37)当地居民对外地(国)人是否欢迎?
(38)会议目的地的公共交通是否方便?
(39)城市的气候是否舒适宜人?

(40)是否有吸引力大的旅游景点？

(41)商业设施是否能满足购物的需求？

(42)城市的娱乐设施是否能满足需求？

(43)城市的空气质量如何？

参考案例

《2011年中国会议统计分析报告》显示：我国会议产业快速发展(节选)

“我国每年举办各种会议多达几千万个，会议产值近万亿元，参加会议的人数有上亿之多，年均增长20%。”这是11月12日在济南山东大厦举办的第四届中国会议经济与会议酒店发展大会上发布的《中国会议蓝皮书》暨《2011年中国会议统计分析报告》中的统计数字。

61.1%的会议在会议酒店举办

“在场馆的建设上，我国的展览业已经走过了一条弯路，当前会议行业也有步其后尘之势。一些城市盲目修建豪华大型会议中心，甚至建造多个，主会场极大，分会场极多，而使用率却很低。这种现象的出现，很重要的一个原因是决策者缺乏对会议行业实际情况的了解。例如我国会议规模在1000人以上的大型会议仅占市场份额的3.2%。”

《2011年中国会议统计分析报告》为了保证统计数据相对客观，坚持仅从一个渠道收集会议信息，会议酒店是此次统计的唯一信息来源。在中国旅游饭店业协会、中国旅行社协会、中国会议酒店联盟的大力支持下，来自全国18个省区和直辖市、39个重点城市的近百个会议酒店提供了8270个会议信息、十几万个会议数据。这些会议酒店基本涵盖了中国各大城市主要的大型会议中心和会议型酒店，如国家会议中心、北京国际会议中心、上海国际会议中心等。同时也有大批中小型会议酒店积极参与了这项活动。

统计显示，高达61.1%的会议是在会议酒店举办的，这是由会议酒店优越的地理位置、适宜的会议设施和合理的价格所决定的。会议中心则排在第二位，占会议总量的19.8%，这与ICCA的统计数据相接近。会议中心具有最好的会议设施，是大型会议优先选取的会议场所。处于城市郊区的度假村和培训中心的会议数量也不少，两项相加的比例达19.1%。

75%的会议直接交由酒店承办

中国会议行业是否能逐渐提升为会议产业，其关键是能否将会议服务外包。处于会议产业链上游的机构是会议主办单位，即企业、政府、事业单位和社团组织。处于会议产业链中游的是会议软件服务机构，主要是会议服务公司、公关公司、广告公司和旅行社。处于会议产业链下游的是会议硬件服务机构，主要是会议中心、酒店和度假村。会议软件服务机构能否做大做强，关系到我国会议产业化进程能否加速实现。本次统计结果显示，75%的会议不通过任何中介机构，主办单位将会议直接交由酒店承办，这些会议的特点是持续时间比较短，会期多为一天，主办单位仅使用酒店的会议室和餐厅，没有必要去委托给会议中介机构。

我国举办会议最多的月份是1月，占到会议总量的11%。这正是我国新年之后，春节之前，大量的团拜会和各种联谊活动涌到酒店，形成我国会议市场的独有特色。2月份举办的会议最少，仅占6%。而其他月份没有特别明显的淡旺季。

国际会议是业界最感兴趣的一类会议，特别是当前我国许多城市都在打造“国际会议之都”和建设“世界城市”的背景下，国际会议的数量更引人关注。从统计结果来看，我国所举办的会议中仅有1.3%的会议属于国际会议。其中科学类会议中的国际会议数量，是全部会议中国际会议数量的一倍。

我国的会议规模与世界平均水平相差还很大

统计显示，在我国的会议市场中，各类会议的排序依次是公司会议、事业单位会议、政府会议和社团会议。其中公司会议市场份额高达49.9%，这与世界上大多数国家的情况基本相符。我国事业单位多达126万个，事业经费充足，事业单位的许多工作都是通过会议形式完成的，因此事业单位会议在整个会议市场中的份额排在第二位也在情理之中。但我国从今年开始至2015年将逐渐对事业单位进行改革，事业单位的会议总量将会减少。随着各种政策的出台和落实，政府会议也会呈现递减的趋势。社团会议的数量是最后一位，原因是我国社团组织机构的总量较少，仅为事业单位的三分之一；多数社团会议需要市场化运作，社团组织负责人在决定举办每一个会议时都相当谨慎。

本次统计结果与以往对一些会议酒店所做的抽样调查基本相符，即会议规模的数量由小到大依次递减。即参会的人数越多,会议的数量越少。人数少于100人的会议占到会议总量的47.1%,而500人以上的会议却仅有10.1%,说明我国的会议规模与世界平均水平相差还很大。

ICCA在《2010年会议统计报告》中披露,人数在500人以上的会议占到会议总量的28.3%,是我国同规模会议数量的3倍。但随着我国经济和科技的发展,我国会议的规模也应该有增大的趋势。

(材料来源:百度文库,http://wenku.baidu.comview070014300b4c2e3f57276323.html)

思考练习

1. 某会议主办方筹备年会,参加会议人员约500人,要选择会议地点与酒店,请问他们需要做哪些调研?

2. 举例说明会议组办方对参会人员满意度调查的作用。

第四章 节事活动调研

学习目标

【知识目标】

- ◆ 能了解节事活动的定义、特征和分类
- ◆ 能认识节事活动调研的使用者和提供者

【能力目标】

- ◆ 能对各类组织进行节事活动调研的主要内容有基本的认识
- ◆ 能说明调研对于主办方策划节事活动的意义
- ◆ 能举例说明节事活动组办方调研活动效果的作用

第一节 节事活动的基本内容

美国经济学家莫利托在《全球经济将出现五大浪潮》中预言，2015 年人类将由“信息时代”高峰期进入“休闲时代”，休闲将成为人类生活的重要组成部分，休闲产业将主导劳务市场，休闲、娱乐、旅游业将成为下一个席卷世界的经济浪潮，休闲是城市个性的体现。当前，压力大、精神紧张是人们面临的普遍

问题,人们需要置身大自然,舒展身体,享受阳光和清新的空气,或者通过刺激的活动,缓解压力和紧张情绪。另外,生活富足起来的人们,更向往有品质的生活,人们愿意花钱购买能参与其间获得身心快乐的项目。今天,节事活动具有了更好的发展机遇。

一、节事活动的定义和特征

(一)节事活动的定义

节事活动的概念来源于西方的事件及事件旅游。“节事”源于英文“festival & special event”,中文译为“节日和特殊事件”,简称“节事”。西方学者将文化庆典、文艺娱乐事件、体育赛事、教育科学事件、私人事件、社交事件等通通归到节事范围内。

节事活动是在固定或不固定的日期内,经过精心策划,以特定主题活动方式展开的一种社会活动,包括节庆活动和特殊的事件。节庆活动包含节日的活动和庆典的活动。特殊的事件,包含体育赛事、旅游观光、文艺娱乐、美食等特别活动。作为一种特殊的商业活动,它能给人们带来休闲和娱乐的享受。

(二)节事活动的特征

1. 欢快性

节事活动和赛事活动能够给人们带来欢乐、刺激、休闲。人们参加节庆和赛事活动,也是为了得到刺激、放松、享受,获得精神的愉悦和满足。

2. 大众性

节事活动能够吸引社会公众的积极参与,常常会成为一种大众的活动,如传统的“元宵灯会”、现代的“美食节”“旅游节”等,大众成为节事活动的主体。

3. 独特性

传统的节庆活动有它特殊的内涵,如端午节赛龙舟、重阳节登高赏菊;此外,许多新的节事活动,主题有特色,形式新颖,能够为参加者提供新鲜、奇特、独具魅力的享受。

二、节事活动的分类

根据主题进行划分,节事活动可以分成以下几类。

(一)以自然景观展示为主题的节事活动

以自然景观为依托开展以旅游活动为主的节事活动,如黄山国际旅游节、千岛湖秀水节。以闻名的自然景观为依托开展节事活动，比单纯的景点旅游内容丰富，能够更好地吸引游客。如中国·杭州千岛湖秀水节，依托千岛湖的独特资源，以“水”为题材，融旅游、演艺、水上竞赛、民俗活动等于一体，吸引八方来客。

（二）以民俗文化为主题的节事活动

我国是一个地域广大的多民族国家，民俗文化多姿多彩，如元宵节灯会、彝族火把节、端午赛龙舟、庙会、婚庆仪式等等，呈现了民俗文化的源远流长、鲜明特色和广泛的参与性。浙江的象山开渔节（祭海、放海、开船等仪式）、湖州的含山蚕花节（祭蚕神、踏青、轧蚕花、摇快船、吃蚕花饭、评蚕花姑娘等），民俗活动在那里成为一个盛大的节日，当地民众狂欢，也吸引外地客人的参与，并且使活动举办地的形象得到了更好的传播。

（三）以商贸为主题的节事活动

以地方特色商品为主题开展的节事活动，云集全国或世界各地的客商，参观、交流、订货，文化搭台、商家唱戏、游客参与，活动精彩纷呈。如青岛国际啤酒节、大连国际服装节，已经成为一个地方的亮点。节事活动有些是企业举办，有些则是政府举办。当然，现在不少商家为了吸引顾客，也自己办节。如万科房地产集团为了宣传杭州的良渚文化村，举办“万科三好文化艺术节暨好声音学员专场音乐会”，杭州解百购物广场在2013年9月初举办了“2013婚尚节”，还有许多商家的庆典活动，都收到了非常好的效果。

（四）以文化生活为主题的节事活动

文化已经成为人们生活中越来越重要的内容，政府或文化机构挖掘当地深厚的文化资源开展节事活动，既能展示一个城市的文化底蕴，又能拉动旅游，还能丰富住民的文化生活。如杭州“2013年大运河文化节”，开展了大运河交响乐广场音乐会、2013年缘聚·运河文化民俗婚典、“运河春秋”全国中国画名家书画展、2013年运河学习节、2013年民星大舞台“运河文化群星会”、2013年中国龙舟公开赛总决赛、“贡多拉”交接仪式、“风雅颂扬”杯“秀丽拱墅、美丽城管”微电影大赛八大主体活动。

（五）以体育赛事为主题的节事活动

体育赛事是节事活动中的重要内容。现代人热爱运动，越来越关注健康，以体育赛事为主题的节事活动也越办越多，如中国网球公开赛、杭州国际马拉松赛，都吸引了许多体育爱好者。

（六）综合性的节事活动

综合性的节事活动包含多个活动主题，规模大、时间长。如杭州第十四届西博会国际旅游节暨“三江两岸”休闲文化体验季共计安排31个节庆活动项目，24个休闲体验点，具体设置4个系列内容：(1)旅游观光体验系列：推出“三江两岸”黄金旅游线，安排了自驾游、露营大会等项目活动。(2)美丽乡村体验系列：配套安排“三江两岸”沿线区域各地“美丽乡村”风俗民情及农家乐体验活动、采摘游活动等。(3)休闲运动健身系列：根据“三江两岸”沿线区域优越的自然地理环境，策划安排水上运动、山地运动、自行车骑游、户外运动嘉年华等特色活动。(4)民俗文化欣赏系列：安排“三江两岸”沿线区域特色民俗风情、历史文化展示，丰富市民游客的文化体验。整个活动从9月15日至11月30日，历时两个半月。

第二节　节事活动调研的使用者与提供者

一、节事活动调研的使用者

（一）政府

通常，政府一般较多地使用调研的结果，而调研的任务，更多地由会展办、旅游局等政府的管理机构来完成。节事活动对于提升地方形象、发展旅游、丰富住民生活等发挥着积极的作用。“如何将休闲生活与经济发展、文化传承、城市进步、人的身心健康有机结合起来，已经成为各个城市关注的命题。”[①]所以，政府要通过调研，决定是否发展会奖旅游、休闲观光，是否以节事活动推动旅游业的发展，推动经济的发展。如杭州市提出打造“休闲”“节事”城市。事实上，政府也往往是节事活动的主办者，举办活动的效果如何，是否扩大了城市的影响力，是否为举办地带来了良好的经济效益和社会效益，等等，要以调研的信息来进行评估。如杭州市副市长张建庭说：“2006年第一届休闲博览会到2011年休闲博览会，深化演变，验证杭州构建休闲度假中心的建设和成

① 《共聚东方休闲之都 共议杭城休闲文化》，《杭州会展》2012年第3期，第13页。

就。同时,也为构建杭州国际旅游休闲中心、生活品质之城、幸福和谐的杭州城市形象定位发展目标打下坚实的基础。"①

(二)会展办

会展办是会展活动的直接管理者。所在地区有哪些资源可以挖掘,人们对于休闲娱乐有哪些需求,要组织哪些活动,如何组织,节事活动的推广及其效应如何,举办的节事活动在国内外是否有影响力,如何开展对节事活动的总结与评估,节事活动如何提升城市品质,等等,这些都需要进行调研,运用获得的调研信息,会展办就能够因地制宜地倡导与推进活动,提升活动的影响力,培育品牌活动,并为所在城市争取各种荣誉。如中国国际西湖情大红鹰玫瑰婚典依托杭州深厚的情爱文化和西湖的美丽曼妙,举行浪漫、盛大的集体婚礼。2012 年的中国国际西湖情大红鹰玫瑰婚典,来自 26 个国家和国内 17 个省、市、自治区的 100 对不同国籍、不同民族、不同肤色的新人一起喜结良缘,携手走进婚姻殿堂,也创下了玫瑰婚典新人国籍最多的纪录。大红鹰玫瑰婚典始于 1999 年,先后荣获了中国十大品牌节庆活动、中国十大最具魅力节庆活动、中国十大最具发展潜力节庆活动等奖项。该节事活动品位高、人气高,为杭州这个爱情之都增添了鲜活的元素。

(三)旅游局

旅游局是政府的一个组织机构,作为具体的职能部门,承担着所在地旅游资源的开发、推广任务。节事活动往往能在短短的几天里聚集人气、吸引眼球,促进旅游业的发展。所以,从另一个角度说,旅游也已经离不开节事活动。旅游局已经成为节事活动不可或缺的机构,或参与主办、承办,或进行宣传推广。如杭州第十四届西博会国际旅游节暨"三江两岸"休闲文化体验季,杭州市旅游委员会就成为主要的承办单位。调研旅游与节事活动的深度结合、以旅游为主要目的的节事活动的成效、活动推进的对象与范围等等,就成为旅游局工作的题中应有之义。

(四) 活动组办方

节事活动的组办方,无论是政府、企业还是其他的活动组织方(宗教组织、文化机构、体育机构、学校、其他民间团体等),在举办活动前,要安排活动内

① 《杭州会展》2012 年第 3 期,第 2 页。

容、活动地点，邀请活动嘉宾，预测活动人数等，这些都需要进行深入的调研，运用调研的信息，使举办的活动有“亮点”，有“热度”，同时使活动闹腾而不混乱。在活动举办之后，也要通过调研对活动进行评估，运用调研结果为今后是否继续举办该类节事活动、如何改进或创新活动寻找答案。

参考案例

中国·平湖西瓜灯文化节

平湖西瓜灯文化节1991年开始举办，到2004年遭遇了发展的瓶颈期，为此，主办方聘请浙江某大学的专家为他们做策划。

专家分析了西瓜灯文化节的艺术价值与文化内涵，调研了有关的资源，同时对比国内其他西瓜节，发现以“灯”为题材的只有平湖一个。通过优势和劣势的比较分析，重新整合与定位，立足平湖城市的古朴风韵，融民俗活动与商贸活动于一体，使2006中国·平湖西瓜灯文化节达到“灯如潮，美如潮，人如潮，情如潮”的场面，瓜灯节引来投资客经贸签约资金59亿元。

平湖西瓜灯文化节展现平湖乡土文化魅力，各项活动精彩纷呈，越办越火，观众与客商云集，成为大家走进平湖、了解平湖、投资平湖、发展平湖的品牌活动。

（材料来源：浙江在线，http://jq. zjol. com. cn05jqjqzt/phxgd；平湖网，http://ph2009. zjol. com. cn/phnewsbwzt2012sgdwhj）

（五）交通部门

节庆活动常常是一个民间狂欢的活动，人流的聚集与疏散成为交通部门的重要任务。节庆活动的类别、人员的数量、领导与嘉宾的接待要求等，都需要交通部门事先进行调研与预测，使车辆的规格、数量、时间安排都能有保障。否则，瞎子摸象，就容易出现运力供应不上或者过剩的现象。

（六）庆典公司

节事活动中庆典公司往往扮演重要的角色，它们接受主办方的委托，对活动的策划、嘉宾的出场、场景的布置、氛围的营造等做设计和执行。同时，为了使整个活动精彩纷呈，还需调研主办方和观众的口味、喜好等等。此外，也要对活动效果进行评估，以积累更多经验。

（七）宾馆

庆典活动参加人员多，外地的客人需要住宿；有些活动邀请嘉宾，需要住宿。

所以宾馆也要调研，了解庆典活动市场、主要庆典活动，预测入住宾馆人数，弄清嘉宾对宾馆的住房、接待、安保、餐饮、用车等需求，宾客对宾馆服务的评价等，使宾馆的业务做得更好。

二、节事活动调研的提供者

以下组织往往成为节事活动调研的提供者，它们一般不使用调研结果，而是专为有关组织提供调研信息和观点。

（一）咨询公司

咨询公司接受政府及其主管机构、活动主办方、宾馆、庆典公司等组织的委托，进行节事活动的调研分析，提供所需的信息，以专业的服务获取劳务报酬。

（二）学校

高校会展专业的学生是调研的一支重要力量，虽然还在学习，但他们能从专业的角度进行调查和分析，并且学生人数比较多，是一支不可小觑的调研力量，而且在费用的给付上比较节省。有关节庆活动的组织通常愿意与学校合作完成调研。

（三）学会

专家、学者用他们的调研来分析节事活动，他们的调研数据和信息往往会得到相关节事活动组织的使用。

第三节　节事活动调研的主要内容

一、资源调研

（一）节庆资源

1. 节日

节日是人们欢庆、休闲、团聚的日子，政府和公司（商家）、学校等可以利用节日制造节庆活动。我们有传统的节日，譬如春节、元宵节、清明节、端午节、中秋节、重阳节等，也有一些特殊的节日，如三八妇女节、五一国际劳动节、五四青年节、十一国庆节等，还有从西方引进的节日，如情人节、母亲节、父亲节、感恩节、圣诞节等等。节日里人们一般有假期，乐于参加休闲、狂欢的活动。另外，还有一些留存于民间的节日活动，需要进行调研、挖掘。如杭州的“西溪花朝节”，原本是一个传统的节日，俗称“花神节”“百花生日”，大约于农历二月初二举行。花朝节最早在春秋的《陶朱公书》中有记载，盛行于唐朝，宋元明清都延续了此活动，但后来这一传统节日消亡了。主办方通过调研，挖掘其文化内涵与欢庆的因子，于2011年恢复举办西溪花朝节，经过设计与包装，变成了颇有民俗内涵的民间活动，不仅当地的民众热闹欢腾，尽享万紫千红，也吸引了周边地区人们的参与。又如湖州含山蚕花节，是根据善琏镇含山民间每年清明“轧蚕花”的蚕事风俗活动演化而成的，于1993年被正式定为“蚕花节”。

2. 庆典活动

庆典活动有各种类型，如国家庆典、新年庆典、周年的庆典、新人婚事庆典、工程庆典等等，需要对各种庆典的不同内涵、不同需求、效果等进行调研。如商场的周年庆典，需要对如何打动顾客，怎样通过庆典更好地确立商家的定位和独特形象，盘点各种数据评估活动的成效等进行调研。如举办第二届杭州国际婚恋旅游节，需要调研婚庆市场，调研第一届的各种数据和信息，调研新人需求。此外，在新一届的活动中，成立了婚恋旅游商盟，加入了以购物消费为主导的重要内容。庆典公司尤其需要调研庆典活动的发展趋势，以及鲜花、餐饮、车辆等市场的发展变化。

(二)旅游资源

1. 自然资源

奇山异水是人们观光览胜、休闲养生的好去处，利用自然资源可创造节事活动吸引游客，形成旅游品牌。如杭州的自然资源非常丰富，西湖、西溪湿地、三江(钱塘江、富春江、新安江)、天目山、莫干山、千岛湖等。国家体育总局水上运动管理中心和杭州市体育局利用钱塘江潮水及人们观潮的习俗、冲浪的运动爱好，在前几届“观潮节”活动的基础上，创造了“2013嘉年华”。作为政府和其他节事活动主办方，都需要调研当地有哪些自然资源可供利用，这些自然资源的知名度如何，以及依托自然资源开展的节庆活动的效益等。

2. 人文景观

人文景观也是吸引游客的重要资源，依托人文景观创造节事活动能够更好地聚集游客，又能通过活动扩大人文景观的影响力。因此需要调研当地的人文景观，挖掘人文景观的文化内涵，寻找开展节事活动的契机。如杭州可利用西湖文化景观、京杭大运河、跨湖桥文化、良渚文化、龙井茶文化、寺院的佛教文化等，开展节事活动传承文化，并续写新的篇章。2013 运河文化节就是依托京杭大运河举办的节事活动。

参考案例

首届中国国际（萧山）跨湖桥文化节（节选）

调研发掘跨湖桥文化具有深厚的历史内容。跨湖桥文化创造了“十个之最”，即世界上最早的独木舟、世界上最早的漆弓、中国最早的“草药罐”、中国最早的慢轮制陶技术、中国最早的水平踞织机、中国最早的甑、长江下游地区最早的栽培稻、江南地区最早的席状编织物、南中国地区最早的彩陶、南中国地区最早的家猪，这不仅使萧山拥有 8000 年的人文历史底蕴，更让浙江的文明史整整提前了 1000 年。主办方运用跨湖桥文化，推出十大主体活动及二十项联动活动，使跨湖桥文化节成为一个文化的盛宴，也可以称得上是传承历史最悠久的文化节。

（材料来源：http://gov-hzrb.hangzhou.com.cn/system-08/23/010887144.shtml）

（三）赛事资源

1. 体育赛事

调研当地已进行的体育赛事，这些赛事参加的人员，影响力，传播效果，接受或参与程度，问题与不足等；调研赛事的场馆，体育比赛对场馆有特殊的要求，场地是否符合马拉松、F1 赛事的要求，体育馆是否符合足球、网球、滑冰等赛事的要求，有没有举办国际比赛的场馆，它的设施是否足够先进，场馆的可进出性好不好等，都需进行调研。

2. 文艺赛事

调研当地的文艺家底，如浙江是越剧的发祥地，厦门是钢琴之乡、音乐之城，它是开展节事活动的基础；调研文学、绘画、戏剧、音乐等资源，如有影响力的作者、画家、乐团、美术院校等；调研艺术表演场馆、绘画展示场馆等，它们对音响、灯光等有特殊的要求。

3. 传统活动赛事

调研当地传统的活动赛事，如端午节龙舟比赛、舞龙比赛等，这些都是人们喜闻乐见并乐于参加的赛事。有些活动随着时间的推移可能被淹没，但通过调研可以挖掘、抢救，让其重新焕发艺术的光彩。如金华的斗牛比赛，曾经一度消失，现在又成为一个很有特色的赛事。

（四）保障资源

我们把吃、住、行和安全作为节事活动的保障资源。

1. 餐饮资源

由于节事活动有着强大的吸引力，参加活动、观看活动的人员众多，餐饮是必须要考虑的问题，所谓“兵马未动，粮草先行”。主办方需要调研节事活动周边饭店、酒店、宾馆的数量；餐饮的质量如何，是否具有特色，能否为一些特殊人员提供个性化餐饮服务；是否能确保食品安全。餐饮机构也要调研节庆活动市场状况、主办方需求、大众需求，使自己能够成为活动的餐饮供应商，或者在大众餐饮上获得商机。

2. 住宿资源

活动组办方需要调研活动当地的宾馆资源，能否满足活动嘉宾、活动观众的需求，客房数量是否足够等。通过调研摸清宾馆的接待能力，回答是否需要提升该能力，甚至增加一定数量或者星级的宾馆。北京举办奥运会，奥运村就是根据各国体育团队的人员数量、需求专门建设的，奥运会后，奥运村作为商品房出售或出租。宾馆也需要调研自身的硬件与服务是否能满足需求，是否有竞争力。

3. 运输与交通资源

节事活动需要运输部门的助力，这给运输部门带来契机，也带来压力。组办方需要调研交通公司的品质状况；航空、铁路、地铁、公交与节事活动场所的连接状况；车辆的数量、档次，是否能够满足人员和物品的承载需要；活动场馆到市区的几个重要交通节点是否能够设置免费的巴士；道路的路况与安全状况；等等。交通部门也要调研当地的节事活动状况，提升运载能力与服务水平，使之在同行中具有竞争力。

4. 安保资源

节事活动特别是大型的活动，会给当地政府和组办方带来压力，有必要在活动前对需要安保的现场、安保资源等进行调研，确保活动现场的安全，宾馆住宿的安全等。

二、需求情况调研

人们一般会有共同的趣味，如对真、善、美、奇、新等东西的爱好与追求，但不同的年龄、职业、文化和区域的人们可能又呈现出不同的特点，开展活动就需要调研。

（一）不同年龄的人群

从年龄上分有老年人、中年人、青年人、儿童，处于不同的年龄阶段，生理与心理都有不同的特征，所以需要调研不同年龄群的人们有什么特别的爱好、要求。

（二）不同职业的人群

从职业上可以把人们分成工人、农民、教育工作者、自由职业者、学生等，由于职业性质的不同，身上会沉淀着职业特点，工作与学习的作息时间也不同，所以调研不同职业人群的需求，也能更好地定位与设计活动，包括对活动推广的人群进行细分。

（三）不同文化的人群

从学历上分有小学、初中、高中、大学、研究生；从民族上分，我们有 56 个民族，就有 56 种民族的文化。策划活动，需要调研不同文化人群的特点和需求，使活动与推广更有针对性。

（四）不同区域的人群

一方水土养一方人，水土、气候、民俗、历史、文化、经济等决定了一方人有不同于其他地方人群的特征。南北方不同，沿海与内陆不同，少数民族地区与汉民族地区又有所不同，调研不同区域人群的需求，策划各种节事活动，能够更好地丰富人们的生活。

三、节事活动开展情况调研

（一）调研宣传推广情况

1. 目标人群

调研活动的目标人群是谁，用什么样的方法进行宣传推广比较有效，活动的目标人群对于活动的知晓度如何，活动是否吸引目标人群。深入调研，才能使宣传推广有针对性，取得实效，同时也能对活动举办情况做出准确预测。

2. 目标城市与地区(国内外)

调研目标城市与地区人们的观念、消费水平如何,宣传推广活动是否已经到达目标城市与地区,目标城市与地区(国内外)的人们是通过哪些渠道了解活动的,宣传推广的效果如何,等等。通过调研,可以及时调整宣传的策略,也可以为活动的现场组织、交通运输、宾馆酒店等方面的准备做出预案。如2013年都市快报社、艺乐园联合主办第二届杭州"壹加艺"艺术节,在开幕之前就通过《都市快报》对杭州地区进行重点宣传,并对城市的美术爱好者、收藏者进行访谈,每天报纸上都有调研的数据、访谈的信息,不断地推进活动的进行。

(二)调研活动的开展效果

1. 活动参与人群

调研参与活动的具体人数,活动参与者主要来自当地还是其他目标城市与地区,活动参与者主要属于哪个年龄、职业等。从这些调研数据上能够反映活动是否有吸引力,反响热烈还是冷淡,等等。

2. 活动现场的组织情况

调研嘉宾或参赛人员的调度与组织情况,活动的开展是否有序、顺利的情况,场馆的布置情况,对现场人流的引导情况,车辆运输情况,安全保障情况,等等。

3. 参与者的满意度情况

一方面是针对参与节事活动的嘉宾或参赛(演)人员,调研他们对于活动安排、接待、组织的满意程度;另一方面是针对参加活动的观众,调研他们对于活动的精彩程度,现场的组织状况,还有交通、安全、餐饮、住宿等各方面的安排做出的评价。如观众认为组办方安排的免费巴士站点是否合理;场馆现场的手机软件下载提供的各种信息引导和咨询服务是否及时方便;有没有存在管理上的盲点,是什么。参与者的满意程度是整个活动评估的重要指标,也是下一届活动的重要参考。

4. 活动报道情况

调研参与活动报道的媒体有多少家,是当地的媒体还是来自外地(包括国外)的媒体,在哪些媒体上进行了报道,媒体对活动的评价,有没有负面新闻,媒体报道所带来的效果,等等。调查媒体的关注程度,能够反映出这个活动的影响力和辐射面。

参考案例

中国(杭州)大学生创意生活节(节选)

中国(杭州)大学生创意生活节(简称"大创节")是由杭州市人民政府、浙江大学、中国美术学院主办,浙江大学城市学院、市西博办、市文创办共同承办的国内首个由在校大学生自主设计,以会展形态展示当代大学生创意生活、创新文化、创业发展的节展盛会。2011年成功举办了第一届。作为第二届世界休闲博览会七大主题展览和第五届中国杭州文化创意产业博览分会场之一,首届大创节围绕休闲文化主题得到了三十余所省内外高校的热烈响应,一百三十多个大学生社团、七十余家大创企业的积极参展,展览面积达一万平方米,参观客流近十万人次,很好地激发了大学生的创新精神和创意思维。因为她独特的展会主题、新颖的展会内容、创新的展会形式,首届大创节在第二届世界休闲博览会中留下了精彩的一笔,市委、市政府领导在参观大创节后认为,"这是一个了不起的学生学习、实践成果"。

(资料来源:《杭州会展》2012年第3期,第46—48页)

大学生是创新创业的生力军,大学生创意文化节的组办方为大学生的创意设计提供了展示、交流和合作的平台。从第一届大学生创意文化节的这组调研数据我们可以看到,这个活动受到了大学生的欢迎,他们积极响应,热情参与,反映了这个节事活动的价值与意义。因此,第一届漂亮的参与数据为第二届的活动举办打下了良好的基础,使活动组办方充满信心。

思考练习

1. 某地拟策划"美丽茶乡休闲文化节"活动,你认为应该做哪些调研?
2. 举例说明节事活动组办方调研活动效果的作用。

操作篇

项目一 会展调研方案的设计

学习目标

【知识目标】

- 理解会展调研方案设计的原则
- 了解会展调研方案的内容
- 掌握会展调研方案的结构
- 熟悉会展调研方案设计应注意的问题

【技能目标】

- 能够根据调研目标确定调研范围、调研对象和调研方法
- 能够编制会展调研方案
- 能够对会展调研方案进行评析

【训练路径】

- 通过知识和案例，学习会展调研方案制作的内容、结构与方法
- 学生以学习小组为单位编制一份会展调研方案
- 运用 PPT 的形式进行会展调研方案的汇报
- 对评析后的会展调研方案进行完善

模块一　定义会展调研的问题

【工作任务】

会展产业或会展活动的相关组织，不是盲目地确定调研的问题，而是在工作过程中，遇到了困惑，产生了疑点，由此提出调研的问题。

中国（杭州）健康产业展览会已经举办十几届，有20年的历史，从生殖健康题材的展会走向了全健康的展会，是一个在展商和专业观众中有一定影响的专业展会，部分展商已经成为这个展会的忠实参展者，许多观众也会年年闻讯而来，洽谈采购展会的商品。展会每年如期举办，展会的规模也比较稳定，每届约有300多家参展商参展。展会组办方想知道作为一个地区性的展览会，它的规模是否还有扩大的空间，它的品质是否还有提升的高度。

请完成以下任务：

（1）定义会展调研的问题。

（2）写出调研目标。

（3）确认所需信息内容。

【理论指导】

设计会展调研方案，首先要定义会展调研的问题。我们的调研活动不是为了调研而调研，从形式到内容走一个过场，而是在发展会展产业，举办展览、会议、节事活动的过程中，有许多未知的情况，也存在很多的问题需要解决，通过调研，才能够明白情况，找到问题的症结，做出科学的决策。如杭州在"十二五"会展发展规划中明确提出要打造国际会议目的地，实现这个目标需要符合很多条件。时值2013年世界文化大会在杭州举办，80多个国家和地区的代表会聚杭州，这是展开调研的一个非常好的契机。来自世界各地的代表们，如何评价杭州？杭州给他们留下的最美好的印象是什么？定义了调研问题，就能够在调研方案的设计中，明确调研内容、调研对象、调研方法等各项内容。

调研未知的问题，需要收集必要的背景材料，寻找解决问题的初步方案和线索，定义调研题目，进行探索性的调研。探索性调研常用的方法有文献查询、专家调查、二手数据分析、定性调研等。

如举办中国(杭州)健康产业展览会，展会的组办方已经不满足于现有的展会状况，希望在展会的规模上有所突破，并提升展会的运营质量。为了找到答案，需要进行调研，先要定义调研的问题。为此，前期要进行探索性调研。

(1)文献查询：查阅有关保健、医药方面的学术期刊、行业杂志、报纸及卫生健康方面的政策。

(2)专家调查：听取业内人士(医院、药企研发人员)、社区管理人员、养老机构及会展专家的意见和建议，形成一些初步的看法。

(3)二手数据分析：《中国卫生统计年鉴》《中国人口统计年鉴》《中国医药统计年鉴》都有许多统计数据，能从中获得信息。还有内部前几届展会的相关数据，来自于其他方面(网络、咨询机构)的同类题材展会的信息。

(4)定性调研：定性调研主要是通过对调研对象进行观察、沟通而获得的信息。可以通过小组专题座谈、个人深度访谈进行。定性调研有别于定量调研，因为是深度的考察和面对面的交流，往往能够获得比较理想的答案。

为了定义问题收集各种信息而进行的调研，其运用的方法具体见“理论篇”第一章第三节。

【实践操作】

定义会展调研问题，需要完成以下三个步骤。

一、识别问题

会展管理部门、会展组办方、会展的参展商等都会在会展产业的发展或者会展活动中碰到各种各样的问题。一种是碰到了问题，如一个展览会总是不温不火，症结在哪里？参展企业的市场在哪里，是否参展？还有一种是举办新的会展活动，是否有机遇，能否“开门红”？识别问题，是会展调研活动的开始。

二、收集背景信息

为了更好地把握调研问题，可以通过文献查询、专家调查、二手数据分析、定性调研收集一些背景材料。如通过某展会的二手数据分析(上几届展会的数据、同类展会的数据等)，能帮助我们初步找到问题，但这还是第一步，为什么会存在这样的问题，需要通过深入的调查找到答案。所以，定义调研问题要做一些前期的调研，即调研问题本身要从调研中得来。

三、确认会展调研的问题

根据会展产业发展阶段、会展活动管理的实际情况，通过必要的背景信息的收集，研究问题。如某展会的招商招展问题，可以列出很多个调研题目：展位费的价格是否合理？同期是否在国内有同类展会举办？宣传推广工作是否需要加强？展商的来源？参展商与观众的对接工作是否到位？但我们不可能对所有的问题都展开调研，而是要有所选择，找到好的调查切入点。如果通过专家、二手数据等得到的信息了解到参展商和观众的态度是影响招商招展的关键，那么，调研的问题就是参展商、观众对展会的满意度，因为这个调研问题囊括的内容比较多，可以包括参展商与观众的来源，他们对展会的展位价格、宣传推广、服务、活动的反应等。展商与观众是招商招展中最关键的两个群体，他们对展会的满意度调研结果，可以对展会的各项工作做出分析，为今后的招商招展工作的全面提升提供决策依据。

【注意事项】

定义会展调研问题在整个调研活动中具有十分重要的意义。从发现问题到定义调研问题，这一过程的完成需要非常审慎、专业，它直接关系到后面的调研，关系到是否能为解决问题服务。定义调研问题要注意以下几个方面。

一、不能轻易定义调研问题

没有经过前期的信息收集，不能随意地定义一个调研的问题。否则，虽然能够获得一定的信息，但可能针对性不够强，花费了调查的人力、财力，调研结果对于解决问题的效果却非常有限。偏离中心的调研就会“白”调研。

二、不能为了走形式而定义调研问题

走形式的调研不是为了解决问题，而是为了有一个形式为已所用。如某项会展产业或决策的调子已经先定下来了，为了证明决策的正确性，再去定义一个有利于获得决策正确的信息的调研题目。这样，就会选取有利的问题来调研，使调研不可能全面，可能导致决策的失误。

三、不能定义不可操作的调研问题

如果调研的问题过大，或者过于繁复，难以在一定的范围和一定的时间内进行，这样的调研结果反而容易流于浅显，大而无当。

模块二　撰写会展调研方案

会展调研方案是整个调研工作的文字书写，只有在着手工作前对每一个项目的环节、步骤、执行方法、时间进度等做到胸有成竹，才能在执行的过程中有节有序，顺利完成调研任务。因此，方案的撰写要科学、合理、周密，有很强的可操作性。

【工作任务】

以小组为单位，根据会展调研的问题，设计一份会展调研方案，要求调研目标清晰、内容具体、方法合理。

【理论指导】

一、会展调研方案设计的原则

会展调研方案是指实现调研目标需要实施的计划，它是调研工作的行动纲领，在整个调研活动中起统率和协调的作用。当调研者明确了为什么调查，如何调查，对调查数据和信息怎样分析处理，比较完整地考虑了调研活动的全过程以及资源的分配后，才能具体、顺利地实施各项工作，并取得真实有效的调研结果。

会展调研的每一个项目都是不同的，但调研的可操作性、有效性都是一致的，所以调研方案设计一般都应该遵循如下的原则。

（一）可行性原则

会展调研方案的设计要有利于调研目标的实现，每一个环节都应该是可操作的、可控制的。调查内容、调查对象、调查方法、调查时间、调查地点的选择要切合实际。

(二)经济性原则

会展调研需要考虑成本,尽量节省费用。因此,调研方案设计时就要注重经济性,从调研人员的选择与培训到调查样本的选取、调查地区的选择等都要科学安排,合理分配费用,争取以较少的人力、物力、财力和时间取得令人满意的效果。

(三)有效性原则

围绕调研目的进行调研以取得真实、准确的信息,是调研的出发点和归宿,因此,在调研内容、调研方法、样本量确定、调研运作管理等方面都要以调研结果的有效为准则,确保信息的可靠、准确,为会展活动的开展提供有价值的调研结果。

二、会展调研方案撰写的内容

展览、会议、节事活动需要调研的问题、内容、对象都不一样,但调研方案的设计框架基本上是一样的,主要包括以下内容。

(一)调研题目

调研题目体现调研事件或揭示调研主题。

(二)会展调研的背景

在会展调研方案的设计中,首先要阐述调研的背景。调研不是随意进行的一项活动,其开展一定具有特殊的背景。把背景阐述清楚,其实也就把调研的意义、价值表现出来了。调研背景通常包含调研问题的陈述和目的。

例如,2013 年中国(杭州)健康生活文化节主办单位是中国医疗保健国际交流促进会、杭州市健康促进协会,承办单位是杭州商益会展有限公司。该文化节是在中国(杭州)健康产业展览会的基础上形成的,有两个展览:一是 2013 全国"治未病"及亚健康防治科普大会——科技成果及产品展示会,二是中国(杭州)健康保健产业博览会,它是整个文化节的主打项目,另外还有论坛和体验活动。从展览会到文化节的转型,展览项目和各项活动是否能获得展商的支持和观众的欢迎,都需要通过调研取得充分的信息。

(三)会展调研的目的

会展调研方案设计必须首先明确调研目的,它贯穿整个调研活动的始终。

目的不同，调研的内容、对象、方法、时间、地点等都会不同。在确定会展调研目的的时候，一般需要从三个角度来考虑：

(1)为何要调研？

(2)通过调研想要知道什么信息？

(3)调研信息有何用处？

例如，“2013 中国(杭州)健康生活文化节参展商和观众满意度调研”，其调研目的是通过了解参展商与观众对展会的真实评价，肯定亮点优点，寻找不足，把这个文化节培育成为众多展会中的“品牌”展会。

确定了调研课题的目的后，应该形成调研目标，目标应尽可能具体、可行，这样可以避免许多不必要的麻烦。针对上述的“2013 中国(杭州)健康生活文化节参展商和观众满意度调研”，调研目标可以从以下三个方面着手。

(1)通过参展商满意度调研，获得参展商对展会的评价信息，留住优质的参展商，吸引更多的参展商参加下次展会。

(2)通过专业观众满意度调研，获取专业观众对展商、参展内容的评价及需求信息。

(3)通过普通观众满意度调研，获取普通观众对展会各项活动的评价，了解他们的观展愿望。

(四)会展调研的内容

在调研目标确定的基础上，就要明确具体的调研内容。调研内容是调研目的的细化，也是设计调研问卷和访谈提纲的依据，决定了本次调研所需要收集的信息。因此，在确定调研内容时应注意以下几个问题：

(1)调研内容的设计必须围绕调研目的。

(2)调研内容之间具有一定的相关性。

(3)调研内容应该表述清楚。

(4)调研内容应具有可操作性。

(五)会展调研提纲和调研问卷

在会展调研内容确定之后，就设计调研提纲或调研问卷。调研提纲和调研问卷是我们收集资料的直接工具。调研提纲是调研人员事先准备好的、要向被调研者提出的问题，一般用于访谈，调研提纲的质量关系到被访谈人员是否愿意接受访谈，更决定着访谈的深度；调研问卷一般是调研人员事先设计好的问卷，它的质量将会影响问卷的回收率，影响收集到的数据的全面性和准确性。提纲和问卷影响整个调研活动的结果，所以我们应该掌握调研提纲和调研问卷的设计技巧，保证它们的科学性和可操作性。

调研问卷的设计，具体见“项目二　会展调研问卷设计”。

(六)会展调研对象和调研单位

确定会展的调研对象（个体）和调研单位（群体）的过程就是确定由谁来提供资料的过程。我们需要根据不同的会展调研目的确定不同的调研对象和调研单位。如对杭州市区会议酒店举办会议情况的调研，其调研对象就是杭州市区（八个主城区，包括上城区、下城区、江干区、拱墅区、西湖区、滨江区、萧山区、余杭区）的会议酒店；另外，也要对“会议酒店”进行定义，这样，在调研时就不会与其他类型的酒店混淆。

(七)会展调研样本量的确定

当在某一城市对某一节庆活动的观众人数做预测调研时，调研范围应为整个城市，但由于范围太广，调研不可能遍及城市的每一个地方，调研对象也不可能涉及城市的每一个人，因此，要制订一个抽样方案，以保证抽取的样本能反映总体情况。一般来说，调研结果准确度要求愈高，抽取样本数量也愈多，但调研费用也会愈高。为此，尽量要在经济性原则的基础上保证样本的代表性。我们可以按人口比例抽取样本的数量，并考虑按照年龄、收入、文化程度等进行分类抽样。或者，在城市中划定若干个小范围调研区域，划分原则是使各区域内的综合情况与城市的总体情况分布一致，以此为样本进行调研。这样，可以缩小调研范围，减少工作量，但因为具有代表性，仍然能够以小窥大，比较准确地掌握情况。

(八)会展调研的方法

会展调研的方法受调研目的、调研内容、调研经费、调研时间等情况的影响。我们在第一章第三节已经具体介绍了会展调研的方法，有收集原始资料的各种方法——询问调查法（面谈调查法、邮寄调查法、电话调查法、计算机调查法）、观察调查法、实验调查法，也有收集二手资料的方法——查找法（纸质资料查找法、网络查找法）、索取法、购买法。但不是所有的方法都会在同一次调研活动中使用，在会展现场调研中用得较多的方法有问卷法、访谈法。各种调查方法都有各自的长处和局限，应根据调研需要选择一种或几种方法结合使用。

（九）调研数据的整理与分析

对会展调研得到的资料需要进行统计、整理。为了问卷的统计方便，需要对问卷进行编码，可以进行事前（问卷调研前）编码，也可以进行事后（问卷调研后）编码。目前，较多的是运用 SPSS 进行统计分析。具体见“项目四　问卷数据的预处理”“项目五　利用 SPSS 进行描述性数据分析”“项目六　利用 SPSS 进行推论性数据分析”。

调研资料可以根据其性质分为定性资料（文字资料）和定量资料（统计数据）。定性资料的分析方法主要是归纳分析法、演绎分析法、比较分析法和结构分析法；定量资料分析方法主要是描述性统计分析法和解释性统计分析法。

（十）结果提交

调研结果以什么样的形式反映，需要在调研方案中明确。一般包括以下四个方面的内容。

（1）调研报告书递交的形式，如纸质文本、电子文本等。

（2）调研报告书份数。

（3）调研报告书的基本内容。

（4）调研报告书的图表、附录。

（十一）调研经费预算

开展会展调研活动必然会有一定的费用支出，因此在调研方案设计过程中应该编制费用预算。一般可以通过两种方式预算调研活动的费用。

（1）通过估算调研各阶段的支出来分别计算。一般的计算方法是，会展调研中实地调研阶段的费用占整个调研经费预算的 40%左右，实地调研前期的计划准备阶段占经费预算的 20%左右，后期统计分析、研究报告写作阶段占预算经费的 40%左右。

（2）通过估算调研各活动所需费用来分别计算。包括计算方案设计费用、调研问卷制作与印刷费用、调研实施费用（包括调研咨询费、礼品费，访问员的培训费、劳务费、交通费、差旅费）、资料整理费用（计算机处理、分析产生的费用）、报告撰写费用五方面。当然，还有一块其他不可预见的费用。

虽然这两种方法计算费用的形式不同，但都应尽量做到：全面性，将可能出现的会展调研费用都考虑进去；节约性，在保证会展调研目标实现的前提下，尽可能地节约调研费用；合理性，预算的编制要求合理，每项支出尽可能准确。

(十二)调研运作管理

调研运作管理是调研活动顺利开展的保障,应该根据调研工作的特点和对调研人员的要求确定,一般包括以下四个内容。

(1)调研组织领导、组织机构的设置。大型的会展调研活动往往需要很多人员的共同参与,因此需要成立相应的组织机构,如可以分为管理组、设计组、访问组、数据分析组、报告撰写组。管理组要对整个调研活动进行组织、协调,做到各组的工作无缝对接、互相配合,保证调研活动的顺利开展。

(2)人员的配备情况。要根据某一会展调研活动的工作性质、岗位需要,预先配备各类人员,做到岗位工作与人员能力相匹配,如安排访问人员、数据处理人员、调研报告执笔人员等。人员的配备要做到精干,职责清晰,运作高效。

(3)人员的培训。调研人员的素质对调研活动的结果有直接的影响,因此需要对参与会展调研的人员进行培训,如对访问员进行访问礼仪、访谈技巧、问卷填写技巧等的培训,对数据处理人员进行数据统计、分析软件运用等的培训。

(4)调研时间的安排。要明确调研各个阶段的时间,特别是会展活动的现场调研,时间一定要清楚。调研的时间,整理、统计、分析的时间,撰写调研报告的时间等,都要给出时间表(可用甘特图来表示),确保调研结果能够按照规定的时间到达使用者的手中。

调研方案的撰写一般包括以上各项内容,但在格式上可以相对灵活。调研方案指导整个调研活动,需要进行集体讨论,由调研活动的负责人起草和撰写。

【实践操作】

调研人员在定义调研问题之后,就需要确定调研内容、调研对象、调研方法、调研进程、调研预算等,即通过设计市场调研方案,描述某项会展调研的全部工作任务和工作过程。设计会展调研方案需要完成以下六个步骤。

一、选定会展活动项目管理的问题

选择一个会展活动项目(一个展览、一个会议或者一个节庆活动),采用分析二手资料和定性研究的方法(专题组座谈、深度访谈等),了解该活动项目举办的现状,寻找活动项目最需要解决的问题,确定选题。

二、会展活动项目背景的调研与分析

根据选定的某一会展活动项目问题,进行背景调查,并做背景分析。

三、确认会展活动项目调研问题

根据确定的选题和所做的背景分析,确认某一会展活动项目的调研问题。

四、确定会展活动项目调研内容

了解影响某一会展活动项目调研目标的因素,确认所需信息。

五、选择会展活动项目调研方法

根据所需的信息,选择适用的会展调研的方法。

六、撰写会展活动项目调研方案

根据定义的某一会展活动项目的调研问题,设计一份完整可行的会展调研方案,内容完整,格式正确。

【注意事项】

设计会展调研方案是一项需要缜密的思维、丰富的经验的工作,关系到调研工作能否顺利进行,关系到调研结果是否能解决实际问题,也关系到会展调研委托方(调研结果使用者)和会展调研实施方的利益与声誉。需要注意以下问题。

(1)会展调研人员务必明确会展调研的意图、目的,使方案的设计围绕中心,避免偏离。

(2)要明确调研人员的责任、义务和权利,并有专人或专门组织负责协调与落实。

(3)经费预算和时间进度在安排上要留有余地,但也要注意节约成本,合理开支,杜绝浪费,有节有度。

参考案例

2013年中国(杭州)健康生活文化节参展商满意度调研方案

一、调研背景

2013年中国(杭州)健康生活文化节主办单位是中国医疗保健国际交流促进会、杭州市健康促进协会,承办单位是杭州商益会展有限公司。该文化节是在中国(杭州)健康产业展览会的基础上形成的,有两个展览:一是2013全国"治未病"及亚健康防治科普大会——科技成果及产品展示会,二是中国(杭州)健康保健产业博览会,它们是整个文化节的主打项目,另外还有论坛和体验活动。从展览会到文化节的转型,展览项目和各项活动是否能获得参展商的支持和欢迎,需要通过调研取得充分的信息。

二、调研目的与目标

(一)调研目的

通过调研,了解参展商对展览会的真实评价,肯定亮点优点,寻找不足,发现需求,促进健康文化节的长远发展。

(二)调研目标

1. 通过调研,获取参展商对本次展览会的真实评价,征集本次展会中存在的问题及不足,以获得必要的改进信息,为下一届文化节的展览策划提出建设性意见。

2. 通过调研,了解参展商的需求,改善展会的服务质量,以达到提升参展商满意度的目的。

3. 通过调研,加强与参展商的沟通,了解参展商是否实现参展目标,留住优质的参展商,吸引更多的参展商参加下届展会。

三、调研内容

1. 展场规划布置情况:区域划分、展场布置、展位布置等。

2. 展会活动情况:展览活动和其他配套活动。

3. 展前服务情况:资料索取、宣传推广、展位选择、特装搭建、展品运输等。

4. 现场服务:登记服务、接待服务、展位服务、观众对接、媒体支持等。

5. 安全服务:知识产权保护、安保力量、人财物安全等。

6. 参展商需求。

7.综合评价。

四、调研方法

(一)调查的区域范围:海外海国际会展中心

(二)具体调查对象:杭州健康生活文化节参展商

(三)调查形式

1.问卷法:(1)以问卷调查为主,问卷调查采用不记名的方式;(2)问卷调查以封闭式问题为主,开放式问题为辅。

2.访谈法:访谈10—15位参展商,进行深度交流。

(四)调研日程安排

参展商满意度调研时间表

内　容	时　间	执行人
前期准备阶段		
调研策划	3月1日—7日	×××
问卷设计	3月8日—13日	×××
实施阶段		
人员培训	3月14日—15日	×××
现场调查	3月16日	×××
现场调查	3月17日	×××
后期工作阶段		
数据预处理	3月18日—25日	×××
数据统计分析	3月26日—4月25日	
调研报告撰写	4月25日—5月25日	×××

五、调研数据的整理与分析

1.将调查问卷进行整理统计。利用SPSS软件编码,录入数据,统计各项数量,制作图表。

2.根据统计出的数据、图表进行分析。

3.定量分析依据调查所得数据进行,定性分析依据访谈所得信息进行。

六、调研预期费用

1.车费:600元/次×2次=1200元

2. 午饭：10 元/份×12 人=120 元

3. 问卷复印费：1 角/张×300 张=30 元

4. 劳务费：若干。

七、调研运作管理

为确保整个调查访问工作能够保质保量顺利完成，全面提高其准确性和代表性，计划设定如下的操作系统及控制办法。

1. 对调查人员进行培训。

2. 具体的调查内容依据《2013 中国(杭州)健康生活文化节参展商调查问卷》和深度访谈提纲执行。

3. 所有提交的问卷，按照“一审一复一校正”的方法，确保进入分析阶段的数据的完整性和准确性。其中一审定在访问员交回问卷时当面进行；复核在一审结束后进行(在调查访问结束后 24 小时内完成)；针对数据录入的缺省值进行审查校对在调查访问结束后三天内完成。

4. 所有提交的问卷，按照“筛选出有效卷与无效卷→对有效卷的审查→对有效卷的数据录入”的顺序进行，确保分析结果的相对准确性和科学性。

八、评定标准

本次满意度调研问卷内容分为七个部分：展场规划布置情况、展会活动情况、展前服务情况、现场服务情况、安全服务情况、参展商需求情况和综合评价。问卷测评总分为 100 分，其中参展商对展览会的总体评价为 10 分，其余每个部分为 15 分。

展会最终测评得分=该展会不同的被采访者满意度得分之和/该展会总的调查问卷数。

(材料来源：杭州科技职业技术学院“会展调研”课程工学结合调研项目——“2013 年中国(杭州)健康生活文化节参展商与观众满意度调研”整理资料)

项目二

会展调研问卷设计

学习目标

【知识目标】

◆ 了解调研资料的收集方法，确定符合调研目标所需要的信息

◆ 理解调研问卷的基本格式和要素

◆ 掌握调研问卷问题类型和问题内容的设计方法

◆ 熟悉调研问卷的语言表述、问题顺序、问卷外观和样式的设计方法

【技能目标】

◆ 能够收集会展活动的相关信息

◆ 能够结合具体会展活动，根据调研目标，针对会展活动的不同目标人群，设计具有一定科学性、可操作性的调研问卷

◆ 能够分析调研问卷的优劣

【训练路径】

◆ 以真实会展活动为载体，设计调研思路，确定调研目标

◆ 根据调研目标，设计调研问题

◆ 根据调研问卷格式要求，完善问卷各要素内容

◆ 运用一定的文档处理技术，美化、完善调研问卷的版面设计

模块一　会展问卷调研

【工作任务】

了解问卷调研法。

【理论指导】

根据不同的分类标准，有多种不同的调研方法。比如，根据调研的目的、作用，分为会展活动的背景信息调研和会展活动的评估调研；根据会展活动的执行方式，可以分为实地调研、电话调研、邮寄调研、网络调研等；根据调研活动所使用的工具，可以分为问卷调研、访谈调研、观察调研、实验调研等；根据获得调研信息的渠道，可以分为一手数据调研和二手数据调研；等等。

会展调研方法的选择取决于会展调研设计的类型，为了避免会展调研方法使用的盲目性，调研人员需要明晰调研思路，明确调研问题，确定调研内容，精心设计调研方案，以便收集所需信息。针对不同的会展活动、不同的调研目的、不同的调研对象，可以选择不同的调研方法。

本项目模块，着重介绍会展调研活动最常用的问卷调研法。此类调研方法，主要适用于对会展活动的评估与分析。调研的执行方式可以多种多样，最常见的有实地问卷调研和网络问卷调研等。

一、实地问卷调研

实地问卷调研，即在各类会展活动现场，如展会现场、会议活动现场、节事活动现场等，向调研对象发放书面问卷。此类调研，一般是将拟调查的事项，按照调查人员事先设计好的、有固定格式的标准化问卷或表格，由受访者书面填写回答，再回收问卷，做进一步的统计分析，得出调研结果，获取所需信息。

在会展活动现场做问卷调研时，要注意调研时间、调研地点、调研对象的选择，以获得最佳的调研效果。

在会议活动现场，一般不便于在会议中进行调研，而是选择在茶歇时间或者会后进行。

在展会活动现场，对参展商、观众，应该设计不同的调研问卷。应在不影响观众和参展商交流洽谈的前提下进行调研。同时，由于受展会现场空间的影响，要选择便于交流书写的地点进行问卷调研。

在节事活动现场，氛围相对比较热烈，一般选择在节事活动结束后，在相对安静的活动一角进行调研。

二、网络问卷调研

当今，互联网已经普遍成为人们生活中不可或缺的一部分，开展网络问卷调研快捷方便，因而它也成为会展调研中常用的方法之一。进行网络问卷调研主要有以下几种基本方法：E-mail 问卷调研、交互式 CATI 调研、交互式 CAPI 调研和互联网 CGI 调研。

E-mail 问卷调研，问卷就是一份简单的 E-mail，按照已知的 E-mail 地址发出，被访者回答完毕将问卷回复给调研机构。有专门的程序进行问卷准备、编制 E-mail 地址和收集数据。E-mail 问卷制作方便，分发迅速。由于出现在被访对象的私人信箱中，能够受到注意。

交互式 CATI 调研，又称电脑辅助电话调查，利用一种软件语言程序在 CATI 上设计问卷结构并在网上进行传输，电话拨号、调研记录、数据处理等环节均可借助于计算机来完成，是通过电脑与电话相结合完成调研全过程的一种调研方法。

交互式 CAPI 调研，又称电脑辅助人员访谈，是让调研对象坐在电脑终端前，用键盘、鼠标或触摸屏填写屏幕上显示的问卷。电脑辅助人员访谈具有可以利用使调研对象感觉友好的软件系统，设计让调研对象容易理解的问题，刺激调研对象对项目的兴趣等优点。

互联网 CGI 调研，有专门为网络调研设计的问卷链接及传输软件。这种软件设计无须使用程序的方式，包括整体问卷设计、网络服务器、数据库和数据传输程序。一种典型的用法是：问卷由简易的可视问卷编辑器产生，自动传送到互联网服务器上，通过网站，使用者可以随时在屏幕上对回答的数据进行整体统计或图表统计。

门户网站的会展频道备受专业人士的关注，自然也是开展会展调研的极佳途径。门户网站的会展频道搭载的调研，可辅助完成会展活动满意度、需求等方面的调研课题。

网络调研具有组织简单、费用低廉、传播快速且具多媒体性、没有地域时空限制、结果客观性较高等优点，其不足之处在于调研对象有局限性。网络调研的对象只能是互联网的用户或者经常上网的网民，调研的回答率难以控制。

【实践操作】

(1)比较分析实地问卷调研与网络问卷调研的优点与不足。

(2)各小组自选一个调研项目，提出会展调研的执行方式，并说明理由。

【注意事项】

(1)无论是选择实地问卷调研，还是网络问卷调研，都要充分考虑可行性。前者费用较高，需要较多的调研人员，还有交通问题等，但调研人员可以在现场对被调研者进行填卷指导，回收率高；后者费用较低，便于统计，而且有利于活动之前和活动之后的信息掌握，但对问卷的回收率难以掌控，特别需要注意问卷设计的技巧。

(2)在一个调研项目中，实地问卷调研和网络问卷调研可以结合进行，但要注意问卷的内容不要重复或者互有包含，一定要各有侧重。

模块二　会展调研问卷的设计

【工作任务】

结合真实会展活动，以小组为单位，根据调研目标，设计会议、展览会、节事活动调研问卷各一份。

【理论指导】

会展调研问卷的设计，是根据调研目的，将所需调研的问题具体化，使调研者能顺利地获取必要的信息资料，便于后面阶段的统计分析。调研问卷的设计是否科学合理，将直接影响问卷的回收率，影响信息资料的真实性、实用性。因此，在会展调研中，应对问卷设计给予足够的重视。

会展调研问卷设计要充分考虑各类不同的会展活动的特点，根据调研者期望获取的信息要求，以及调研目标人群的特点，事先预设问题，这些预设问题组合形成调研问卷。

会展调研问卷设计是一门通过经验获得的技巧，依赖于设计者的经验、智慧和创造力。要想做好这一工作，必须掌握问卷设计的格式和问卷设计的相关技术，包括：确定调研目的和所需要的信息，确定调研资料的收集方法，设计问卷的格式，确定问题的内容和类型，设计语言的表述和措辞，安排问题的顺序，设计问卷的外观和式样，等等。

一、调研问卷设计的格式

由于调研对象、目的、方式的差异，各种会展调研问卷在形式、内容方面都有一定的差别。但总体而言，一份完整的调研问卷通常由标题、开头部分（包括问卷说明、填写指导等）、主体部分、被访者基本情况、结束语等要素构成。

（一）标题

问卷的标题既要简明扼要，又必须点明调研对象或调研主题，使被访者对所要回答的问题有一个大致的了解。

调研问卷标题，通常采用在会展活动名称之后加上"调查问卷"字样的格式。

例如，《2013 中国（杭州）健康生活文化节调查问卷》；

《2013 中国（杭州）健康生活文化节参展商调查问卷》；

《2013 岱山・秀山"滑泥节"调查问卷》。

也可以针对调研者对会展活动调研后期望获取的信息主题，采用调研主题加"调查问卷"字样的格式。

例如，《杭州大学生化妆品消费情况调查问卷》；

《关于杭城居民健康状况以及对健康状况的关注程度的调查问卷》。

（二）开头部分

在调研问卷的开头，一般有一个简要的说明。一是对本次问卷调研的意义、内容及调研单位（人）等进行必要的说明，以消除被访者的紧张和顾虑，争取调研对象的积极配合和支持。二是对问卷填写进行简要的指导说明。

问卷的开头部分，力求言简意赅，文笔亲切又不太随便，能激发调研对象的兴趣，同时也要注意礼貌用语。

例如，“2013 中国(杭州)健康生活文化节参展商调查问卷”的开头部分：

尊敬的参展商：

非常欢迎您参加中国(杭州)健康生活文化节展览活动，您的到来为本届展会取得圆满成功起到了重要的作用。为了提高办展的水平和成效，更好地服务参展商，在此诚恳地邀请您花费宝贵的几分钟时间来完成这份调查问卷。

您的意见和建议是我们前进的动力，感谢您的支持与配合！

本次调查内容仅限内部参考，您提供的一切信息将对外保密，请放心填写。

×××

×年×月×日

又如，“2013 中国(杭州)健康生活文化节观众调查问卷”的开头部分：

亲爱的观众：

健康是幸福的源泉！

欢迎您参加 2013 中国(杭州)健康生活文化节。在此，诚恳邀请您完成这份问卷。您提供的一切信息将对外保密，请放心填写。

感谢您的支持与配合！

×××

×年×月×日

再如，“2013 沙滩集体婚礼调查问卷”的开头部分：

婚礼，是人生中一次重要而神圣的仪式，它象征一对新人经过爱情的长跑，携手步入幸福的殿堂。这是激动人心的时刻，也是永远铭记在心的时刻，每一个女孩都梦想有一天能披上洁白的婚纱成为全世界最幸福的人，而每一个男孩都梦想着有一天能手捧鲜花迎娶心目中美丽的妻子。那么，您心目中的婚礼又是怎样的？梦中曾经出现的场景是如何呈现的呢？

感谢您抽出宝贵的时间参与本次关于沙滩集体婚礼的调查问卷，此次调查为匿名调查，希望您能配合完成这份问卷。衷心感谢您的配合，谢谢！

×××

×年×月×日

(三)主体部分

问卷的主体部分，是按照调研设计，逐项列出调研的问题，它是调研问卷中最重要的部分。这部分内容的好坏直接影响整个调研价值的高低。

问卷主体部分所设计的问题，量要适宜，不宜过多，也不能太少；问题的设计要紧扣调研主题和调研者所期望获取的信息的核心。问卷主体部分的设计，有较高的技术要求，将在下面部分重点讨论。

(四)被访者基本情况

被访者的基本情况，也称人口统计变量，是分类分析的基本控制变量，主要填写调研对象的年龄、性别、民族、职业、单位、所在地区等要素，便于调研者在后续的数据统计分析中，可以做一些对比或差异分析。

该部分内容，一般适宜放在问卷的末尾。如果基本情况没有涉及过于隐私的信息，也可以放在问卷"开头部分"后面，"主体部分"前面。

例如，"2013 中国(杭州)健康生活文化节参展商调查问卷"的"被访者基本情况"部分：

基本信息：

1. 单位全称：　　　　　　　　公司所在地：

2. 单位性质：□机关　　□行业机构　　□事业单位　　□国企
　　　　　　□民企　　□合资企业　　□外资企业

3. 联系电话：　　　　　　　　　E-mail：

又如，"2013 中国(杭州)健康生活文化节观众调查问卷"的"被访者基本情况"部分：

基本信息：

1. 性别：□男　　　　□女

2. 年龄：□30 岁以下　　　□30—39 岁　　　□40—49 岁
　　　　□50—59 岁　　　□60—69 岁　　　□70 岁及以上

3. 受教育程度：□初中及以下　□高中　　□专科　　□本科及以上

4. 职业：

5. 您是否有医疗保险：□有　　　□没有

(五)结束语

1. 周密式结束语

对被访者的合作再次表示感谢,以及关于不要填漏与复核的请求。这种表达方式既显示访问者首尾一贯的礼貌,又督促被访者填好未回答的问题和改正有差错的答案。

例如,"对于您所提供的协助,我们表示诚挚的感谢!为了保证资料的完整与翔实,请您再花一分钟,翻一下自己填过的问卷,看看是否有填错、填漏的地方。谢谢!"

2. 开放式结束语

提出本次调查研究中的一个重要问题,可以在结尾安排一个开放式的问题,以了解被访者在标准问题上无法回答的想法。

例如,"您对本届健康文化节的现场管理有何意见和建议?"

一份完整的调研问卷,除上述格式、要素外,还有两个要素值得一提。

一是甄别部分。在需要确认调研对象是否符合要求时,可以设计一些甄别问题充当开头的问题。甄别问题是对被调查者进行过滤,筛选掉不需要的部分,然后针对特定的被调查者进行调查。

例如,《杭州职业院校学生毕业期望调查问卷》,调研者设计的一个甄别问题是:

毕业后你打算:

A. 升学　　B. 就业(包括自主创业、考公务员等)

C. 在家待着　　D. 没想过

该问题回答后,提出:"选择升学的,继续完成 9—22 题","不选择升学的,继续完成 23—68 题"。

二是编码。编码是将调研问卷中的调查项目以及备选答案给予统一设计的代码。一般情况都使用数字代号系统,便于进行计算机处理和统计分析。

编码一般应用于大规模的问卷调研中。因为在大规模问卷调研中,调研资料的统计汇总工作十分繁重,借助于编码技术和计算机,可以大大简化这一工作。编码既可以在问卷设计的同时就设计好,也可以等调研工作完成以后再进行编码。前者称为预编码,后者称为后编码。在实际调研中,常采用预编码。当然,初学者采用后编码的居多。

二、调研问卷设计的技术

调研问卷的主体部分由若干个问题构成，是问卷的核心部分，每个具体问题的答案，都是为了向调研者提供所需信息。在设计问题时，通常要考虑问题的内容、类型、格式、措辞和顺序等。

（一）问题的内容

调研问卷中的问题一般涉及有关事实、看法、态度和知识等。通常依据其内容将问题分为事实性问题和主观性问题两大类。

事实性问题主要是为了收集有关调研对象的环境、个人信息、经历、习惯和行为等客观信息而设的。

例如，贵公司第几次参加此类展会？

A. 第一次　　B. 第二次　　C. 第三次　　D. 第四次及以上

主观性问题主要涉及调研对象的信念、态度、感觉和看法等主观体验。

例如，您认为举办健康防治科普展合理的时间是？

A. 1—3 月　　B. 4—6 月　　C. 9—10 月　　D. 11—12 月

（二）问题的类型

根据所设问题的结构和答案的形式，分为封闭式问题、开放式问题和量表应答式问题等种类。应该注意的是，在实际调查中，几种类型的问题往往是结合使用的。问卷设计者可以根据具体情况选择不同的提问方式。

1. 封闭式问题

封闭式问题适合自填式问卷。调研者事先设计好一组备选答案，可以是单选，也可以是多选，调研者对该问题是单选还是多选，应有所提示。这类问题由于答案标准化，不仅回答方便，而且易于进行各种统计处理和分析。

封闭式问题所设计的备选答案，应包括所有可能的答案，以供调研对象选择。因此，这类问题的设计，受设计者的知识水平、思维定势的影响和限制较多。采用这类问题无法发现鲜为人知或意想不到的看法，而且设计有效选项的工作量较大。

一份科学的封闭式问题设计，原则上应该通过试测，并且在试测后进行项目分析，剔除未达到显著水平的问题，构成一份新的问卷。但是，在实际会展活动的调研中，很少有人先试测，再正式施测。因此，调研人员在设计问题的过程中，要客观分析，深入思考，预设所需要获取的信息，力求问题设计的科学性、有效性和代表性。

封闭式问题的题型主要有以下几种：

(1)单项选择题。单选题的答案是唯一的。其优点是答案分类明确，但排斥了其他答案存在的可能性。

例如，过去一年，您健康投资消费金额大概是您家庭总支出费用的多少？

A. 5%以下　　B. 5%—10%　　C. 10%—15%　　D. 15%以上

(2)多项选择题。多选题的答案是多项的。其优点是可以较多地了解调研对象的态度和调研对象对调研问题的理解，但统计分析会比较复杂。

例如，您认为参加此次展会对贵公司有何意义(多选或单选)？

A. 结识了很多新的客户　　B. 提升了企业、产品品牌形象

C. 促进了产品交易　　D. 影响有限

(3)是非题。是非题的答案简明清晰，但只适用于不需要反映被调查者态度的问题。

例如，您认为"健康在于运动"这句话对吗？　　(　　)

A. 对　　B. 不对

(4)混合式选择题。即将封闭式问题与开放式问题结合起来设计提问的一种形式。

例如，您的健康知识从何种渠道获得？

A. 生活健康类书籍、杂志或报纸　B. 电视或广播健康类节目

C. 朋友同事告知　　D. 网络查知

E. 其他________________________________

(5)排序式选择题。要求调研对象把列出的各个选项按其重要性或时间性的顺序排列出来。

例如，您经常会做哪些运动？请按频率多少列出顺序。

A. 跑步　　B. 跳绳　　C. 球类运动　　D. 瑜伽

E. 健美操　　F. 舞蹈　　G. 其他

2. 开放式问题

不提供事先设计好的答案供调研对象选择，而是让调研对象用自己的语言自由回答。开放式问题有以下两类。

(1)开放式文字题。开放式文字题使调研对象能够用自己的语言自由地表达观点，可以提供对某一现象、行为、态度的认识，在探索性调研中非常有用。

例如，您对本次展会的现场管理有何意见与建议？

开放式文字题的主要缺点是填写、编码和录入比较费事；所获答案受调研对象表达能力的影响很大。该类题型不适合自填式问卷，因为调研对象往往不愿意花费力气将自己的观点写完整，有时甚至跳过去。

(2)开放式数值题。这类题目要求被调查者自己填入数值，或者打分。

例如，请问您每年旅行的具体次数？

它的主要优点是所得数据能够详细地描述某一情况，便于调研人员根据不同标准对调研对象进行分类，为进一步的研究提供详细的数据支持。

3. 量表应答式问题

这类问题是以量表形式设置的问题。量表用来对主观的，有时是抽象的态度和概念进行定量化测量，是由一组相关的描述语组成的测量工具。最常用的量表有以下两种。

(1)李克特量表。李克特量表是由美国心理学家 R. A. Likert 设计的，通过被调查者在同意和不同意之间选择答案来设计提问的一种量表。

例如，您对本次展会工作人员的服务态度与组织管理水平是否满意？

A. 非常不满意　B. 不满意　C. 基本满意　D. 满意

E. 非常满意

(2)语义差异量表。语义差异量表是由双极描述词和一条带刻度的线组成，上面标有 1—5 的数字，表示对二端描述词的接近程度；是通过调研对象对事物的属性分等选择来设计提问的一种测量工具。语义差异量表是营销调研中应用很广泛的评分量表，广泛用于对品牌、产品和公司形象的比较，对广告和促销策略制订以及新产品概念的评价测试。

例如，毕业后我愿意在基层一线做技术工人(技术人员)。

　　1　　2　　3　　4　　5

完全不是 |——|——|——|——| 完全是

开放式数值题和量表应答式问题不需要编码，录入被调查者实际填入的数值即可。但是，在进行市场调研数据整理时，需要首先对被调查者进行统计分组，在统计分组的基础上才能汇总编制统计表。

(三)问题内容的设计

1. 确定问题的内容

在确定问题的内容时,需要考虑以下三方面情况。

(1)每个问题对所需的信息均应有贡献。除非有特殊的用途,无关紧要的问题应当尽量避免。在某些情况下,为了营造良好的互动氛围或者掩饰调研项目的目的或赞助情况,可以提出一些填补性问题。例如,为了掩饰调研的委托方,关于宝洁公司洗发水的调研问卷也可以包括有关联合利华和自主品牌的相关问题。

(2)针对每个问题,调研对象都应拥有必要的信息。许多看似简单的问题其实并不容易回答。因为这些问题经常超出调研对象的记忆能力。例如,“您最喜欢武义温泉节哪个活动项目?”这时,适当的提示有助于调研对象对事件的回忆。比如,可以列出有关武义温泉节的主要活动项目名称,这些项目名称可以作为问题的选项,让调研者填写。这类问题由于选项会较多,在列出主要选项后,往往要结合开放式问题的设计,增加一个“其他”选项。

(3)针对每个问题,调研对象都应愿意提供有关信息。调研对象通常不愿意花费力气提供信息,因此要尽量为调研对象着想,使问题容易回答,避免让调研对象尴尬的问题或过于隐私的问题。例如,贵公司参加本次展会预计会有多少订单或交易额?此类问题,一般参展商不是很愿意透露。

2. 注意问题的措辞

确定问题的措辞是一项非常关键,也是存在困难最多的工作,如果用词不当,调研对象可能拒绝回答,或由于对问题的理解错误而给出有严重偏差甚至是误导的结果。因此,要采用“六要素明确法”来准确定义问题,即何人(who)、何地(where)、何时(when)、做什么(what)、为何做(why)、如何做(how)这六个要素。如果问卷设计者在提问题时考虑了这六个要素,那么问题的明确性就会提高很多。同时,在设计问卷措辞时,要注意以下几个事项。

(1)问题和选项的选择要具有唯一性,应避免在同一个问题或问题的选项中混杂着两个甚至多个变量,避免调研对象难以做出准确回答。

例如,您通常选择什么时间去泡温泉?

A. 节假日　　B. 周末　　C. 周一至周五人少的时候

选项 A 和选项 B,是一种包含关系,对这两个选项,调研对象就很难选出其一。

(2)措辞要意义明确，不使用含糊不清的词，避免用词不当，同时也应避免使用专业术语、俗语和缩写词等。

例如，请问您家庭的恩格尔系数是多少？

这个问题就过于专业化了。

又如，某绍兴酒文化交流会的一次辅助调研问卷，有一问题是：绍兴黄酒给您的感觉如何？

该问题中的“感觉如何”，可以指黄酒入口后“酒的口感”如何，也可以是调研者对黄酒的认知态度的一种感觉（浓厚的、优雅的、古老的等等），也可以是对黄酒的色泽、香味、包装等的感觉。这样，调研对象就很难按照调研者实际需要获取的信息进行回答。

(3)避免诱导性提问。这类提问会人为地增大某些回答的概率，从而产生偏误。因为带有诱导性的提问容易使无主见的回答者依循调研人员的倾向回答问题，因此最好采用中性的提问方式。

例如，本次展会，观众普遍认为××牌子的冰箱好，您的印象如何？

“普遍”这个词就给调研对象以暗示。这样的问题容易使调研对象因引导性提问得出肯定性的结论，或因反感此种提法简单得出结论，不能反映展会观众对商品的真实态度和看法，所以产生的调研结论也缺乏客观性，可信度较低。

(4)避免抽象性提问。抽象概念的提问一般较难回答。问卷如果必须涉及抽象概念的提问，最好给出一些具体的看法，让回答者仅回答赞成与否。

例如，在回答“您喜欢什么样风格的服装”时，许多调研对象可能无法找到合适的措辞。因此，应当向调研对象提供必要的帮助，比如借助图片、文字描述等，帮助他们准确地理解问题的含义和清楚地表述其答案。又如，让调研对象自己列出所喜欢的品牌，不如提供一组品牌让调研对象在上面打钩方便。

(5)避免敏感问题。对于敏感问题，如涉及政治、社会规范、伦理、个人隐私等敏感信息的问题，调研对象可能会拒绝回答，或者提供不真实的答案。对于敏感问题，可以采用以下技巧：

一是将敏感问题放在问卷的最后。这时调研对象已经答完了大多数问题，即使调研对象拒绝回答敏感问题，也不会影响他对其他问题的回答。另外，对敏感问题，应充分强调保密性，并多用假定法来提问以提高问卷的回答率。

二是用第三人称方法提问。例如，你觉得班上的同学在考试中会作弊吗？而不是直接问，你在考试中会作弊吗？

三是提供答案的类目而不是直接问具体的数字。例如，请调研对象在适当的年收入档上选择：10000元以下、10000—19999元、20000—29999元、30000元及以上。

(6)避免问题与答案选项不一致或匹配度不高。

例如，您因何种原因长期参加杨梅节？

A. 地理位置　　B. 市场价格　　C. 品种价格　　D. 生津解渴

E. 消食解暑

该答案选项的设计，与问题的匹配度不是很高。调研对象的回答，较难达到调研者所需要获取的信息的期望值。

(7)问题的设计，尤其是答案选项的设计，要讲究一定的艺术性，避免对调研对象产生刺激而使其不能很好地合作。例如，下面两组问句：

您至今没有有规律地锻炼身体的原因是什么？

A. 没时间　　B. 没有用

C. 不懂健身方法　　D. 没同伴

您没有安排专门时间进行锻炼身体的主要原因是什么？

A. 工作太忙　　B. 专门花时间去锻炼浪费时间

C. 不是太了解最方便的健身方法　D. 一个人锻炼没有氛围

显然，后一组问题和选项的设计比较有艺术性，能够促使被调研对象愉快地合作。

3. 确定问题的顺序

问题的排序通常遵照由浅入深、由易而难、从简到繁的原则进行，同时考虑问卷的格式、问题的类型、难易程度、逻辑性及调研对象的思维习惯进行排列。

(1)符合问卷的格式要求。

一般来讲，应该先安排主体部分的问题，即先问与调研问题直接相关的基本信息，这部分信息最为重要，应该优先获取；其次是安排背景部分的问题，即用于对调研对象分类的信息和标识信息。当然，在实际操作中，为了统计数据的需要，背景部分的调研对象的基本信息也很重要，因此，也不乏将此部分内容置于问卷前面的做法。

问卷的开头对于营造一个良好的气氛、赢得调研对象的信任与合作至关重要，开头的问题应该有趣、简单并且让人感觉亲切。在需要确认调研对象是否符合要求时，可以设计一些甄别问题充当开头。

(2)考虑问题的类型和难易程度。

客观事实方面的问题应该放在前面，困难、敏感、复杂、枯燥的问题及主观方面的问题应放在靠后的位置，在调研对象开始认真参与之后，他们对这些问题的抵触较小。应该先封闭式问题，后开放式问题。开放式问题被调查者需要手写，既费时又费力，若安排在最前面，调研对象容易放弃回答。

(3)考虑问题之间的逻辑关系和相互影响。

调研者要考虑被调查者的思考习惯和思维逻辑，应将问题按时间顺序、性质或类别来排列。

例如，某绍兴酒文化交流会的一次辅助调研问卷，有一组问题的顺序是：

在诸多绍兴黄酒中，您最喜欢哪个品牌？

您最喜欢该品牌的原因是？

这两个问题显然是有逻辑顺序的，先回答第一个，再紧接着回答第二个。

同时，诸多问题中间的过渡和衔接要连贯和自然。比如，与同一主题相关的所有问题应当放在一起，避免大幅度的跳跃。

例如，有关中国武义温泉节的一份调研问卷，几个问题的排序如下：

1. 您知道中国武义有温泉节吗？

2. 您获知有关温泉节的途径是什么？

3. 您喜欢温泉节的什么项目？

4. 您会选择哪种旅游方式来武义温泉节？

5. 您希望武义温泉节在哪些方面需要做得更好？

6. 您希望武义温泉节应再举办一些什么活动？

上述6个问题的内容没有进行主题归类，前后顺序有所跳跃。问题1，2，4是有关如何获取温泉节的信息、如何参加温泉节的，可以归为一类；问题3，5是有关温泉节的项目活动的，可以归为一类；问题5是一个开放式问题，可以放在最后。因此，上述6个问题的顺序可以调整为：1—2—4—3—6—5。

例如，一份节事活动的调研问卷几个问题的顺序：

1. 您对本次活动是否满意？

2. 您对本次活动举办的环境满意吗？

3. 您对本次活动现场管理满意吗？

4. 您认为本次活动中最让您满意的是哪方面？

问题1是对活动总体满意度的评估，问题2,3是对具体项目的满意度评估，而问题4又是对具体项目的整体评价。这样的情况，一般可以从具体项目的整体评价开始，然后具体项目的评估，最后以总体活动的评估结束。因此，建议顺序为：4—2—3—1。

(四)设计问卷的外观

问卷的外观设计，对于吸引调研对象的注意和引起其重视有显著影响，这对于自填式问卷尤为重要。一份好的问卷不仅应该内容上层次清楚，有一定的逻辑性，同时外观也要美观、整齐、大方，让人看起来舒服，从而能提高调研对象的支持度和配合度。

1. 问卷的布局

问题的格式、间隔、位置、字体、颜色都会对调研结果产生显著的影响，因此需注意以下几个问题：

(1)问卷本身要有序号，这样便于对问卷的现场控制及编码和分析。应该注意的是，在邮寄问卷调查时，问卷的编号有可能使调研对象对匿名性产生怀疑，拒绝参与或提供不真实的答案。

(2)除了非常简短的问卷，一般问卷中的每个问题都要有序号。

(3)尽量对每个问题的答案都进行预编码。

(4)问卷中所有问题的选项排列方式要一致，所有序号类型要统一。

(5)每一问题和问题的备选答案应该放置在同一页面上，不要将问题和答案选项分开。如果分开，可以通过行间距设置等方式来调整页面。

(6)问卷的字体应该大而且清晰，页面的排版应相对宽松，不能显得拥挤，同时留足答题空间，不能让调研对象产生读题的视觉疲劳。

(7)问卷的背景颜色、文字颜色应不影响问卷的答复率。

2. 问卷纸张和印刷质量

问卷所使用的纸张应该质量上好、美观、专业，并易于书写，不宜使用过于光滑或厚重的纸张。质量上好易于书写的问卷，能突出调研项目的重要性，从而使调研对象更愿意认真配合。此外，问卷的印刷文字要清晰，裁切要合理。

3. 问卷的式样

普通问卷，一般题量以一张8K纸（或A4纸）为宜。较长的问卷应该采用小册子的形式，而不是简单地将多页问卷钉在一起，这样不仅美观，还易于携带、填写、回收和汇总。

（五）问卷定稿和实施

问卷的草稿完成后，一般要进行预先测试。对问卷中存在的错误解释、不连贯的地方等不完善之处进行修改，然后定稿并组织实地调研。

【实践操作】

（1）结合各小组在"会展策划"课程学习过程中所策划的会议活动，设计一份会议调研问卷（前期信息调研和后期评估调研均可）。

（2）结合本市所举办的某次博览会，设计一份适用于实地调研的问卷。

（3）结合校园某节事活动，设计一份调研问卷。

【注意事项】

（1）调研问卷的要素要齐全。标题、开头部分、问题部分、结束语等，都应该是完整的，并注意礼貌用语。

（2）调研问卷问题的设计，针对性要强，紧紧围绕调研目标，体现调研者所想获取的信息取向。

（3）调研问卷的问题数量一般不宜过多。整份问卷，以A4纸一页或A3纸一页为宜。

参考案例一

2011中国（成都）国际循环经济产业博览会参展商调查问卷

尊敬的参展商：

感谢贵公司参加本届循博会！为不断完善和提高循博会的组织质量和成效，将循博会打造成为国内乃至国际上最具影响力的行业盛会，成为满足企业参会意愿和有效促进企业发展的平台，特请贵公司参与问卷调查，希望得到您的支持。谢谢合作！

参展单位名称					
单位性质	□国有 □民营 □台港澳资 □外资 □集体				
填表人姓名		职务		联系电话	

1. 贵公司从事的专业领域

□污泥、污水处理 □固体废弃物处理 □低碳技术 □新能源技术 □资源综合利用 □环境监测与评估 □节能技术与产品 □清洁能源 □其他(请注明)________________

2. 您参加本届展会取得了哪些成效(可多选)

□达到了宣传效果 □签订了合同 金额______万元(包括意向合同)

□寻找到了合作伙伴 □了解行业新信息 □参加会议或论坛

□效果有限(请注明)________________

3. 您对本届循博会举办效果的评价

□非常成功 □成功 □基本成功 □不成功

4. 您认为展会的展品范围

□符合展会主题 □还应包括的内容(请注明)________________

5. 您参加本次展会获取信息的渠道(可多选)

□主办方邀请 □参展商邀请 □协会/商会邀请 □邀请券

□报纸/期刊 □网络搜索 □循博会网站 □其他展会现场

□电话/邮件/传真 □同行推荐 □其他(请注明)________________

6. 您对观众组织的满意度评价

□非常满意 □满意 □基本满意 □不满意(请注明原因__________)

7. 与同类型展会相比,本循博会是否符合您的需要

□非常符合 □符合 □基本符合 □不符合(更愿意参加______展会)

8. 您对本次参展的满意度评价

□很满意 □满意 □基本满意 □不满意(请注明具体原因)

____

9. 您认为成都循博会举办周期多少合适

□每两年举办一届 □每年举办一届 □建议(请注明)________________

10. 您认为举办成都循博会合理的时间是

□3—4月 □9—10月 □11月 □12月

11. 贵公司是否考虑参加下届循博会？

□考虑　　□待定　　□不考虑

12. 您对本届展会的服务满意度评价

□非常满意　□满意　□基本满意　□不满意(请注明原因)

____

13. 您认为本届展会有哪些特点和亮点：

____

14. 您对本届展会的意见和建议：

____

调查单位：2011 中国(成都)循环经济产业博览会组委会

调查时间：2011 年 11 月

(材料来源：根据杭州科技职业技术学院“会展调研”课程展会项目模拟调查问卷资料整理)

参考案例二

2013 千岛湖秀水节活动调查问卷

千岛碧水画中游！

千岛湖秀水节是一次旅游的盛会，更是一场运动的邀请。“以湖兴县，蝶变淳安”，两年一度的秀水节，将成为展示千岛湖秀水魅力，休闲活动的靓丽窗口，成为展示蝶变淳安新成果，品质生活新变化的重要平台。

欢迎您参加千岛湖秀水节。在此，诚恳邀请您完成这份问卷，为了千岛湖秀水节顺利地举办,感谢您的配合与支持!

千岛湖秀水节组委会

2013 年 7 月

基本信息:

1. 性别:□男　□女

2. 年龄:□30 岁以下　□30—39 岁　□ 40—49 岁

　□50—59 岁　□60—69 岁　□70 岁及以上

3. 受教育程度:□初中及以下　□高中　□专科　□本科及以上

4. 职业:________________

---

1. 您是否了解千岛湖秀水节活动?

A. 非常了解　B. 了解　C. 基本了解　D. 不了解

2. 这是您第几次参加秀水节?

A. 第一次　B. 第二次　C. 第三次　D. 第四次及以上

3. 您对历届秀水节举办的活动满意吗?

A 非常满意　B. 满意　C. 基本满意　D. 不满意

4. 您觉得千岛湖是否有举办秀水节的必要?

A. 非常必要　B. 必要　C. 基本必要　D. 完全没有必要

5. 您觉得举办本次千岛湖秀水节是否加快了千岛湖的经济发展和带动了旅游风尚?

A. 完全是　B. 是　C. 基本是　D. 不是

6. 您是通过什么途径知道秀水节这个活动的?(可多选)

A. 报纸、电视、网络、杂志等媒体广告

B. 纸质宣传资料

C. 主办方邀请

D. 其他 ____________

7. 您平时一般参加什么类型的活动?

A. 节事活动　B. 展览展会

C. 都参加　D. 都不参加

8. 您认为秀水节哪方面还需改善?

A. 交通　　　　B. 住宿　　　　C. 宣传　　　　D. 其他 ________

9. 您对秀水节中举办的哪些活动比较感兴趣？（可多选）

A. 哈雷摩托会　　　　B. 房车露营

C. 自驾旅游　　　　D. 激情漂流

E. 国际游艇展　　　　F. 高尔夫球赛

G. 有机鱼文化节　　　　H. 其他 ____________

10. 您对本届千岛湖秀水节活动的意见和建议：

____

____

____

____

____

再次感谢您的支持和配合！

（材料来源：根据杭州科技职业技术学院“会展调研”课程节事活动项目模拟调查问卷资料整理）

项目三 会展调研的组织实施

学习目标

【知识目标】

◆ 了解调研人员的责任和督导员的职责

◆ 熟悉会展调研活动组织实施的各环节工作过程

◆ 理解实地调研的各项前期准备工作要求，组织实施过程的保障因素，以及实地调研评估要素

◆ 掌握实地调研的访谈技巧、提问技巧以及完成问卷发放回收的技巧

【技能目标】

◆ 能够结合实际会展活动，根据调研的主要目标，制订具有科学性、可操作性的实地调研方案

◆ 能够实施有效的实地会展调研活动，并保障调研活动各个环节的组织实施

◆ 训练实地调研过程中与人有效沟通的技巧，提升调研人的综合素质和访谈有效性

【训练路径】

◆ 以真实会展活动为载体，设计实地调研方案，确定实地调研计划
◆ 根据调研目标，以真实会展活动现场为平台，开展实地调研活动
◆ 以小组为单位，展示实地调研的成果，交流实地调研的体会

模块一　实地调研前的准备工作

【工作任务】

在教师的统一组织和安排下，以小组为单位（小组人数根据调研活动实际需要而定），针对某一真实会展活动（会议或展览活动），为即将开展的实地调研制订一份调研方案，并做好各项前期准备工作。

【理论指导】

做好充分的前期准备，才可以为实地调研的有序开展提供保障。会展活动实地调研的前期准备工作，可以分为硬件准备和软件准备两大部分。硬件准备，主要是指一些看得见摸得着的材料、工具等准备。软件准备，主要是调研人员的准备。具体如下：

一、制订实地调研方案

实地调研方案，是指在具体的会展活动调研项目执行之前，调研者所制订的控制和保证项目有效进行的工作文件。实地调研前的各项准备、实地调研的现场执行与管理、实地调研的后续工作，都应该纳入该计划。计划的严谨性、明确性、可操作性，直接影响着实地调研的效果。

实地调研方案根据调研项目的规模、类型和复杂程度，可长可短，一般包括以下几方面的内容：

（1）调研的目的和要求。要尽可能明确、具体，使有关人员能够准确理解并按计划的要求开展各项工作。

（2）调研的人员安排和分工。要根据项目的规模、类型和复杂程度，安排

合适的项目负责人、督导和调查员,人员分工界定必须清晰和明确,分工合理。

(3)调研的进度安排。进度安排要切实可行。如果是为期一天的调研,要明确不同时段的不同任务;如果是涉及连续好几天的调研,则要明确每天的调研内容及调研重点。

(4)调研活动的经费预算。预算必须合理,并且尽可能节约。项目预算一般包括以下内容:①调研问卷等材料和工具的费用。②调研者各类补贴费用,包括劳务费、交通费、通讯费、餐费等项目。③礼品费用,根据调研项目的实际情况,可以为调研对象提供一些小礼品,以表谢意。

二、材料及设施的前期准备

实地调研前做好材料及设施的前期准备工作十分重要,一般包括材料准备、相关物品准备和场地准备。

(一)材料准备

通常指需要事先打印或印刷好的材料和所需工具。主要包括以下几种:

(1)问卷。在问卷印刷前需要重新确认问卷准确性,包括字体的清晰度、页码顺序等。一般情况下,问卷的大小采用 A4 纸,进行双面印刷,并且印刷问卷的数量要比实际的样本量多出 10%—20%,以做扩大样本及备用。为方便调研者使用,条件允许时可以用不同颜色的纸张区别问卷的不同部分。

(2)调研工作指南。任何调研者都不可能记住培训会上的所有内容,所以提供一个调研指南会对整个实施操作过程起到提醒和指导的作用。指南的内容可以包括调研背景、抽样方法、问卷结构、每道问题的详细解释、相关表格的填写、交递问卷时间等。

(3)相关表格。运用表格详细记录实施各环节的相关指标,不但可以随时了解和控制质量,还能在事后作为参考进行查阅。可以根据不同的项目设计不同的表格,如培训出席情况表、调研人员电话联系表、调研小组任务分工表、项目安排表、问卷收发表、项目进度表、陪访记录表、复核记录表、复核报告表等。

(4)证件、介绍信等证明文件。调研人员的身份证及调研单位的介绍信是调研者在实地调研过程中必不可少的证明材料,它可以帮助调研者向调研对象证明身份,树立调研工作的诚信与信心。

(二)物品准备

物品准备指的是准备好现场执行用的各种物品。包括以下几个方面：

(1)礼品。礼品通常是在调研结束后，为表示对调研对象的感谢而准备的。一般会根据调研时间的长短或复杂程度不同，准备不同价值的礼品。同时，也要注意根据调研对象或调研内容的不同准备不同种类的产品，如访问对象是男士就要准备男士喜欢的礼品。总之，礼品应是实用并且是消费者普遍乐于接受的。另外，为方便访问员的携带，切忌购买易碎或体积相对较大的礼品。此外，礼品也不是所有调研活动都要准备的，要根据调研单位的实际财力而定，有的调研活动可以不提供礼品。

(2)相关测试用品。有些研究项目如概念测试、包装测试、口味测试和产品留置等需要用到相关的测试用品，在项目开始前要提前做好这些用品的准备工作。特别要注意的是为避免用错产品，要与客户及时核对产品名称、型号以及数量；进行食物测试时，更要请客户提供关于此产品的卫生检疫证明及有效的食用日期，以免出现问题。

(3)调研工作使用工具。为方便调研，在项目开始之前督导要提醒访问员自己准备好以下用品：笔(记录用)、访问夹(方便记录)、手表(记录时间)、大手提袋(装问卷及礼品)、电筒(防楼道无灯或天黑)、零钱等。

(三)场地准备及安排

在实施操作过程中，经常用到的场地是培训场地、座谈交流场地。培训场地是在实地调研前对调研人员进行培训所用，该场地主要由调研单位提供；座谈交流场地是在调研过程中，调研人员和被调研者谈论、交流所用，该场地往往需会展活动的组织方提供。

场地准备的同时，也不能忽视场地内必要设施的准备，比如白板和白板笔、圆桌或长桌及配套椅子、投影机及配套胶片、需用到的问卷或相关资料、签到表及领用资料登记表等。场地布置应简洁、明快并保证安静不受干扰。

调研组织方，还应该在调研前对实地进行考察，便于调研的执行和组织。比如，在“2013中国(杭州)健康生活文化节”的调研活动中，由于总体场地较为局促，调研组织者根据展会现场、论坛现场的实际情况，分小组、分区域进行调研，保证了调研工作的有序开展。

三、调研人员的岗前培训

调研人员的个人素质、沟通能力、对调研项目的熟悉程度、调研的态度、对调研结果的期望值等，都会影响调研的效率和质量。每位调研人员都应该具备良好的个人素质，包括诚实、有责任心、吃苦耐劳、耐心细致等，此外，还要具备胜任特定工作必须具备的能力。例如，专题组座谈的主持人除了要达到上述要求外，必须具备很强的表达能力、组织协调能力，还要比较风趣幽默，能够调节座谈的氛围，避免冷场和个别人主导座谈。

在实地调研前，对所有调研人员要组织岗前培训。培训阶段是一个项目实施的重要阶段，它关系到调研人员是否能按照正确的要求及理解去收集该项目的资料。岗前培训主要包括以下方面。

(一)调研项目培训

调研项目培训的目的在于让调研人员了解项目的有关要求和正确的操作方式，使所有调研人员都能按规范的要求和程序进行调研，保证调研结果的准确性和一致性。

项目培训的内容主要包括调研者需要了解、熟悉的调研项目的背景材料和知识。每个调研项目，都有其各自所涉及的行业背景，以及开展该会展活动的背景。在实地调研前做好充分的培训，有利于调研活动的有效开展。例如，在“2013 中国(杭州)健康生活文化节”的调研活动中，对所有调研人员培训的背景知识包括：

第一，了解历届“健康文化节”相关会展活动的举办和组织情况；

第二，学习本届“健康文化节”实施方案，了解各项会展活动的安排情况；

第三，针对“健康文化节”相关的论坛活动和主题展会活动，了解“健康生活”“健康产品”“亚健康”“治未病”等专业概念；

第四，了解参加展会的参展商情况和预期观众情况，了解论坛的特邀嘉宾、发言嘉宾、听众等基本情况；

第五，了解会展活动主办方、组织方基本信息和准备情况。

又如，在“2013 千岛湖秀水节”调研活动中，对所有调研人员培训的背景知识包括：

第一，“千岛湖秀水节”的由来，以及历届举办情况；

第二，“千岛湖秀水节”的主办方、组织方等基本信息和准备情况；

第三，本届“千岛湖秀水节”各项活动安排，包括时间、地点、参与活动的对象等；

第四，了解“千岛湖秀水节”对拉动千岛湖旅游、餐饮、住宿等各方面经济效益的作用和意义；

第五，了解老百姓对“千岛湖秀水节”的期望值等。

(二)调研知识培训

该部分内容的培训，主要针对调研项目的具体情况，再次明确几个方面的问题，包括：调研的目的是否已经明确，调研方法是否已经确定，调研小组的组员分工是否合理等。同时，对所有调研人员进行如何发放问卷、如何指导调研对象填写问卷、如何收回问卷等实际操作事项的指导。另外，还要重视以下调研知识的培训。

(1)调研人员要注意仪表端正、穿着整洁、用语得体、口齿伶俐、态度谦和，给人以亲切感。

(2)调研人员要主动介绍自己，并有礼貌地称呼调研对象。适当的称呼会使对方感到亲切。此外，要考虑访问对象的民族习惯和生活习惯，争取最短时间得到调研对象的信任和合作。

(3)适时地示意礼品。示意礼品，但切不可过分渲染礼品，使人觉得有占小便宜的感觉。

(4)活跃气氛。成功的调研需要在一种轻松、愉快、友好的气氛中进行，调研人员必须努力营造这种气氛。可以就调研对象的优点、特长、爱好等方面，找一些双方熟悉的，或者感兴趣的话题进行交流，使对方感到与你有共同语言，以此来活跃气氛。

(5)问卷内容的讲解。向调研对象解释每一个问题的含义以及问题之间的逻辑关系，使所有调研对象按照统一和正确的理解进行访问。此部分内容非常重要，是项目培训的关键所在，可以从以下几个方面入手。

一是问卷整体结构。概括每部分的内容，使访问员有一个大致的了解。

二是题目的讲解。重点讲解那些容易引起不同理解的问题，澄清可能存在的歧义，统一某些关键特例的处理办法。

三是逻辑关系。对前后相关联的问题，讲清其逻辑关系。

四是项目工具的使用。对于需要用卡片和实物的调查，要向访问员介绍这些调查工具的使用方法，例如简单介绍示卡、照片等访问工具的构成。

五是及时总结。问卷的每个部分结束后，明确本部分的逻辑关系和操作难点，并解答疑问；整份问卷完成后，对问卷的要点、难点、歧义点进行总结和归纳。

(6)问卷的代填。有些调研对象，让其亲自填写问卷，会流露出不耐烦的态度，但又不是绝对的不配合。为了争取到这些调研对象，调研人员可以采取口述的形式，将问卷中的问题一一讲解，根据调研对象的回答情况，代为填写问卷。如果调研对象是学前儿童，因为他们不太会书写，也适宜采取此类方式。

(三)调研技巧培训

调研技巧多种多样，不同的调研人员，面对不同的调研对象和不同的调研项目，会采用不同的调研技巧。一次成功的调研，调研者的态度和情绪，礼貌用语，调研过程的指导，与调研对象的沟通技巧，语言表达等，都是培训要素。

由于属于一种“软能力”的培训，调研组织者可以在调研之前，采用情景模拟的方式，对调研人员进行培训与点评、讲解。在情景模拟过程中，重点点评以下项目：

第一，礼貌用语是否得当；

第二，与调研对象的沟通是否顺畅；

第三，如何面对被拒绝；

第四，如何提高调研的成功率。

(四)再培训

再培训环节，适用于调研时间相对比较长的调研活动，或者安排了试调研环节的调研活动。再培训的主要目的是及时总结经验，及时交流，以避免后续的调研活动中其他调研人员出现同样的错误，同时也可以相互交流调研的经验，使得后续调研能够顺利开展，效率更高。

(五)调研心理培训

调研成果并不是在第一时间就能体现的，在调研过程中，也难免出现这样那样的状况而影响了调研效率，尤其面对无数次地被拒绝、不配合状况，我们的调研人员需要具备一定的抗压、抗挫能力。因此，在岗前培训中，必要的心理培训也是不可少的。

四、实地调研遵循的原则

为了保证实地调研的数据质量，实地调研需要遵循以下原则。

(一)真实性原则

通过实地调研收集的数据应该是真实有效的，否则对于决策将没有价值，甚至可能误导决策者。

(二)统筹性原则

数据收集是一项复杂的系统工程，涉及调研各方人员实地调研工作的各个环节，工作进度和质量受许多因素影响。因此，必须统筹计划和组织实地调研工作。

(三)经济性原则

实地调研环节在整个调研与分析支出中占相当的比例，因此要想方设法以尽可能低的成本获得需要的数据。同时，要在控制成本和保证数据质量之间保持一个适当的平衡。

(四)时效性原则

实地调研要迅速及时，保证数据的时效性。

【实践操作】

为了能够使实地调研活动顺利进行，根据本项目学习的工作任务，制订可操作的实地调研实施方案，做好前期各项准备工作，包括人员培训工作。具体如下：

(1)以小组为单位，制订实地调研实施方案一份。

(2)做好实地调研的前期准备工作，主要包括物品的准备、文件的准备、场地的准备等。

(3)组织好人员培训，通常包括实地调研项目培训、模拟访谈培训、再培训等环节。

【注意事项】

(1)实地调研前期准备工作要充分，考虑要周全。

(2)实地调研前的人员培训要到位，若条件允许，可以到实地进行一次培训和预演。

(3)对调研人员应该进行一定的抗压耐挫训练，使其能正确对待调研过程中的“被拒”，提高调研人员的心理素质，以及处理“被拒”的能力。

参考案例

2013中国(杭州)健康保健产业博览会实地调研方案

一、调研的背景和目的

随着社会经济的迅速发展，市民的生活品质意识与健康意识也不断增强。为了推进杭州市生活品质之城的建设，提高百姓生活品质，促进健康产品行业的品牌化发展，杭州将举办2013中国(杭州)健康生活文化节暨中国(杭州)健康保健产业博览会。

为了全面了解博览会的各方面情况，以及杭州市民对自身健康的关心程度和健康生活意识，我们小组利用周末时间，前往杭州海外海国际会展中心进行实地调研。

二、调研内容

根据调研目标，我们确定本次调研的内容根据调研对象而定。调研对象的目标人群分为参展商调研和观众调研。

(一)参展商调研

1.参展商了解本次展会的渠道。

2.参展商参展的成本。

3.参展商参展的目标。

4.参展商对展会主题的了解。

5.参展商对展会的期望。

6.参展商对展会的评价。

(二)观众调研

1.观众了解展会的渠道。

2.普通观众参加展会的主要目的。

3.专业观众参加展会的主要目的。

4.观众对展会的期望、评价。

5.杭城市民对自身健康的关心程度。

6.杭城市民的健康生活意识。

三、调研时间

调研时间为2013年3月16—17日。

四、调研地点

调研地点为杭州海外海国际会展中心。

五、调研方法

1. 调研对象：参加此次展会的观众和参展商。

2. 调研方式：实地问卷调研、访谈。

3. 调研工具：自编调研问卷。

六、调研计划及安排

（一）准备阶段（3月5—15日）

1. 与指导老师进行咨询沟通，确定调研主题。

2. 小组内部进行工作分工，确定具体任务。

3. 收集展会相关资料和信息，撰写调研方案。

4. 设计调研问卷及访谈提纲。

5. 实地调研准备（材料、问卷准备及调研人员培训等）。

（二）实施阶段（3月16—17日）

1. 对专业观众进行问卷调研。

2. 对普通观众进行问卷调研。

3. 对参展商进行问卷调研和访谈。

4. 对主办方或承办方领导进行访谈。

七、调研要求

1. 调研内容要真实、准确，不可造假。

2. 调研样本尽可能多。

八、组织与人员分工

1. 小组成员：程琳（组长）、丁佳慧、楼望望、汪霞、嵇梦圆。

2. 任务分配：

（1）制订总体方案：程琳。

（2）资料收集：汪霞、嵇梦圆、丁佳慧。

（3）问卷设计：丁佳慧、程琳。

（4）问卷打印：楼望望。

（5）问卷发放与回收：丁佳慧、程琳（16日）、汪霞、嵇梦圆（17日）。

(6)调查资料的统计：全体人员。

九、经费预算

项　目	单　价	数　量	总　价
调研问卷打印	0.5 元	600 份	300 元
车　费	20 元	92 人	1840 元
餐　费	10 元	92 人	920 元
总　计			3060 元

十、调研问卷(附)

(材料来源：杭州科技职业技术学院“会展调研”课程工学结合调研项目——“2013 年中国(杭州)健康保健产业博览会实地调研方案”整理资料)

模块二　实地调研的实施

【工作任务】

在教师的统一组织下，在完成项目一的工作任务之后，结合全真会展活动项目，开展实地调研活动。

【理论指导】

在会展调研活动中，只有通过严谨、规范、高效的现场执行，才能保证按调研项目的要求获得及时、准确和有用的数据，保证达到预期的调研目的。

做好了实地调研前的准备工作之后，就可以实施正式调研了。其工作过程主要包括：现场执行、复核和总结评估。

一、现场执行

现场执行阶段要重点做好三方面工作：现场指导、问卷管理和进度控制。

(一)现场指导

安排现场指导的目的是确保调研人员严格按照项目的要求保质保量地完成工作。聘用有责任心、经验丰富的指导人员，并有效地调动其积极性，是现场指导工作能否有效开展的关键。现场指导工作一般可以从抽样控制、实地监控和作弊行为控制三方面入手。

1. 抽样控制

其目的是确保调研人员严格按照抽样计划进行调查，而不是随便选取样本。对于进度过慢和过快的调研人员，也要给予格外的关注，及时发现原因并给予必要的帮助和指导。

2. 实地监控

指导人员需要检查现场调研过程是否按规范的要求进行，及时发现问题并加以解决。调研指导人员也应该积极参与到现场的调研过程之中，从而积累项目管理控制的经验，寻找更加合理的控制项目的方法。

3. 作弊行为控制

通过明确的奖惩措施、现场指导和复核，及时发现、纠正作弊行为。最常见的作弊行为是篡改或伪造答案，使不完整或不合格问卷成为合格问卷，或者未按项目的要求抽样或选择补充样本，或者用不合格的调查对象冒充合格对象，甚至虚构整个问卷。

在某次展览会的实地调研活动中，督导员发现调研小组为了增加展会调研问卷的样本数，有成员将自己也作为观众对象，填写了调研问卷。督导员当场对他们进行了批评教育，非常严肃地指出，调研问卷是为了了解真实的情况，而不是为了好看的数据，调研人员必须要有实事求是的态度，否则，调研结果就会出现水分。督导员立即要求调研成员把自己填写的十几份问卷撤掉，继续做好展会观众的调查。

(二)问卷管理

有效的问卷管理对于控制现场执行的进度、及时发现和解决执行中的问题、保证数据质量具有重要作用，问卷管理工作主要包括：

1. 问卷的发放与回收

为保证问卷的质量，在问卷发放和回收时，需要掌握好问卷完成时间和发放问卷数量的尺度，既要保证正常的进度，又要防止因要求过高、工作量过大而影响问卷质量。

(1)时间控制。

在安排问卷调研时，要有明确的时间要求，即需要在哪个时间段完成问卷以及具体的交卷、发卷时间。如果项目有样本在时间分配上的要求，也要向访问员明确说明。另外，指导人员安排问卷发放、回收的时间应固定在某一时间段，这样有利于培养访问员准时交卷的习惯，也便于对问卷进行及时的审核。对于时间短、任务急的项目，可以安排每天进行问卷的发放、回收，这样有利于督导及时掌握进度和配额。

(2)数量控制。

数量控制需兼顾两方面要求，一是调研人员实际能力及其在有效工作时间内能否完成发放的数量，超负荷要求极易导致作弊；二是每一位调研人员的完成量应尽量平均，减少因某个访问员访问数量太多，其操作习惯会影响到数据的客观性。

对于一个调研人员而言，问卷发放的数量控制基本应遵循“少、多、少”的比例，即项目初期应分配较少的问卷；中期可分配较多的问卷；后期由于涉及一些查漏补缺的工作，应相应减少问卷。

2. 调研问卷审核

调研问卷的审核主要是检查收回的问卷是否符合项目的要求。主要内容包括字迹是否清楚、被访者是否符合要求、有无漏问和逻辑错误、答案是否合理、追问是否完全等。审核的方法主要包括以下两种。

(1)调研人员自审。调研人员完成调研后，首先要当场审阅整份问卷，检查有无漏问，必要时应及时补问。回去后要细审、整理问卷，在填写清楚问题后方可上交。

(2)指导人员审核。调研人员交问卷时，指导人员应当场审核问卷，主要是针对甄别条件、问卷是否填写完整，以及题目间的逻辑关系和地址的使用情况等。问卷回收后，再把每个调研人员的问卷集中进行全面细审，审核问卷中每道题回答的情况，以及问题之间的逻辑关系。数量较大时，也可以采取交叉互审的方式。

审核结束，对出现问题的问卷可以采用如下的方法进行处理。

(1)问题属于可以补救的，如漏问、答案不全等，退给访问员重新补问。

(2)问题属于无法补救的，如问题有前后顺序的要求、配额错等，则整个问卷作废。

(三)进度控制

现场执行的进度要做到有计划、平稳地进行。一方面要遵循调研人员熟悉调研需要一个渐进过程的规律，另一方面也要保证收集的数据可以反映每个时段的真实调研信息。因此，调研的实施过程需要一个进度控制。

一般而言，在一个项目的实施周期中，进度的控制应遵循慢、快、慢的节奏。通常可以分为三个时间段。

(1)项目开展初期，调研人员需要熟悉问卷，掌握调研技巧，所以进度可以适当放慢，一般完成30%的调研量。

(2)项目开展中期，调研人员已经比较熟悉问卷，也掌握了一定的调研技巧，进度可以适当加快，可以完成40%—50%的调研量。

(3)项目开展后期，可能会涉及调整、补做问卷，统计数据等工作，调研量相对少，控制在20%—30%。

二、复核

为了保证问卷调研的数量和质量，需要抽取一部分完成的问卷进行复核。复核比例通常在10%—20%。复核内容包括：

(1)调研完成情况复核。询问调研对象是否确实接受过调研，调研的时间、长度，调研对象对调研者的反映，以及基本信息是否正确。目的是核实调研人员是否按要求完成了调研，以及调研对象是否符合要求。

(2)重点问题复核。问卷的重点问题重新询问，检查答案是否一致，判断完成问卷的可信度。

复核可以采取电话复核和实地复核相结合的方式。复核时注意要让调研对象感到是为了确保资料的准确，而不是考核调研人员的工作。复核时也要注意技巧，旁敲侧击，有针对性。要保留复核的原始记录。

三、总结与评估

现场调研工作完成之后，要及时进行总结和评估，为执行过程保留完整的记录，也为今后工作的改进打下良好的基础。要注意养成及时完成书面执行总结的良好习惯。评估内容包括工作流程、调研人员和执行质量三大方面。

(1)工作流程评估。主要包括工作流程是否合理，人员配备是否恰当，分工和要求是否明确，现场指导是否到位，复核是否充分有效。要注意分析问题并提出改进建议。

(2)调研人员评估。评估标准通常包括工作态度、工作效率和调研质量。

(3)执行质量评估。评估标准主要包括访问员的工作效率和调研质量。

①调研人员的工作效率。包括调研成功率和每天完成的问卷数量。

②调研质量。调研质量的评估除了直接观察调研过程，考察调研人员是否按规范的要求进行访问外，主要依赖问卷复核的结果。

总结评估可以用交流、讨论、点评的形式进行，也可以用书面总结材料的方式进行。

【实践操作】

结合实际会展活动项目，在教师的统一组织下，开展实地调研活动。

(1)以小组为单位，分工合作，有序进行。

(2)教师及各小组组长，做好实地调研活动全过程的督导、协调工作。

(3)积极寻求会展活动主办方或承办方的支持与帮助，有效保障调研活动的顺利开展。

(4)记录调研过程的成功与失败案例，以及点滴感想，及时总结，有效改进，提高调研成果的价值。

【注意事项】

为了保证实地调研的质量，确保及时取得准确、可靠的数据资料，在实地调研过程中，应注意以下事项。

(1)调研人员在现场执行过程中应该遵守起码的职业道德。应该尽量使调研对象感到舒适，并在自愿的基础上参与调研；要尊重调研对象拒绝回答敏感问题甚至终止调研的权利，不要过分勉强；要尊重调研对象的隐私和感受，给调研对象留下良好的印象，以方便以后调研活动的开展；在任何情况下不得以调研的名义进行推销活动。

(2)对委托方负责。现场工作的执行方应按照规范的程序操作，并向委托方如实报告执行情况；要采取有效措施预防和制止调研中的作弊行为；要严格遵守与委托方达成的保密协议。

项目四

问卷数据的预处理

学习目标

【知识目标】

- ◆ 理解对问卷数据进行预处理的意义
- ◆ 了解 SPSS 软件的工作性能

【技能目标】

- ◆ 学会运用 SPSS 软件进行缺失值的问卷处理
- ◆ 能够运用 SPSS 软件进行编码和录入

【训练路径】

- ◆ 对实地调研回收的问卷进行审核和筛选,剔除无效问卷或者空白问卷
- ◆ 尝试安装 SPSS 软件
- ◆ 对问卷的单选、多选,以及开放题目进行编码
- ◆ 用 SPSS 软件进行调研问卷的材料录入

会展调研的问卷回收之后有关此次会展的数据分析过程就开始了。一般而言,问卷数据分析的过程通常包括渐进的两个大的部分,即问卷数据的预处

理和数据分析过程。其中数据的预处理部分包括问卷数据的审核与检查，以及数据的编码和录入两部分。

调研者通过收集调研早期发放的问卷得到的数据称为原始数据。原始数据是后续数据分析的源泉，因此十分重要。调研者在调研过程中应对数据予以保护，防止毁坏和遗失。在正式开始分析调研数据之前，调研者需要对收集到的问卷上的数据进行审核和检查，只有在剔除不合格的问卷之后才能够进行下一步的数据编码和录入工作。

模块一　调研数据的审核和检查

【工作任务】

(1)进行一次实地问卷调研，并对回收问卷进行审核和筛选，剔除无效或者空白问卷。

(2)安装 SPSS 软件，并对照章节内容了解 SPSS 软件的数据视图和变量视图，也可以上网搜索有关 SPSS 软件的介绍并尝试操作。

【理论指导】

一、问卷的剔除和数据的校对

经历过实地调研的研究者会发现，回收的调研问卷作答情况通常都是参差不齐的。基本上每次调研都会遭遇调研对象不填、漏填或者错填问卷的情况，甚至少数调研对象会交“白卷”。这可能与调研对象的自身素质、对待调研的态度，以及调研者自身的调研经验和水平有关。因此，实地调研后回收问卷得到的原始数据通常也是良莠不齐的。所以，在正式进行数据分析之前，调研者需要先对回收的问卷进行审核和检查，对其中某些不合理的问卷进行剔除。需要剔除的问卷一般有如下特点。

(1)收集的问卷填写不完整或者缺页。当某份问卷中有许多题目没有得到回答或者缺页时，应该将此份问卷舍弃。

(2)调研对象没有认真或如实地答题。比如，调研对象填答问卷的态度非常马虎，所答题项中有多处前后矛盾；或者由于调研对象的保守心理很强，对于问卷的人口统计学部分的题目如收入、职业、受教育程度等不予回答或故意错答。如果使用了这些未经认真或如实地填答的数据就会造成调研可信度下降，使得调研结果出现异常。针对此种情况，许多调研者通过在问卷中放置一些测谎题项来检测调研对象填答问卷时是否认真。不能通过测谎题目的调研问卷一般予以摒弃。当然如果条件允许，调研者可以通过电话追访或其他形式对上述异常情况进行核实和更正。但是考虑到时效性等问题，通常对此类问卷做剔除处理。

需要注意的是，不论一项调研得到的结论具有怎样重大的科学意义和实用意义，其根本都是建立在调研者自身过硬的科研素养和道德基础上的。如果调研者能够在调研过程中遵守学术道德，对调研过程不进行曲意引导，不对调研数据进行任何篡改，那么其调研结果就是有效的。相反，若调研者不遵守科研规范和学术道德，对原始数据随意删除和篡改，那么不论最后得到的调研结果多么美妙，都是水中月、雾中花。另外，有些调研者因为时间和精力所限，不能亲自实施调研，因而会委托第三方商业机构或者其他人员执行调研过程。国外的经验表明，商业机构的职业调研员说谎很普遍，甚至有的调研员会自己填写问卷；而其他人员因为不了解调研的详细步骤，经常会因为失去耐心而粗暴地进行调研。因此对于通过第三方商业机构或其他人员回收得到的原始数据应该审慎对待，逐份审核和校对，对不清楚或者违背逻辑的答案应该通过电话等工具进行回访确认，出现无法确认的问题数据，应坚决摈弃相关问卷。

二、含有少量缺失值问卷的处理方法

对原始数据的初步检查和问卷剔除之后，通常需要调研者对剩余的问卷进行进一步的精细检查。此次检查主要针对初步检查中漏掉的含少量缺失值的问卷。上一部分已经说明，对于含有大量缺失值的问卷应该予以剔除。但在实际调研中调研者经常会遇到某些问卷仅含有少量未答题项。对于此类问卷，如果还是通过直接删除的手段处理，未免有些粗暴和可惜。下面给出两种处理的方法。

(1)根据前后关联题项的答案逻辑给出正确的值。比如，某项调研中询问调研对象“是否参加了医疗保险”，答案是“是”。但是后面的一个多选题询问调研对象“参加过以下哪些保险项目?”该调研对象没有选择“医疗保险”这一选项。根据前后逻辑关系,显然调研对象是漏选了该选项,调研者在核查的时候应当补上该选项值。

(2)通过 SPSS 软件的缺失值处理功能对缺失的题项进行赋值。如果使用 SPSS 软件进行数据分析,对于缺失数据一般保留空白,系统缺省条件下默认为缺失值。对于缺失值的处理一般分两种情况,一种是在数据分析的时候排除包含缺失值的个案。另一种是使用数学方法对缺失值进行赋值。在 SPSS 软件的“转换”菜单下“替换缺失值”列出了五种替换的方法,分别为:①序列均值:以缺失值所在列(变量)的算术平均数替代缺失值。②邻近点的均值:以缺失值邻近点的算术平均数替代缺失值。③邻近点的中位数:以缺失值邻近点的中位数替代缺失值。④线性内插值:以缺失值前后两个观察值的线性内插法估计的值进行替代。⑤点的线性回归趋势:用线性回归的方法对缺失值进行替代。

【实践操作】

SPSS 软件简介。

1968 年,美国斯坦福大学的三位学生开发了最早的 SPSS 系统,并基于这一系统于 1975 年在芝加哥合伙成立了 SPSS 公司。经过 40 多年发展,SPSS 软件已经是世界上公认的三大数据分析软件之一(SAS、SPSS 和 SYSTAT)。最初 SPSS 软件全称为“社会科学统计软件包”(Statistical Package for the Social Sciences),但是,随着 SPSS 产品服务领域的扩大和服务深度的增加,SPSS公司于 2000 年正式将英文全称更改为“统计产品与服务解决方案”(Statistical Product and Service Solutions)。17.0 版之后为多国语言版,支持简体中文的界面。

SPSS 软件的窗口包含两种视图,即数据视图和变量视图,图 4-1 和图 4-2 分别是这两种视图的示例。数据视图中一个列对应一个变量,即每一列代表一个变量(Variable)。问卷上的每一项目(题目)就是一个变量。行是观测,即每一行代表一个个体、一个观测、一个样品,在 SPSS 中称为案例(Case)。问卷的每个调查对象就是一个案例。因此,在将问卷数据输入 SPSS 数据窗口的时候,谨记每份问卷占据一行,每个题目占据该行中的一个单元格。

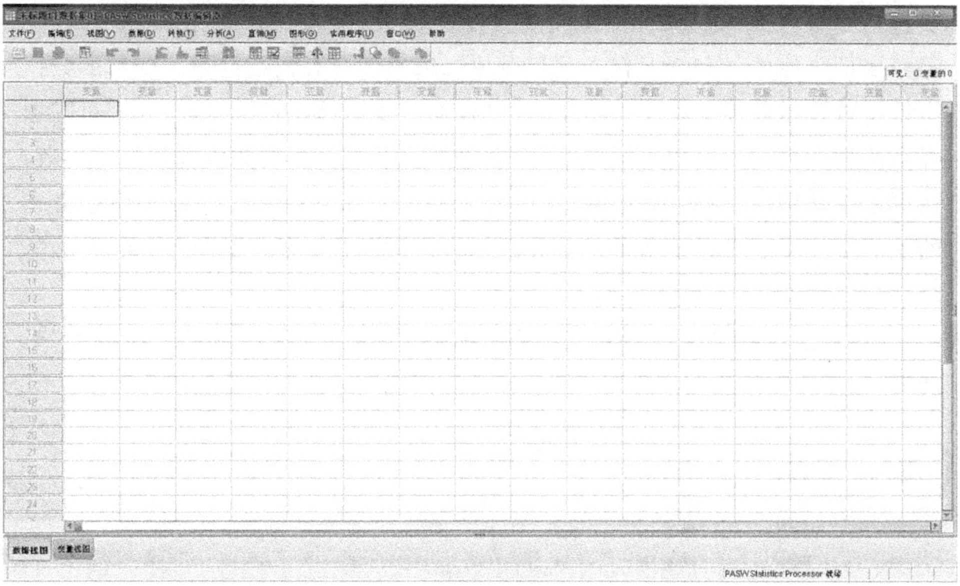

图 4-1　SPSS 数据视图示例

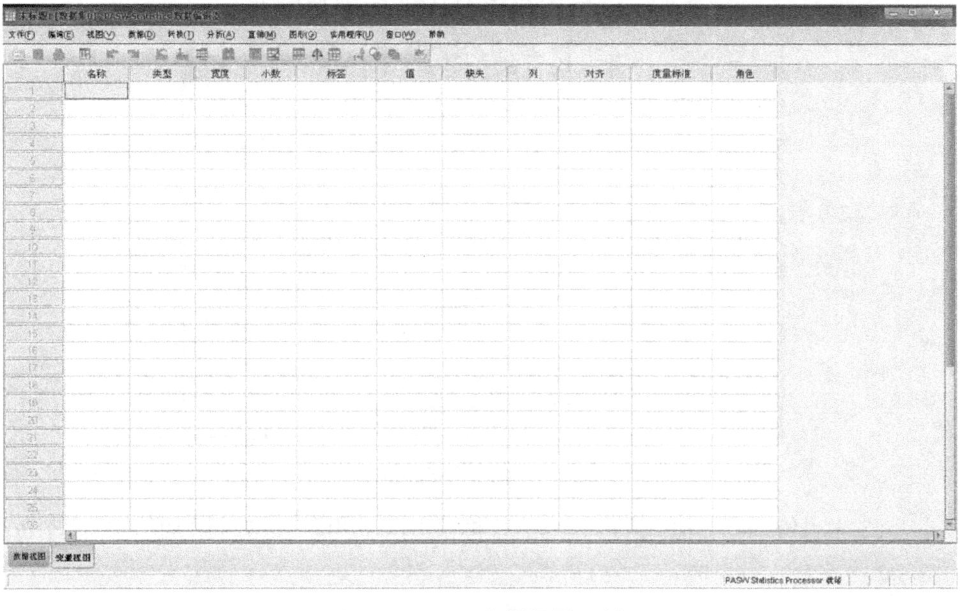

图 4-2　SPSS 变量视图示例

变量视图中的每一行代表一个变量（题目），每一列代表变量属性。数据分析之前需要根据实际情况对每个变量的属性进行合适的定义。变量属性主要包括变量名称、变量数据类型、变量小数位数、变量值标签定义、度量标准等。变量名称的命名情况在本项目模块二编码部分有详细论述。变量的数据类型主要包括数值型和字符串型，可以根据需要选择，一般的数据处理过程选择数值型即可。变量的小数位数，顾名思义就是指变量的数值包含几位小数，这可以手动调节，一般的问卷数据处理选择两位小数就够了。变量值定义指的是对变量中的具体数值进行定义，比如，将“性别”变量中的“1”定义为“男”，“2”定义为“女”。具体过程如下：

(1)点击“性别”这一行的“值”方框右侧，如图 4-3 所示，弹出“值标签”对话框，如图 4-4 所示。

名称	类型	宽度	小数	标签	值
case	数值(N)	11	0		无
语文	数值(N)	11	0		无
数学	数值(N)	11	0		无
英语	数值(N)	11	0		无
性别	数值(N)	8	2		无 ...

图 4-3　点击“性别”这一行的“值”方框右侧

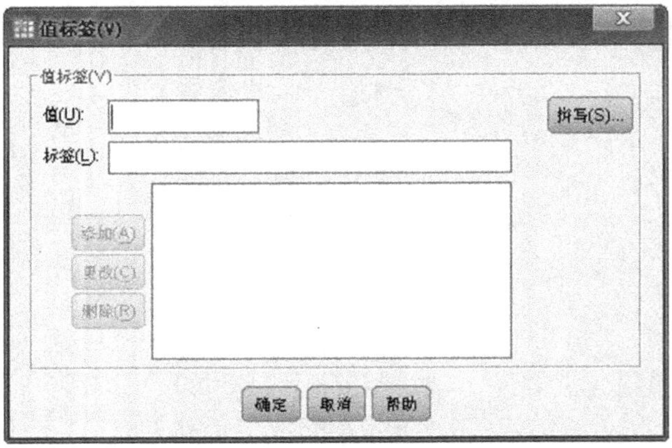

图 4-4　值标签对话框

(2)在“值”框中输入“1”，“标签”框中输入“男”，点击“添加”，如图 4-5 所示。

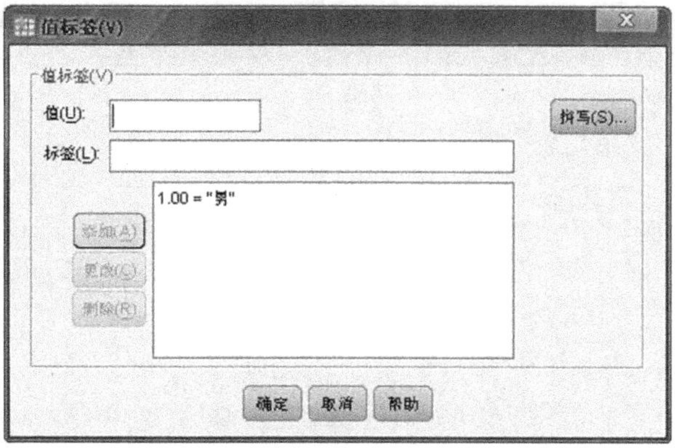

图 4-5　定义性别变量值标签“男”

(3)重复上述步骤，在“值”框中输入“2”，“标签”框中输入“女”，点击“添加”。点击“确定”，这样就定义好了值标签。

度量标准指的是变量的数据类型，分名义变量 名义(N) 、顺序变量 序号(O) 、度量变量 度量(S) 。不同类型的数据可以采用的统计方法也不尽相同，如名义变量中的数据不可以计算平均数和标准差。数据的分类标准具体如下：

名义量表：事物的分类数据，如将人按照种族、性别、专业等分类所得的数据，无方向或大小，但可以用数值代表。

顺序量表：是一种名义量表且名称之间有顺序，如马拉松名次、社会地位高低、衬衫大小。有大小，可用数值代表。

度量量表：是一种顺序量表且相邻数值之间差异大小相同，就像尺子的刻度，比如温度。度量量表包含了等比量表，即度量量表也可以具有绝对的零值。

SPSS 的结果输出在一个独立的窗口中显示，如图 4-6 所示，其中左侧是输出索引栏，右侧是详细的输出结果。每次分析数据结束后应该对数据和结果分别及时保存，以防丢失。

【注意事项】

问卷法是一种非常好用的调查大众对某事物的客观事实与主观态度和情感的方法。但是在使用问卷法的过程中有许多需要注意的地方。比如，在问卷编制的时候需要注意问卷的内容效度，即所编制的问卷是否能够准确地测

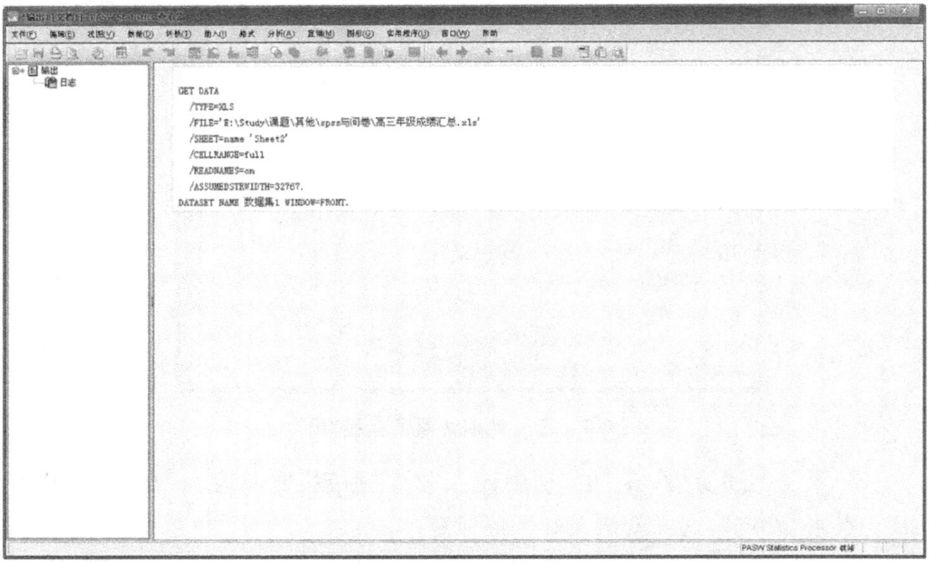

图 4-6　SPSS 输出结果窗口示例

量出研究者所关注的问题。在回收完问卷并进行数据分析之前,对回收问卷进行预处理是一项不可忽视的重要工作。在问卷预处理的过程中需要注意以下事项。

(1)耐心。研究者面对千百份问卷以及大量数据,必须沉心静气,对到手的数据进行耐心和仔细的审查、核对。对大量空白的问卷予以舍弃,特别对缺失值的处理方法不能主观臆断。

(2)科学。对于初次接触数据的研究者来说,可能不能认识到科研与学术的严肃性,而对不符合自己认知的数据进行篡改、删除,这样的科研态度是不可取的。正确的学术态度是秉持科学的方法和程序对数据进行处理。具体在问卷预处理的时候,当遇到不符合自己心意的问卷数据时应该持科学的态度予以舍弃或保留。对缺失值的补全也不能主观臆断,而需要联系问卷当事人对缺失项进行复核,或者使用数据预处理手段进行补全。

(3)勤奋。对于初次接触 SPSS 软件的研究者来说,可能会有不知所措的感觉,这是人类面对陌生事物的正常感受。但是,若研究者需要在研究的道路上继续前行就必须将这种感觉克服。勤奋是通往前路的捷径。面对陌生事物,只要多看、多练、多摸索,掌握它就并不困难。

模块二　利用 SPSS 进行数据编码和录入

【工作任务】

(1)对上一模块的调研问卷进行编号。

(2)对问卷的单选、多选,以及开放题目进行编码,并将编码规则记录成文以备后续查看。

(3)使用上述编码规则将问卷按照编号录入 SPSS 中,并将每个变量(题目)的属性定义完全。

(4)将问卷中需要反向计分的题目进行反向计分操作。

(5)计算问卷总分。

【理论指导】

一、问卷编号

对所有调研问卷进行仔细的审核和校对,并剔除不合格问卷之后,还需进行下一步的数据分析准备工作。为了养成良好的数据分析习惯,一般需要将问卷编号以便将来查找核对。一般来说,问卷编号的数字是从 1 开始的阿拉伯数字,标示在问卷右上角的空白处。在将数据录入 SPSS 的时候应该按照问卷的编号开始录入:第 1 份问卷录入第 1 行,第 2 份问卷录入第 2 行,以此类推。若问卷太长需要多人录入,则可以采取每位录入员录入所有个案的部分题项的方式,也可以采取各自录入部分个案的完整题项的方式。但是无论采取哪种分工方式,录入过程均需要定义好"编号"变量,以防数据错乱。

二、编码

编码是指对一个问题本身进行命名,以及对其回答进行分组和指派数字代码的过程。编码包含两个含义。

1. 对题干的编码

这在 SPSS 中又叫作变量的命名。数据分析过程中的变量名称通常要求简洁明了，而问卷的题干则一般比较冗长，不适合作为数据分析的变量名称。此时就需要对题干进行浓缩，取其内在意义进行命名。比如，在一次健康文化节调研中有如下问题："您平时是否关注健康问题?"定义 SPSS 变量的时候显然不适合将整个句子都写上去，正确的做法是取题干的意思"健康关注度"进行命名，这样既简洁，又能让人一眼望去知其意思。其他的问卷问题，诸如人口统计学变量中的性别、年龄、职业等，就更应该使用有意义的词语进行命名了。此外，SPSS 中也可以用英文字母和数字对变量进行命名，使用中文标签来说明。SPSS 中变量命名需要注意以下几个地方。

(1)变量名必须以字母、汉字或字符@开头，其他字符可以是任何字母、数字或_、@、#、$ 等符号。

(2)变量最后一个字符不能是句号。

(3)不能使用空白字符或其他特殊字符(如"!""?"等)。

(4)变量命名必须唯一，不能有两个相同的变量名。

(5)在 SPSS 中不区分大小写。例如，HXH，hxh 或 Hxh，对 SPSS 而言，均为同一变量名称。

(6)SPSS 的保留字(Reserved Keywords)不能作为变量的名称，如 ALL，AND，WITH，OR 等。

2. 对问题的答案进行分组和分配数字的过程

这根据问题的开放与否分为两种情况。对于封闭式问题而言，问题的答案已经事先分组并编好码了。比如，询问调研对象对于某次会展的满意程度，这个典型的封闭式问题的答案一般都是五点量表从不满意到满意层层递进。其编码的规则就是 1—5 分的满意程度分别是不满意到满意的 5 个水平。调研对象只能在编码好的 5 个选项中选择。对于开放式问题，编码的过程则要繁杂得多。由于调研者事先并没有对开放式问题的可能回答进行分组和编码，调研对象的回答会趋于零散和混乱。研究者需要对这些开放的回答进行分类，然后使用数字对每一类别进行编码。开放式编码的过程通常如下：

(1)列出答案。由于开放式问题的答案各不相同，调研者需要首先将所有的调研对象在该问题上的答案列出。由于调研对象很多，问题的答案数目可能有几百或上千个，这一过程可以在 Word 或者 Excel 中进行。

(2)合并答案。步骤(1)中列出了所有调研对象对该问题的看法，但我们无法使用这一结果作为该问题的统计结果来描述问题。通常在调研对象的回答之间会存在许多共性，调研者需要浏览所有答案，并且将共同的答案合并，这样就得到了较少的答案。有的时候经过合并之后的答案之间还可能存在共性，可能需要调研者对其再次进行合并。

(3)设置编码。在得到合并答案清单之后，对清单中的每个答案类别都分别使用一个数字进行编码。

(4)标出编码。将每份问卷中该问题的答案与答案清单进行对比，将匹配的答案数字填写在问卷中。将编码规则录入调研手册中备案。

由于开放式问题的编码过程十分麻烦和繁杂，因此拟定问卷的时候应该多花心思进行研究，多出封闭式问题，建议问卷中不要放入太多的开放式问题。

三、录入数据

将问卷筛选完毕并编好编码之后，下一步就是要将问卷中的数据录入SPSS统计软件中作为后续分析的数据源。手动录入数据的时候，单选题、多选题、排序题、开放题的录入方式不尽相同，需要区别对待。

(一)单选题的录入

单选题的录入最为简便，因为单选题的选项在问卷拟定的时候就已经编码完成，在录入问卷的时候只需要将每个选项指派一个数字代替，并将调查对象选择的选项所对应的数字录入 SPSS 即可。在指派数字代替选项的时候需要注意的是每个选项的代表数字不能重复，一般以 1/2/3/4/5 代替 A/B/C/D/E。如在一次“健康生活文化节会展调查”的观众问卷中，有如下问题：

您对自身的身体健康状况评价是：

A. 很健康　　B. 健康　　C. 基本健康　　D. 不健康

在这里，可以依健康状况从健康到不健康逐渐变差分别给四个选项指派4,3,2,1 分代替，或者也可以相反地指派 1,2,3,4 分来代替。这两种方式都是合适的，差别仅仅在于采用高分还是低分来代表健康状况。

(二)多选题的录入

与单选题不同的是，多选题会存在某个人选了两个或两个以上答案的情况。这时如果仍采用单选题的录入方式，如某人在下面的多选题中选择了 A,B,D 三项，数据录入的时候就录入 124，那么结果显然是错误的。因为在

SPSS中124是一个单独的数值并不能用来代替1,2,4。在实际研究过程中,我们通常采用将多选题按照选项数目拆分成多个单选题的形式来解决这个问题。比如,下面的多选题就可以根据选项数目拆成四个如下所示的单选题,每个单选题以"是/否"作为答案。这样在输入SPSS的时候也需要定义四个变量,分别为"看书获取健康知识""媒体获取健康知识""专业人士介绍获取健康知识""家人朋友介绍获取健康知识"。每个变量的赋值只能是0或1,其中0代表没有选择该项,1代表选择了该项。因此,若某人选择了A,B,D作为选项,录入SPSS的时候就要在相应的四个变量中填入1,1,0,1。

原多选题

您获取有关健康知识的主要渠道是:(可多选)

A. 看书　　B. 报纸、电视、网络、杂志等媒体

C. 专业人士介绍　　D. 家人朋友介绍

拆分后的4个单选题

a. 您主要是通过看书获取健康知识吗?

A. 是　　B. 否

b. 您主要是通过报纸、电视、网络、杂志等媒体获取健康知识吗?

A. 是　　B. 否

c. 您主要是通过专业人士的介绍来获取健康知识吗?

A. 是　　B. 否

d. 您主要是通过家人朋友介绍来获取健康知识吗?

A. 是　　B. 否

(三)排序题的录入

与多项选择题的录入方式类似,排序题也是将每个选项视为一个单独的变量,以被排序的位置作为该变量的值。比如,让调查对象将苹果(A)、菠萝(B)、香蕉(C)、西瓜(D)、橘子(E)五种水果按照喜好程度排序。若某人排序的结果是DCEBA,若喜好程度和分数呈正相关,则A,B,C,D,E按照喜好程度各自对应的分数为1,2,4,5,3。录入SPSS时应该先将A,B,C,D,E这五个选项各自作为一个变量,然后将上述得分分别填入各变量内。

(四)开放题的录入

由于开放题的题目样式各异,较为复杂,如何录入当然也不能一概而论。

但是在将开放题编码之后就可以将其视为单项选择题或者多项选择题。因此，可以按照单选或者多选题的录入方式将数据录入 SPSS，这里不再单独做演示。

【实践操作】

一、打开其他格式数据

由于当代计算机和互联网技术的飞速发展，网络上出现了各种电子问卷平台。调研者可以在这些平台上编辑和发布问卷，也可以自己设计问卷到各论坛转发。电子问卷极大地节约了调研者的经济成本和时间成本，回收得到的电子问卷的预处理方式也和传统的纸质问卷“凭肉眼看”进行审核有了很大区别。特别是电子问卷的结果可能已经按照事先设定的规则自动编码完成，并以 word、excel 或者 txt 等形式存储。这样调查者不需要再进行缓慢的手动输入工作，SPSS 对 *.doc，*.xls，*.txt 等格式的数据可以直接打开。下面介绍 *.xls 格式的数据打开方式，其他格式的数据打开方式这里不再介绍，有兴趣的同学请参考其他 SPSS 专业书籍。

(1)打开 SPSS 程序。

(2)选择“文件”菜单下的“打开”→“数据”，弹出“打开数据”的对话框，如图 4-7 所示。

图 4-7 “打开数据”对话框示例

(3)点击“文件类型”旁边的灰色三角形展开下拉列表，选择“Excel(*.xls，*.xlsx，*.xlsm)”，然后点击“查找范围”旁边的灰色三角形展开下拉列表，选择要打开的 Excel 数据所在的路径。这里我们需要打开的数据放在“E:\Study\课题\其他\spss 与问卷”中，因此选择该路径后找到文件名“高三年级成绩汇总.xls”，单击选中，点击“打开”。

（4）弹出如图 4-8 的“打开 Excel 数据源”对话框。在此可以根据实际情况勾选“从第一行数据读取变量名”，也可以自行选择工作表及其数据范围，这里选择 Sheet2。选择完毕之后点击“确定”，数据就完整地导入了 SPSS 中，如图 4-9 所示。数据导入之后应该及时保存，防止丢失。

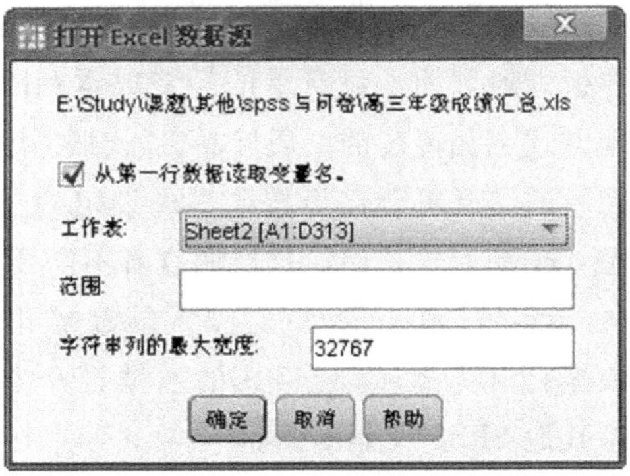

图 4-8 “打开 Excel 数据源”对话框示例

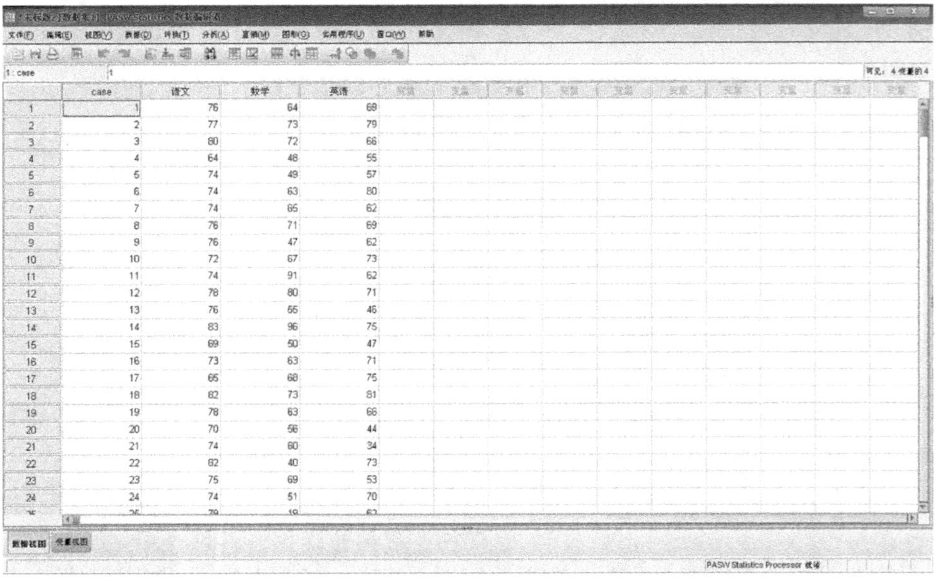

	case	语文	数学	英语
1	1	76	64	68
2	2	77	73	79
3	3	80	72	66
4	4	64	48	55
5	5	74	49	57
6	6	74	63	80
7	7	74	65	62
8	8	76	71	69
9	9	76	47	62
10	10	72	67	73
11	11	74	91	62
12	12	78	80	71
13	13	76	56	46
14	14	83	96	75
15	15	69	50	47
16	16	73	63	71
17	17	65	68	75
18	18	82	73	81
19	19	78	63	66
20	20	70	56	44
21	21	74	60	34
22	22	82	40	73
23	23	75	69	53
24	24	74	51	70

图 4-9 “高三年级成绩汇总.xls”导入 SPSS 后的图示

通过以上的审核、剔除、编号、编码、录入等步骤，我们系统地学习了如何将获得的原始数据进行预处理的一些技巧。数据录入之后调研者仍需进行核查，看是否有录入错误。尤其是对手动录入的情况，更应该检查是否有人为输入错误。还有一些常见的预处理技巧如反向计分和计算总分将在下面给出介绍。

二、反向计分

在许多调研中，为了测谎或者其他目的，许多研究者在调研问卷或量表中设置反向计分的题项。例如，某次健康文化节的调研中，对于以下这个问题：

您平时是否关注健康问题？

A. 很关注　　　B. 关注　　　C. 基本关注　　　D. 不关注

在录入问卷的时候要求录入者将 A，B，C，D 四个选项分别赋值分数为 4，3，2，1，即越关注得分越高。但在实际录入中这样录入的形式不如直接将 A，B，C，D 赋值为 1，2，3，4 分的录入过程顺畅。因此，我们可以要求录入者在录入的时候一律将 A，B，C，D 赋值为 1，2，3，4 分，然后在对数据进行预处理的时候对该题目进行反向计分。反向计分的意思就是将原本记为最低分的反过来处理成为最高分，将原本录入的最高分反过来处理成最低分。对于本题，反向计分就是要将 1，2，3，4 分别变为 4，3，2，1 分。在 SPSS 中反向计分的过程十分简便，具体操作过程如下：

(1)选择菜单中的“转换”下的“重新编码为不同变量”，如图 4-10 所示。

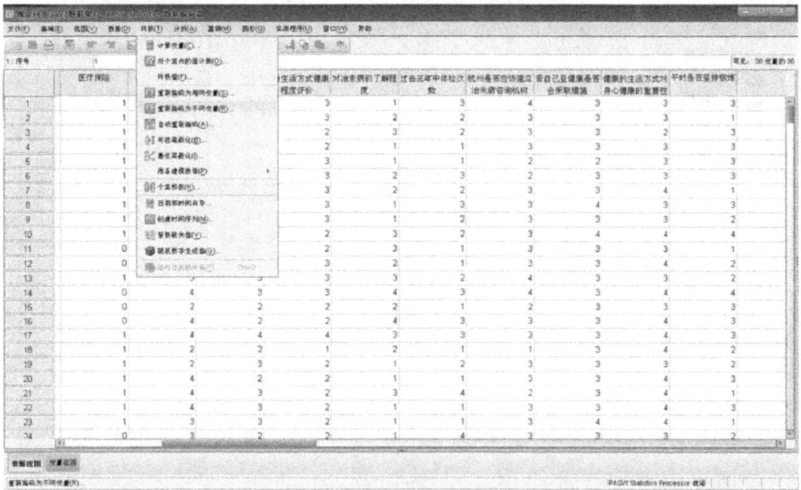

图 4-10　“重新编码为不同变量”示例

(2)在弹出的“重新编码为其他变量”对话框中，将左侧的“健康关注度”变量移入中间的框中，如图 4-11 所示。

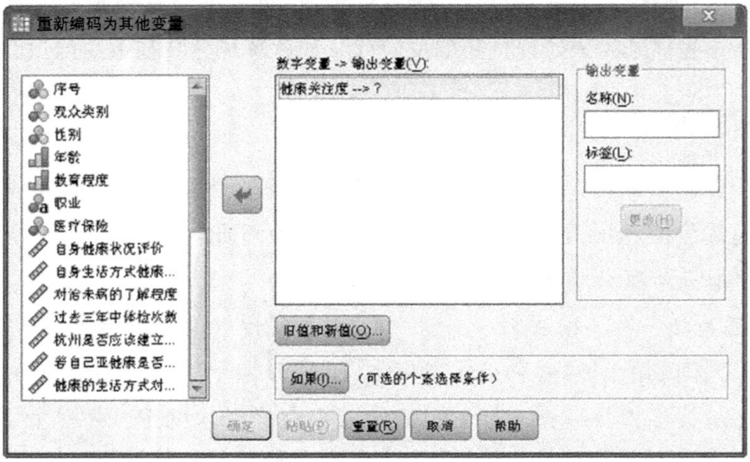

图 4-11 “重新编码为其他变量”对话框

(3)在右侧的“输出变量”下的“名称”中填入新命名的变量名，如可以将新变量命名为“健康关注度反向计分”，并点击“更改”按钮，如图 4-12 所示。

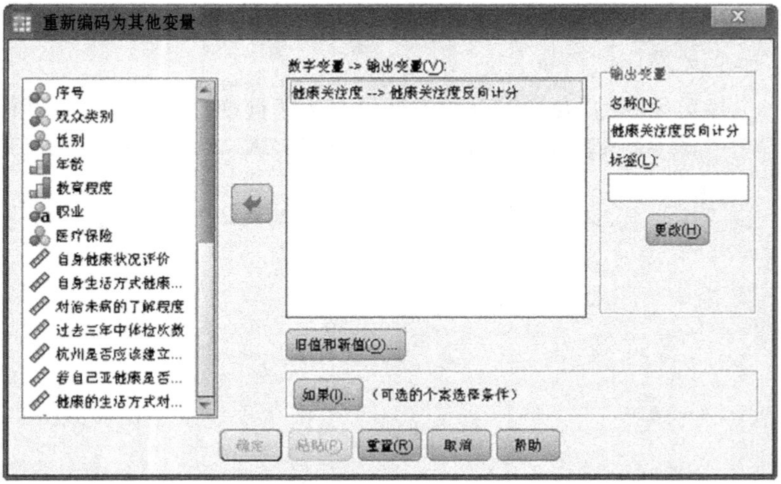

图 4-12 命名新变量

(4)点击中间下方的“旧值和新值”按钮，弹出“重新编码到其他变量:旧值和新值”对话框，如图 4-13 所示。

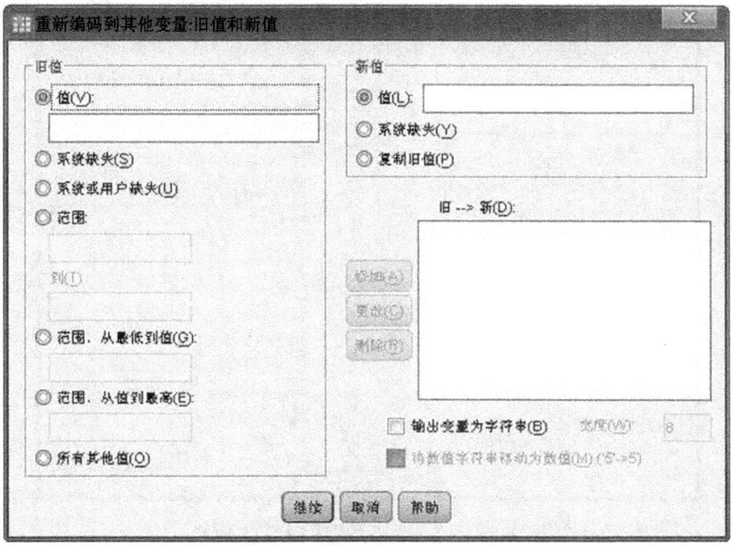

图 4-13 “重新编码到其他变量:旧值和新值”对话框

(5)在左侧的“旧值”下的“值”框中填入“1”,在右侧的“新值”下的“值”框中填入“4”,如图 4-14 所示。

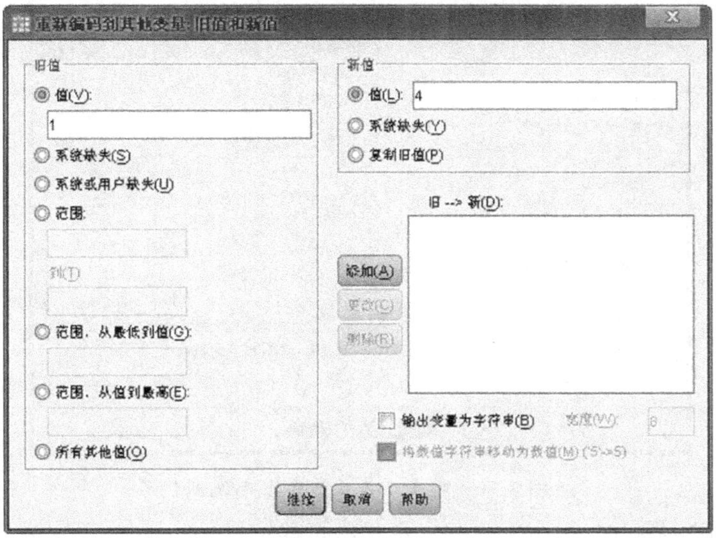

图 4-14 将 1 转化为 4

(6)点击“旧→新”下面的“添加”按钮,将 1 转化为 4,如图 4-15 所示。

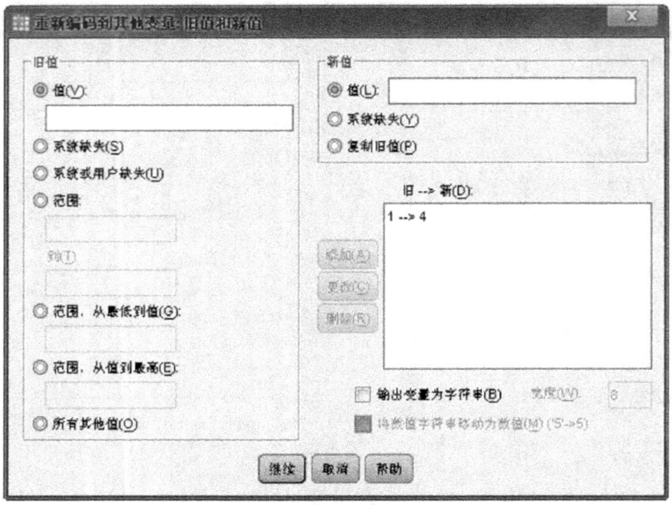

图 4-15　点击"添加"按钮后的效果

(7)按上述方法继续将 2 转化为 3,3 转化为 2,4 转化为 1,并添加完全,如图 4-16 所示。

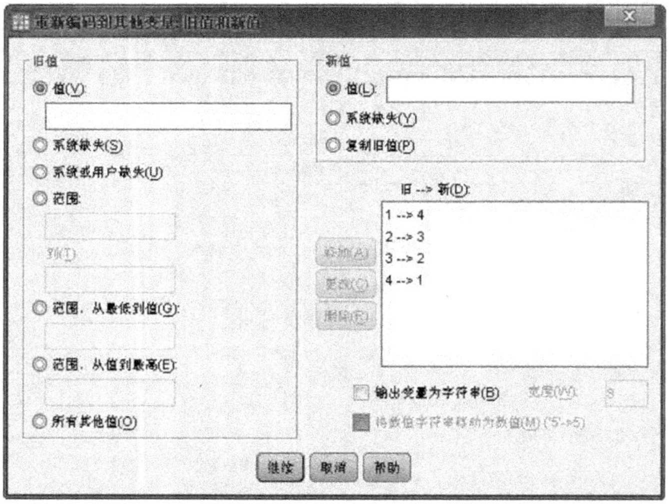

图 4-16　将 1,2,3,4 转换为 4,3,2,1

(8)点击"继续",点击"确定",在 SPSS 数据窗口的最后一列会出现一个新的变量,变量名为"健康关注度反向计分",如图 4-17 所示。从中可以看出,该变量中的计分刚好与健康关注度变量相反。

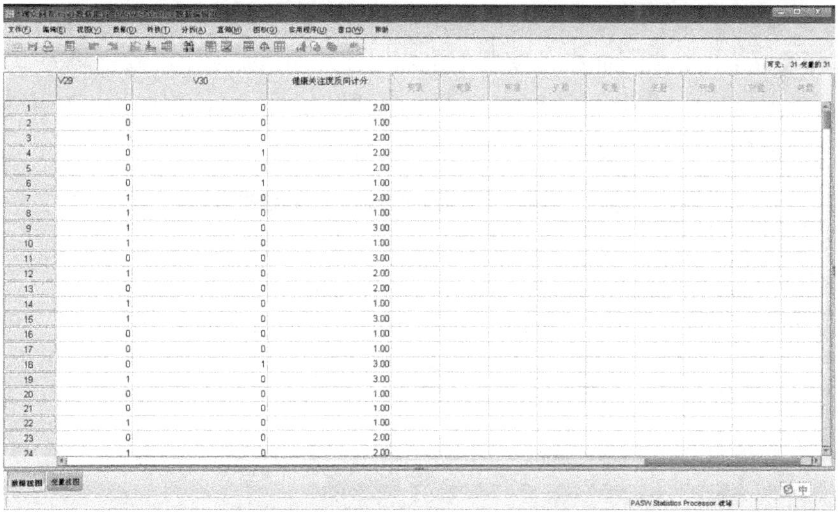

图 4-17　反向计分得到的新变量示例

三、计算总分

有些时候需要计算几个变量的总分或者整张问卷的总分，这时的操作方法也是十分简单的，下面以计算高三年级语文、数学和英语总分为例说明总分的计算方法。

(1)选择菜单中的“转换”下的“计算变量”，如图 4-18 所示。

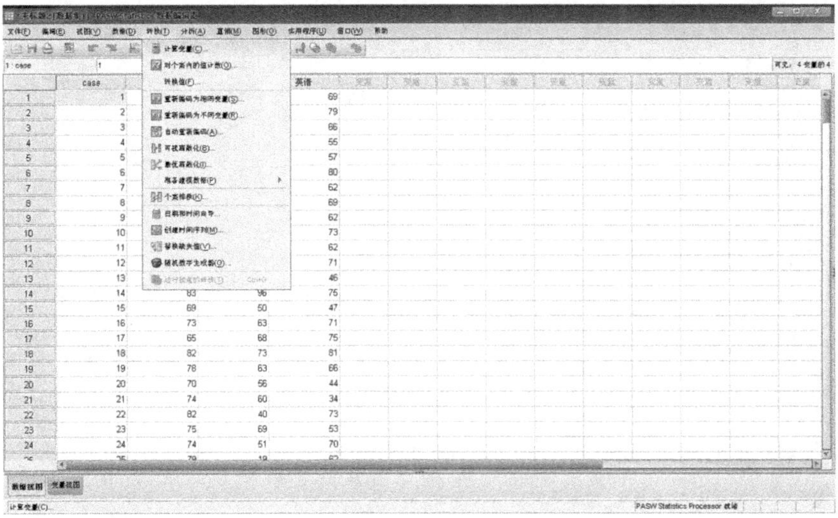

图 4-18　计算变量示例

项目四　问卷数据的预处理

(2)在弹出的“计算变量”对话框中的左侧“目标变量”中输入“总成绩”来命名新变量，点击左侧框中的变量“语文”，将其移入右侧的“数字表达式”框中，点击下面的“＋”号，再将左侧的变量“数学”移入右侧，再点击下面的“＋”号，并将左侧的“英语”变量移入右侧框中，如图 4-19 所示。

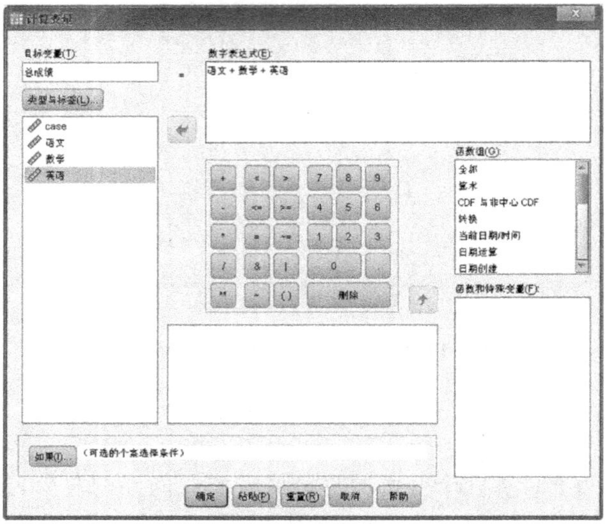

图 4-19　计算总成绩变量

(3)点击“确定”，就计算出三个变量的总分，在 SPSS 数据窗口中生成一个新变量名为“总成绩”，其分数等于三个变量之和，如图 4-20 所示。

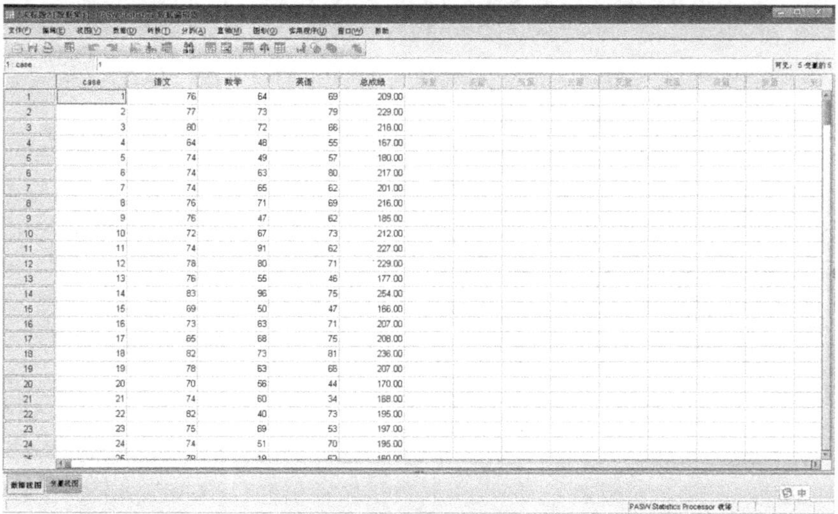

	case	语文	数学	英语	总成绩
1	1	76	64	69	209.00
2	2	77	73	79	229.00
3	3	80	72	66	218.00
4	4	64	48	55	167.00
5	5	74	49	57	180.00
6	6	74	63	80	217.00
7	7	74	65	62	201.00
8	8	76	71	69	216.00
9	9	76	47	62	185.00
10	10	72	67	73	212.00
11	11	74	91	62	227.00
12	12	78	80	71	229.00
13	13	76	55	46	177.00
14	14	83	96	75	254.00
15	15	69	50	47	166.00
16	16	73	63	71	207.00
17	17	65	68	75	208.00
18	18	82	73	81	236.00
19	19	78	63	66	207.00
20	20	70	56	44	170.00
21	21	74	60	34	168.00
22	22	82	40	73	195.00
23	23	75	69	53	197.00
24	24	74	51	70	195.00

图 4-20　新变量“总成绩”示例

在计算总分的时候可以看到，图 4-19 右侧下方的“函数组”下有许多种类的函数，这表明计算变量的功能包括但不仅限于计算总分，读者可以自行试验。

【注意事项】

SPSS 的数据分析操作是十分简便的，但是在进行问卷数据预处理的时候需要全面考虑问题，可能显得比较繁杂。初学者需要注意以下几个方面。

(1)变量定义。这是 SPSS 分析数据的前提，因此必须将每个变量定义完全。变量定义的方法在文中已有详细说明，不再赘述。

(2)数据录入。在数据录入的时候尤其需要注意的是多选题的录入方法与单选题有所区别，之后进行数据分析的时候需要对每个选项进行单独分析。

项目五

利用 SPSS 进行描述性数据分析

学习目标

【知识目标】

◆ 理解描述性数据分析的作用

◆ 理解单变量频数分析和多变量频数分析的差异

◆ 理解平均数、中位数、众数等集中量数概念之间的差异

◆ 理解集中趋势和变异性这两个概念

【技能目标】

◆ 能够对录入 SPSS 的数据中的变量进行频数分析，制作相应的频数分布表和分布图

◆ 能够制作交叉表

◆ 能够进行集中趋势和变异性的 SPSS 操作

【训练路径】

◆ 录入某一展会的问卷数据，学习频数分布表和分布图的 SPSS 操作

◆ 对调研得到的数据中的变量进行制作交叉表的训练

◆ 对调研得到的数据中的度量变量计算其均值、众数、中位数以及标准差

将问卷数据录入并预处理之后就可以进行下一步的数据分析过程，数据分析过程依据递进的关系可以分为两类，即描述性统计分析和推论性统计分析。二者的差异在于是否使用样本统计量来推断总体的参数。本项目将会完整地介绍描述性统计过程，并适当介绍推论性统计的相关知识，有兴趣的同学可以自行参考相关统计书籍。

模块一　频数分布

【工作任务】

（1）对录入 SPSS 的数据中的人口统计学变量如性别、年龄、婚姻状况以及职业等变量进行频数分析，制作相应的频数分布表和图。

（2）对录入 SPSS 的数据中的其他度量变量进行频数分析，制作相应的频数分布表和图。

【理论指导】

描述性统计分析就是指对收集到的原始数据进行总结、组织并简化数据的统计分析过程。原始数据是海量且庞杂的，调查者无法在统计报告中使用所有原始数据进行描述。因而，各种描述性统计手段如频数、均值等就被发展出来了，频数分析就是最基本的一类描述性统计方法。

一、概述

学生时代每次考试结果出来，老师都会在讲台上说："本次考试比较理想，其中 91—100 分 11 人、81—90 分 19 人、71—80 分 28 人、61—70 分 7 人，没有不及格的同学。"这就是一个考试分数的频数分布情况。简单地说，频数分布就是指一次测量的某些分数类别上存在多少个个体数目。频数分布将未整理组织的数据按由高到低（或者由低到高）的顺序排列，将所有具有相同分数的个体归为一组。比如，将所有分数位于 90—100 分之间的学生归为一组，然后是 80—89 分归为一组，以此类推。因此，通过频数分布我们可以一眼看出最高和最低分数的区间，以及每个区间内的个体数目，大量的原始数据得到了简化处理。习惯上用 X 表示分数，f 表示频数。频数分布可以制成表或者图。

二、频数分布表

1. 简单频数分布表

简单频数分布表就是将分数 X 由高到低（或由低到高）排成一列，然后在每个 X 值旁边标注上频数即可。如“健康生活文化节”观众问卷中有一个题目“您平时是否坚持锻炼?”，答案从“不是”到“完全是”分为 4 个等级，分别为 1，2，3，4 分。经过统计，该题目的频数分布表如表 5-1 所示：

表 5-1　简单频数分布表示例

分　数	频　数	百分比(%)	累计百分比(%)
1	61	15.6	15.6
2	138	35.4	51.0
3	154	39.5	90.5
4	37	9.5	100.0

表 5-1 中同样列出了每个类别的百分比和累计百分比，百分比的计算方法为 $p=f/N$。其中 f 为某分数上的频数，N 为样本量即所有分数上的频数之和。

2. 分组频数分布表

简单频数分布表通常针对分数类别较少的情况，比如，五点量表或者七点量表，在只具有五类或者七类分数的情况下使用简单频数分布表就足够了。但是如果一个原始数据包含较大范围的值，比如，本节概述中所举的例子，一次考试班级同学的得分从 63 分到 100 分，若一个一个列出分数要超过 30 行。而且作为调查者的老师可能并不需要知道具体每个分数有多少人，只需要知道大概，如 61—70 分之间多少人，71—80 分之间多少人，等等。此时就需要将数据分组，求出每个组上的频数即可。分组频数分布表应遵循以下几个规则：

(1)分组频数分布表应该具有大约 10 个组距，太多的组距会使数据过于琐碎，不具有可读性，而太少的组距则会牺牲太多细节而过于笼统。

(2)每个区间宽度应是相对简单的数字，如 2，5，10，20 等。

(3)每个组距的最小数值应该是宽度的倍数，比如以 5 作为组距，则应该以 10,15,20 等数据作为每组数据的开始，而不应该使用 12、17、22 等作为开始。

(4)所有区间应具有相同宽度，所有区间加起来应正好涵盖所有数值。

概述中的分组频数分布表如表 5-2 所示。

表 5-2　分组频数分布表示例

分　数	频　数	百分比(%)	累计百分比(%)
91—100	11	16.9	16.9
81—90	19	29.2	46.1
71—80	28	43.1	89.2
61—70	7	10.8	100.0

三、频数分布图

频数分布除了采用表格的形式呈现之外，也可以使用图的形式来描述。频数分布图就是以图形来展示频数分布表的方式。根据测量数据的性质，可以将频数分布图分为两类。

1. 度量型变量的频数分布图

从项目四模块一可以知道，度量型变量所包含的数据是等距或者等比类型的数据，这种数据之间可以进行加减乘除等操作，相邻的两个整数之间的分数也有意义。对于这种类型的数据，一般有两种可以用来表示其频数分布的图形，分别是直方图和折线图。

(1)直方图。将测量分数沿着 x 轴列出，然后依据频数分布表画出每个类别的矩形。矩形的开始和结束点分别是每个类别的起始和终结的实限，如 71—80 分的组别在直方图中的开始位置应该是 70.5，结束位置是 80.5，前者称为下实限，后者称为上实限。宽度就是每个类别的组距，高度则是该类别的频数。直方图的相邻矩形之间是紧挨着的。图 5-1 显示的就是一次高三年级数学考试频数分布直方图。从图中可以看到，61—70 分数段的人数最多，除此之外，41—100 分的其他各分数段人数分布均匀，最高分和最低分占总人数的比例极少。

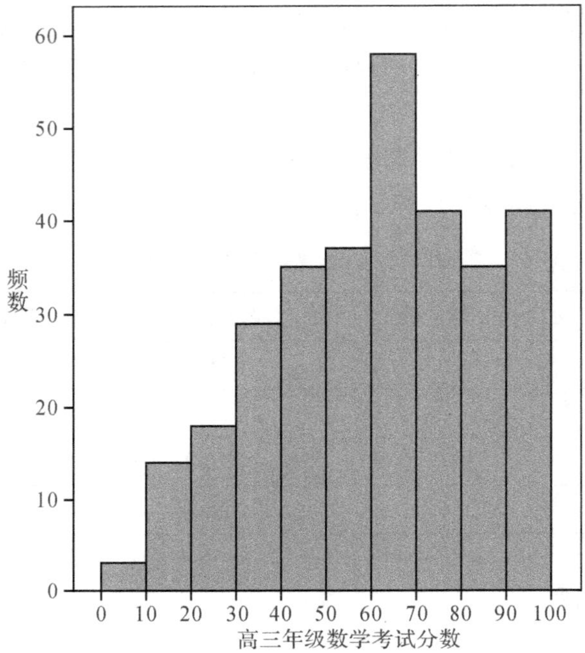

图 5-1　频数分布直方图示例

（2）折线图。折线图是直方图的变种，可以将其视为将直方图的 x 轴对应频数点连接起来，并在两端向 x 轴延伸相交之后所成的图。

2. 名义或序号变量的频数分布图

当变量为名义或者序号型变量时，由于变量包含的数值之间不具有等距的数量关系，因此这两种类型变量的数值不能够加减乘除，变量的相邻整数之间的小数也没有实际意义。比如，分别使用 1 和 2 代表男性和女性，这里的 1 和 2 之间既不能够用来相加、相减，1 和 2 之间的数值如 1.5 也不具有现实意义。因此，这两类变量都不能够采用直方图或者折线图来描述，而应该采用条形图来描述。

条形图与直方图的区别就在于相邻的矩形之间留有空隙，并不紧挨着。相邻矩形之间的空隙强调了 x 轴的数据都是不同的分类类别，而非等量的数值。图 5-2 就是某次会展调查中性别变量的频数分布条形图。从图中可以看到，性别分为男性和女性两类，二者的矩形条在图上是互相分离的，显然参加调查的女性数目要多于男性。

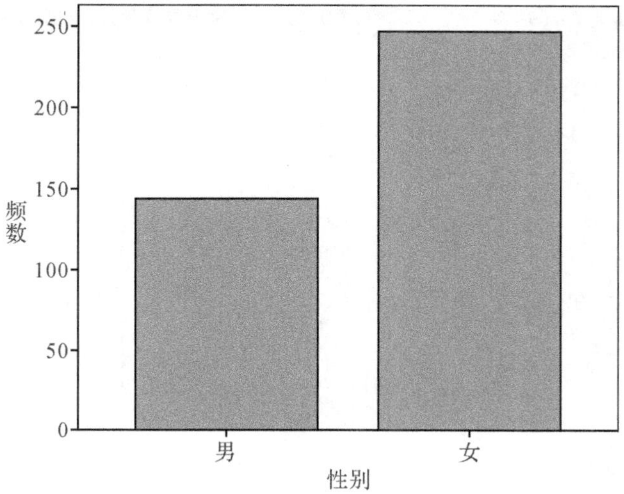

图 5-2　某次会展调研性别频数分布条形图

【实践操作】

频数分布的 SPSS 操作过程。

以某次健康生活文化节会展调查的观众问卷为例，说明频数分布表和图的 SPSS 操作步骤。

(1)数据输入。按照项目四的操作方法提示，将所有数据输入数据编辑器中，审核后将变量定义完全。

(2)数据分析。

①点击菜单栏中的“分析”，选择“描述统计”，单击“频率”，如图 5-3 所示。

②在弹出的对话框的左边选择“性别”，并单击箭头将它移到右边的变量栏中，勾选“显示频率表格”，如图 5-4 所示。

③单击“图表”按钮，弹出“频率：图表”对话框，如图 5-5 所示。

④选择“条形图”(名义或序号变量)或“直方图”(度量变量)，此处选择条形图。

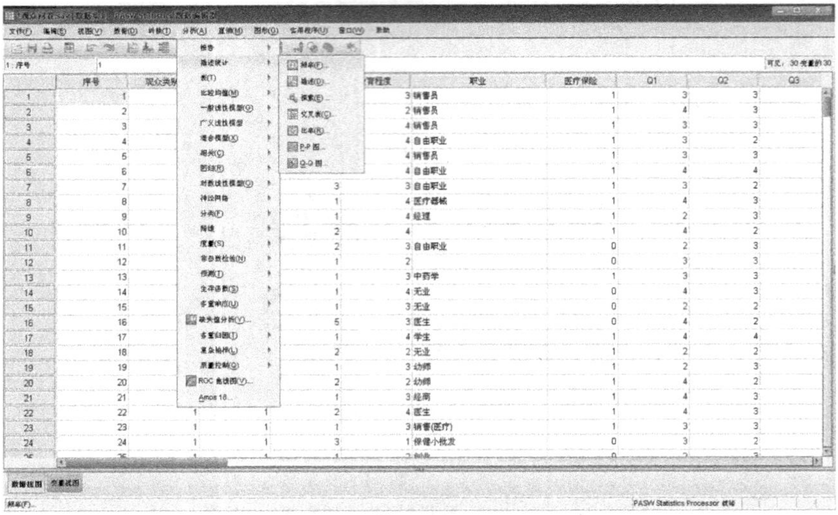

图 5-3 单击“描述统计”的“频率”功能

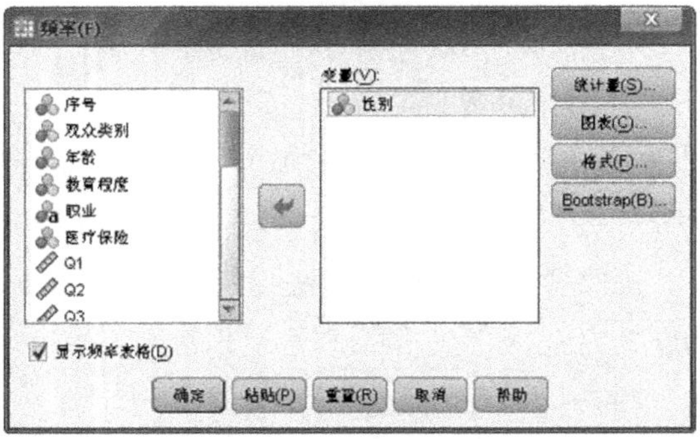

图 5-4 “频率”对话框示例

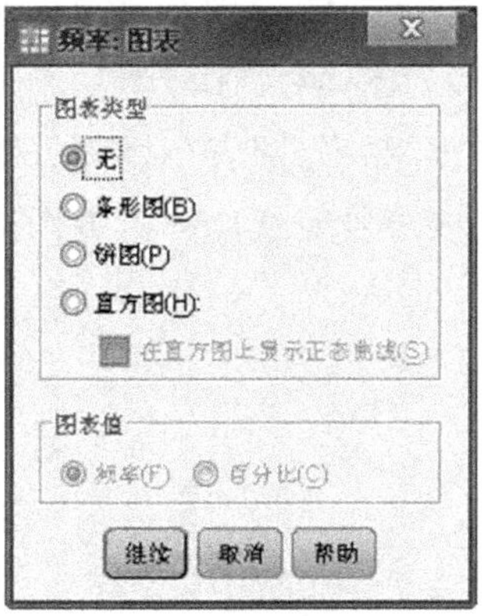

图 5-5 “频率:图表”对话框示例

⑤单击“继续”,单击“确定”,结果将在输出窗口显示,如图 5-6 所示。

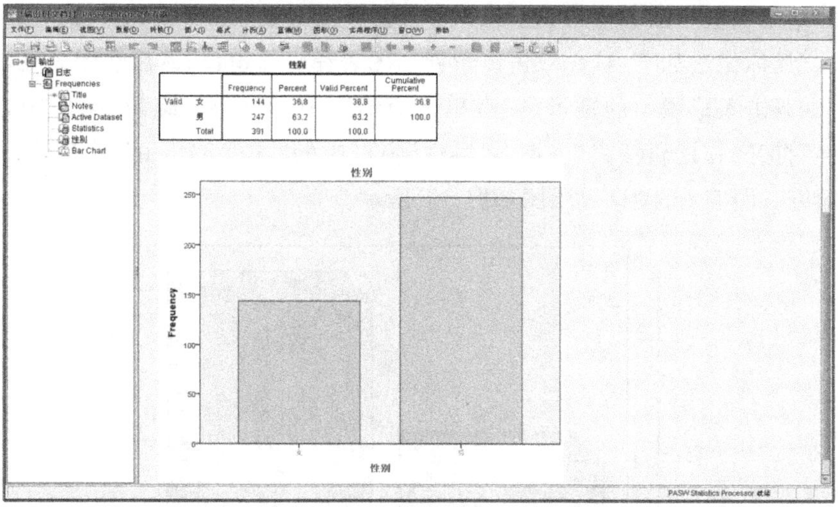

图 5-6　频率分布表和图的输出结果示例

SPSS 的输出窗口的图表是可以编辑的。只需在图标上双击就可以激活图表编辑器窗口,如图 5-7 所示。可以在“编辑”菜单下,选择“属性”等调节图表的属性,达到理想的形式。调整好的 SPSS 图表可以直接剪切、粘贴到 word 文本的报告里使用。

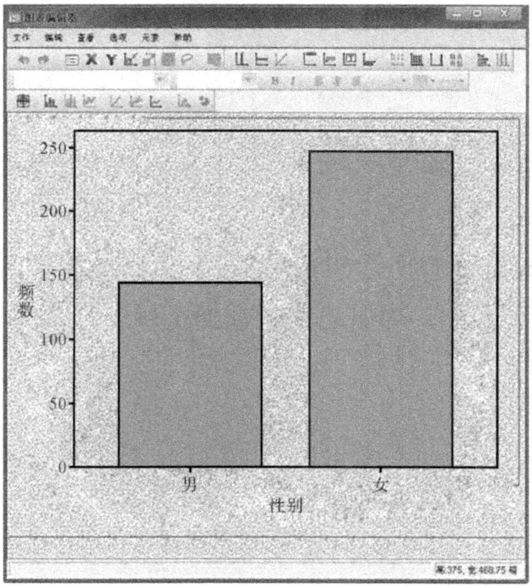

图 5-7　“图表编辑器”示例

不论是条形图还是直方图，除了图 5-1 和 5-2 中的二维显示外，还可以在 SPSS 结果窗口中双击图形，在弹出的图表编辑器窗口（图 5-7）中调节成 3D 效果。具体做法如下：首先双击图形弹出图表编辑器窗口，然后在图表编辑器窗口中双击条形图中的矩形（或者单击矩形选中，然后在“编辑”菜单中选择“属性”打开）弹出属性窗口，点击“属性”窗口中的“深度和角度”标签页，选择 3D 即可。图 5-2 的 3D 效果图如图 5-8 所示。

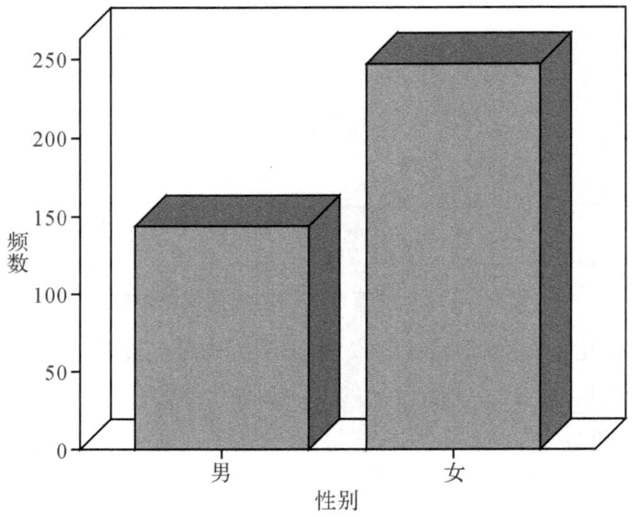

图 5-8　3D 效果的频数分布条形图示例

【注意事项】

（1）深刻理解名义数据、顺序数据、等距数据和等比数据这四种数据类型的异同。

（2）深刻理解频数分布图之间的差异，认识到条形图和直方图的外观差异，以及其内在的含义差异，对其适用的数据了然于胸。

模块二　交叉表

【工作任务】

(1)对调研得到的数据中的性别和年龄两个变量制作交叉表。

(2)对调研得到的数据中的其他变量制作交叉表。

【理论指导】

模块一有关频数分布的内容仅仅涉及单个变量,又称为单项频次表。但在实际研究过程中会遇到许多包含两个变量的频数分析,这时就需要使用交叉表分析。

在一次健康生活文化节调查中,如果我们想要知道男性和女性参加医疗保险的情况,涉及“性别”和“医疗保险”两个变量,因此不能仅仅使用单项频次分析技术,而需要使用交叉表分析技术。

【实践操作】

SPSS 中交叉表分析技术的操作步骤如下:

(1)点击菜单栏中的“分析”,选择“描述统计”,单击“交叉表”,如图 5-9 所示。

(2)在弹出的“交叉表”对话框中,将左侧的“性别”变量选入右侧的“行”,将“医疗保险”变量选入右侧的“列”,勾选左下角的“显示复式条形图”,如图 5-10所示。

(3)点击“确定”,结果将呈现在输出窗口中,主要是表 5-3 所示的交叉表和图 5-11 所示的复式条形图。

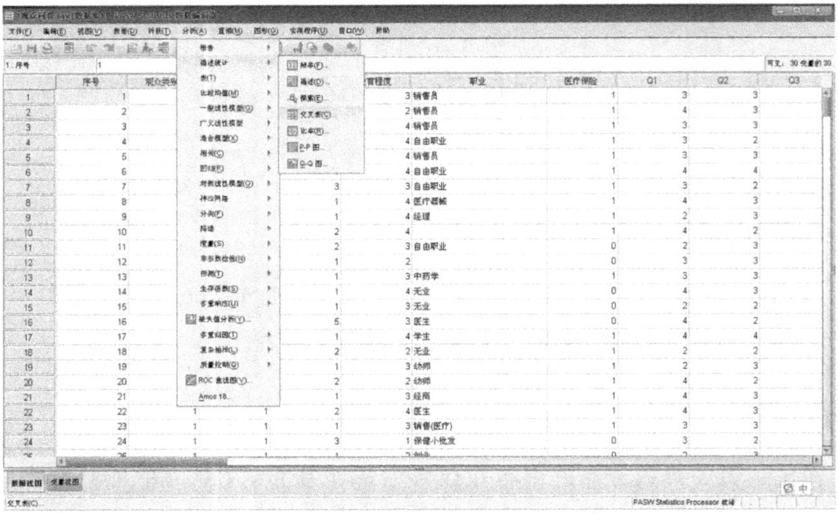

图 5-9 “交叉表”选择按钮示例

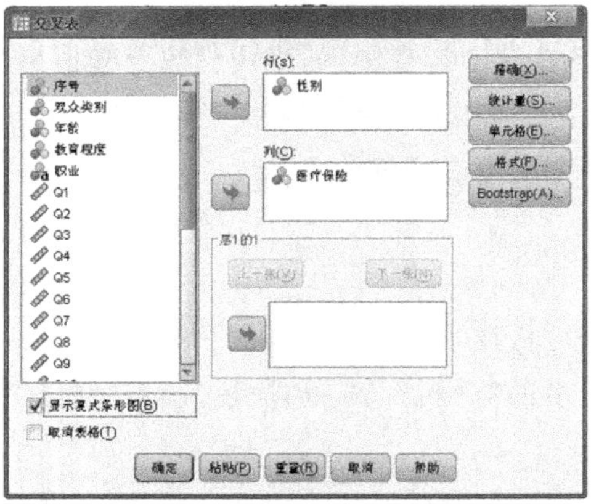

图 5-10 “交叉表”对话框示例

表 5-3 性别和医疗保险交叉表示例

性别 * 医疗保险 Crosstabulation

Count

		医疗保险		Total
		未参加医疗保险	参加医疗保险	
性别	女	16	126	142
	男	52	192	244
Total		68	318	386

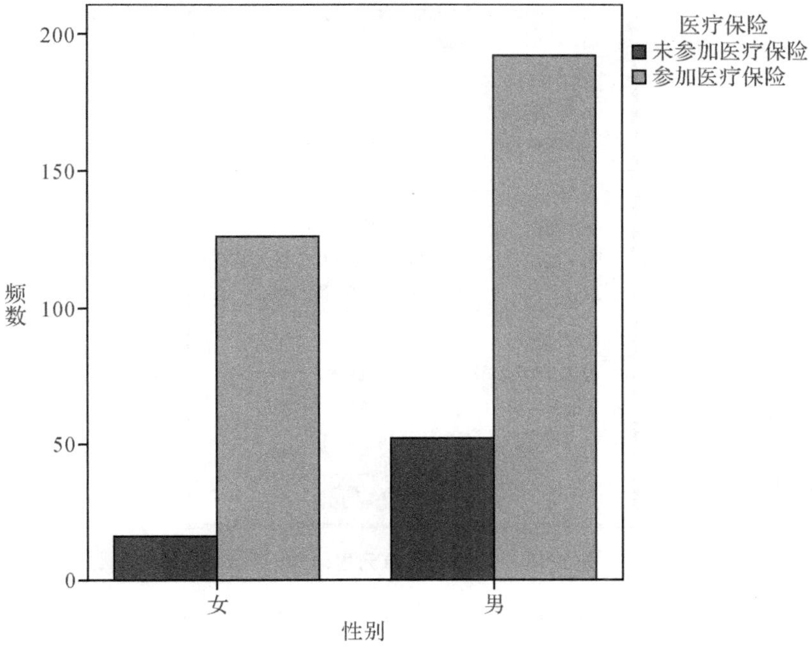

图 5-11　不同性别受访者的医疗保险情况

从表 5-3 中可以看出，参与这次调查的男女分别为 244 人和 142 人，男性中参加医疗保险的有 192 人，未参加医疗保险的有 52 人；女性参加医疗保险的有 126 人，未参加医疗保险的有 16 人。不论男性还是女性，参加医疗保险的人数都远多于未参加医疗保险的人数，从图 5-11 可以直观地看出这种趋势。

在 SPSS 中还可以显示其各自百分比，操作方法也十分简便，只需要在上述步骤(2)中的"交叉表"对话框中点击按钮"单元格"，在弹出的"交叉表：单元显示"对话框中勾选"百分比"下的"行""列""总计"即可，如图 5-12 所示。最终的交叉表如表 5-4 所示，可以看到，与表 5-3 相比，表中多出了各单元格的百分比显示。

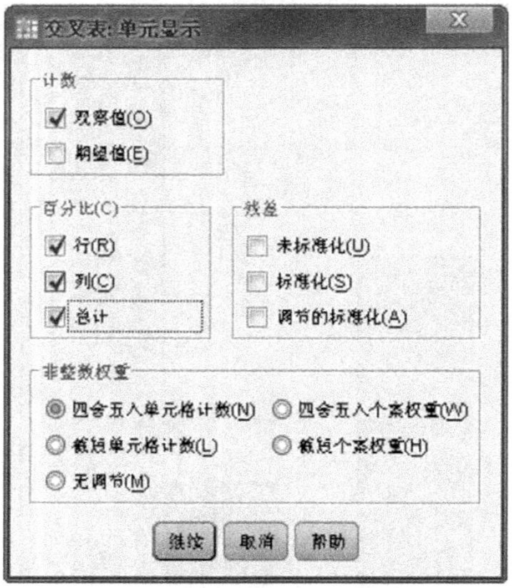

图 5-12 “交叉表:单元显示”对话框

表 5-4 增加了百分比的交叉表示例

性别 * 医疗保险 Crosstabulation

			医疗保险		Total
			未参加医疗保险	参加医疗保险	
性别	女	Count	16	126	142
		% within 性别	11.3%	88.7%	100.0%
		% within 医疗保险	23.5%	39.6%	36.8%
		% of Total	4.1%	32.6%	36.8%
	男	Count	52	192	244
		% within 性别	21.3%	78.7%	100.0%
		% within 医疗保险	76.5%	60.4%	63.2%
		% of Total	13.5%	49.7%	63.2%
Total		Count	68	318	386
		% within 性别	17.6%	82.4%	100.0%
		% within 医疗保险	100.0%	100.0%	100.0%
		% of Total	17.6%	82.4%	100.0%

【注意事项】

(1)理解单变量频数分析和多变量频数分析的差异。

(2)注意交叉表制作过程中的行、列各代表什么,认识到交叉表只是一种特殊的频率表。

模块三　集中趋势和变异性

【工作任务】

(1)理解集中趋势和变异性的各个指标的统计学意义。

(2)对调研得到的数据中的度量变量计算其均值、众数、中位数及标准差。

【理论指导】

一、集中趋势

频数分布可以用来查看一次测量中的分数范围,以及每类分数上的个体数目,从频数分布图或表中可以得到哪一类得分的人数最多或者最少,以及频数分布的大致形状趋向于高分还是低分。但是,频数分布仅仅是用来描述数据的一种方法,除此之外,还有一些其他方法被研究者用来描述数据的分布或者趋势,平均数就是其中的一种。

在数据分析的过程中,经常用到的就是平均数、众数及中位数。使用这一类数据的目的一般都是用来表示某一次测量的数据向中间集中的趋势。许多时候研究者使用这些数值来描述一堆数据。比如某次班级数学测试,数学老师想知道班级的数学测试成绩如何。他可以像上一模块一样做出整个班级此次数学测试的频数分布图或表,还可以使用更简单的方法。如,可以在课堂上简单地宣布:“此次数学测试大家发挥得普遍较好,平均分已经达到 80 分了。”这一个简单的平均数就可以概括此次考试的几十上百份数据了。

1. 平均数

平均数也称为算术平均数，是将某次测量的数据相加并除以数据个数得到的值。样本的平均数用符号 M 表示(英文 mean 的缩写)，而总体的平均数则用希腊字母 μ 表示。

由上面的定义可知，样本平均数的计算公式为：

$$M=\frac{\sum X}{n}$$

总体平均数的计算公式为：

$$\mu=\frac{\sum X}{N}$$

其中，M 和 μ 分别代表样本和总体的平均数，X 代表样本或总体中的每个个体的分数，n 和 N 分别代表样本容量和总体大小。有关样本和总体的关系，我们在之前的抽样中已经谈过。一般而言，样本是由总体中抽取的部分个体组成的。

加权平均数是不同比重数据的平均数。如果要处理两个或以上样本的总体均值，就需要对这些样本的各自均值(如 M_1，M_2，…)求其加权后(n_1，n_2，…)的均值。

在调研过程中，我们经常会遇到来自两个样本的数据需要合并的情况，此时两个样本各自的平均数仅可以代表自身的情况，两个小样本组成的大样本的平均数应该如何计算呢?

首先，我们当然可以简单地将两个样本合并为一个较大的样本，然后按照定义来计算该样本的平均数。其次，假如已经计算出两个小样本的平均数，那么还有一种较为简便的方法可用。假设 $M_1=57$，$n_1=128$，$M_2=70$，$n_2=97$，那么合并后的平均数 M 计算方法如下：

$$M=\frac{M_1\times n_1+M_2\times n_2}{n_1+n_2}$$

所以 $M=\frac{57\times 128+70\times 97}{128+97}=62.6$。

当需要合并的样本量为三个或以上时，计算的原理相同，这里不做赘述。

2. 众数

顾名思义，众数指的就是某次测量中具有最大频数的得分。简单来说，众数就是出现最多的分数。众数与平均数一样也是一种集中趋势，但与平均数不同的是，通常用来计算众数的数据是名义或序号变量的数据。由于名义和序号数据不能进行加减乘除的运算，因此不能计算均值。比如，某次调研考察某地最受欢迎的医院，此时就无法计算出所有医院的均值，只能求出哪所医院最受患者欢迎，这就是众数。

当然，众数也可以用于度量和序号变量类型的数据。比如某次考试中，80 分是所有得分中人数最多的分数，因此此次测试分数的众数就是 80。在实际调研问题中也可能会遇到“双众数”的情况。如某次调研最受欢迎的体育运动，由于男女性别差异，这个问题可能需要考虑男性和女性各自最喜欢什么体育运动。最终调查结果可能出现有 224 位男性最喜欢篮球，而 197 位女性最喜欢羽毛球。此时，仅仅报告篮球是最受欢迎的体育运动项目显然就不太合适。遇到此类问题应该具体问题具体分析，充分考虑理论和现实的可能性。

3. 中位数

顾名思义，中位数指的是位于一堆数据的中间位置的数据。所以，如果一个数据是某一堆数据的中位数，那么它将正好将所有数据一分为二，其中有一半的数据小于中位数，另一半的数据则大于中位数。比如在数据集合 1,1,9,4,3,6,7,2,8 中，4 正好将所有数据一分为二，其中 1,1,2,3 这四个数字小于 4，而 6,7,8,9 则大于 4，因此该数据集合的中位数就是 4。用来计算中位数的数据类型一般是度量型数据，名义或者序号型数据一般不计算中位数。

计算中位数的时候首先需要将集合的所有数据按从大到小或者从小到大的顺序排列，然后取位于中间的数据为中位数。需要注意的是，当 N 为奇数时，位于中间的数据只有一个，此时取其为中位数是比较简单的。但是当 N 为偶数时，此时位于中间的数据有两个，比如数据集 2,6,1,5,3,8,6,5,7,9 中，将数据按照从小到大的顺序排列为 1,2,3,5,5,6,6,7,8,9。此时位于中间的数据为 5,6，这时需要取二者的平均值即 5.5 作为该数据集合的中位数。

二、变异性

变异性是指数据的变化程度。假如一堆数据的值完全相同，那么这些数据是不变的，即数据不具有变异性。相反，若一堆数据的最大值和最小值之间差异极大，数据在最大和最小值之间均匀分布，那么这些数据的变异性就很大。与集中趋势类似，变异性也有几个指标。

1. 全距

离散型数据的全距就是数据集的最大值减去最小值所得的值。当数据为连续型数据时，全距等于上实限减去下实限。全距是一个数据分布变异程度的粗略表示，若一个数据集的全距越大，表示该数据集的离散程度或者变异水平越高。

2. 标准差

标准差是指方差的平方根。方差是测量数据变异性的一个重要指标，计算方法是测量分数与均值之差的平方和的平均数。总体的方差和标准差与样本的方差和标准差的计算方差存在细微的差异。

用 X 代表测量分数，μ 代表总体的均值，N 代表总体的个数，那么总体的方差和标准差计算过程如下：

$$总体方差 = \sigma^2 = \frac{\sum (X-\mu)^2}{N}$$

$$总体标准差 = \sqrt{总体方差} = \sigma = \sqrt{\frac{\sum (X-\mu)^2}{N}}$$

用 X 代表测量分数，M 代表样本均值，n 代表样本量，则样本的方差和标准差的计算方法如下：

$$样本方差 = s^2 = \frac{\sum (X-M)^2}{n-1}$$

$$样本标准差 = \sqrt{样本方差} = s = \sqrt{\frac{\sum (X-M)^2}{n-1}}$$

需要注意的是，样本方差与总体方差计算方法的差异就在于除以的值不同。总体方差是离均差的平方和直接除以总体个数 N，而样本方差则是由离均差的平方和除以样本容量减去 1，即 $n-1$。这是为了更加精确地使用样本方差或标准差来估计总体的方差和标准差，以达到无偏估计。

从上述定义可以看出，如果将数据集中的所有数据在数轴上按照从小到大的顺序进行排列，标准差的几何意义也是十分明确的。不论是总体标准差还是样本标准差，其意义都是数据集合中的每个数据到达数据平均值的平均距离。因此与全距类似，标准差也是用来表达数据变异或者离散程度的一个测量指标。如果一个数据集合的标准差越大，代表此数据集合的数据到达平均值的平均距离越大，数据也就越分散，变异性也越大。相反，若某个数据集合的标准差为0，则表示该数据集合中的所有数据都等于其平均数，数据集合中的所有数据都集中在平均数上，故而不存在任何的变异性。

【实践操作】

集中趋势和变异性的SPSS操作演示。

SPSS的描述统计的内容集中在频数分布和均值、标准差等内容上。频数分布的图和表制作方法在模块一中已经介绍过了，剩下的均值、众数、中位数、标准差等内容的操作步骤也十分简单。下面就对某次健康文化节会展调研观众问卷中的一些题目的描述统计过程进行介绍。

(1)将数据导入SPSS，将各变量定义完全。

(2)在“分析”菜单下的“描述统计”中点击“描述”按钮，如图5-13所示。

图5-13 “分析”菜单下的“描述”按钮

(3)弹出的“描述性”对话框如图5-14所示，将左侧列表中的“健康关注度”这一变量移入右侧“变量”框中。

(4)点击右侧的“选项”按钮，在弹出的“描述：选项”对话框中勾选均值、标准差、方差即可，如图5-15所示。该对话框还可以勾选最大值、最小值等描述性测量指标，读者可以根据自己的需要勾选。

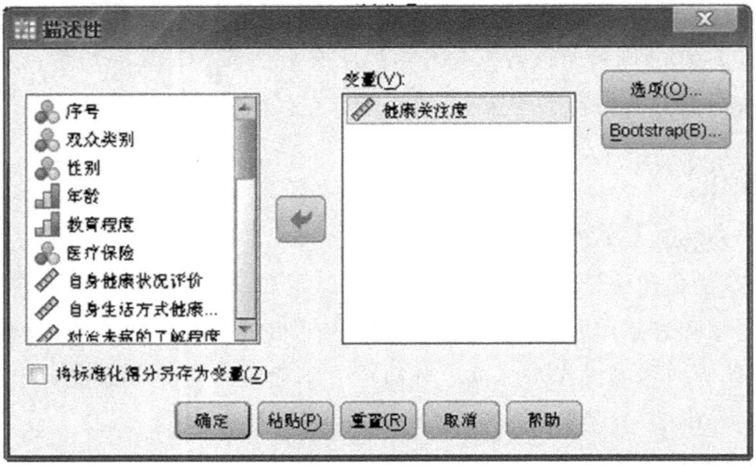

图 5-14 “描述性”对话框示例

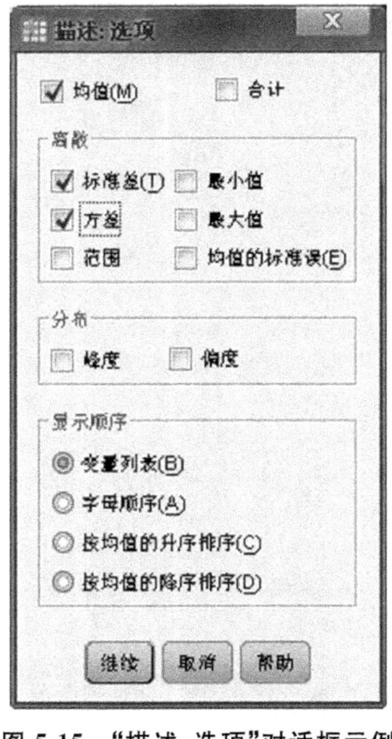

图 5-15 “描述:选项”对话框示例

描述统计的结果如表 5-5 所示,从表中可以看到,变量“健康关注度”的均值为 2.98,表明受调查的观众对自身健康都是关注的,标准差和方差分别为 0.758,0.574,标准差和方差表示的是数据的离散趋势。标准差较小,说明数据的集中水平较高。

表 5-5 “健康关注度”变量的均值、标准差和方差

Descriptive Statistics

	N	Mean	Std. Deviation	Variance
健康关注度	391	2.98	.758	.574
Valid N (listwise)	391			

熟悉 SPSS 的读者可能知道，还有一种途径可以得到变量的描述统计结果，方法如下：

(1)将数据导入 SPSS，将各变量定义完全。

(2)在“分析”菜单下的“描述统计”中点击“频率”按钮，在弹出的对话框中将需要统计的变量导入右侧“变量”框中，如图 5-16 所示。

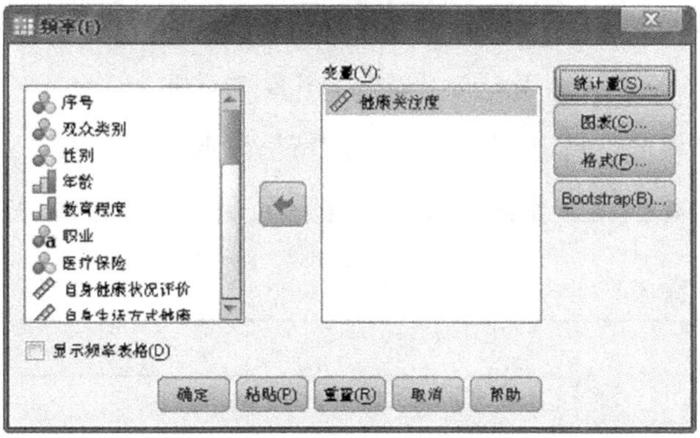

图 5-16 “频率”对话框

(3)点击右侧“统计量”按钮，选择“集中趋势”下的均值、中位数、众数，选择“离散”下的标准差、方差，如图 5-17 所示。

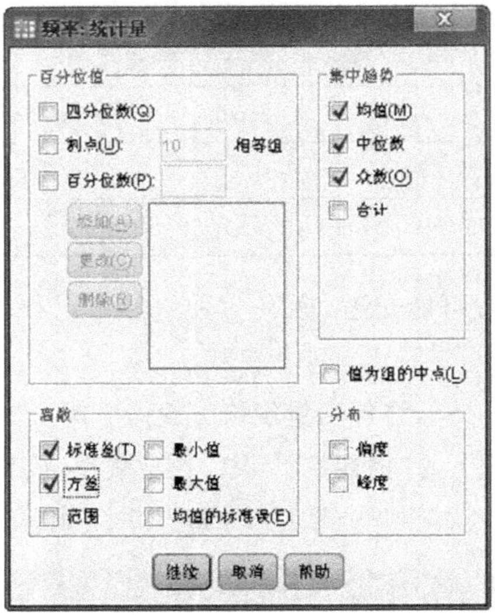

图 5-17 "频率:统计量"对话框

(4)点击"继续",点击"确定",输出的结果如表 5-6 所示。

表 5-6 健康关注度变量的均值、中位数、众数、标准差、方差等统计量结果

Statistics

健康关注度

N	Valid	391
	Missing	0
Mean		2.98
Median		3.00
Mode		3
Std. Deviation		.758
Variance		.574

【注意事项】

(1)理解平均数、中位数、众数等集中量数概念之间的差异,对其各自适用条件有基本的认识。

(2)理解集中趋势和变异性这两个概念,为之后的推论性数据分析做准备。

项目六 利用 SPSS 进行推论性数据分析

学习目标

【知识目标】

- 理解推论性数据分析的作用
- 理解卡方检验的原理和过程
- 理解列联表分析的过程及意义
- 理解相关的概念和散点图的画法
- 理解独立样本 T 检验中的“独立样本”的概念

【技能目标】

- 掌握卡方检验的 SPSS 分析过程
- 掌握列联表分析的 SPSS 分析过程
- 掌握相关系数的 SPSS 分析过程
- 掌握独立样本 T 检验的 SPSS 分析过程

【训练路径】

- 对调研数据中的某些变量进行卡方检验
- 对调研得到的数据中的两个变量进行列联表分析

◆ 对调研得到的数据中的某两个度量变量进行相关分析
◆ 对调研得到的数据中的某些度量变量进行性别差异分析

统计学囊括许多内容，一般都将其大致分为描述性统计和推论性统计，其中描述性统计的内容在项目五中已经进行了详细的介绍。描述性统计是对现有样本数据进行描述性分析，其最大的特征是针对测量的样本进行描述而不涉及总体。描述性统计可以让调研者快速地得出原始数据的大概分布特征以及集中和离散趋势，但一般来说调研的对象都是大的群体，而一次调研的抽样大小即样本量则是相对较小的。比如，要调研农村常住人口对于医疗保险的态度，此时针对的总体是全体的农村常住人口，而实际调研过程中的样本则是相对很小的。那么，如何通过较少的样本来精确地反映总体的真实情况就非常重要了。为了使用样本来精确反映总体的情况，可以在整个调研过程中采用许多步骤和措施。首先，在取样的时候要确保样本属于总体，如要调查农村常住人口对医保的态度就不应该去城市抽样。其次，控制适当的样本容量，样本容量的大小会影响最终分析的结果可靠性，因此应该确保样本量不会过少，一般而言，样本量越大统计结果就越稳定。再次，采用合适的抽样方法。应该根据研究的总体分布和自身条件并综合考虑研究经费采用随机抽样、分层随机抽样、族群抽样等方法。最后，在进行数据分析的时候不仅需要对数据进行描述性的统计分析，还应该采用适当的推论统计方法，使得样本层面的统计结果可以适当地推广到总体层面。推论性统计的方法用途十分广泛，本项目将对其中的非参数统计检验方法以及少量的参数统计检验方法进行介绍。

模块一　卡方检验

【工作任务】

(1)理解推论性统计和描述性统计的区别。

(2)理解卡方检验的原理和过程，理解自由度的概念。

(3)对调研数据中的某些变量进行卡方检验。

【理论指导】

通过项目五的内容，我们可以根据频数分布的方法求出某次调查的性别、职业、年龄等的频数分布图或者表，对调研的分布进行描述，但这只是数据分析的开始。在实际调研中，可能会需要调研者回答以下问题：赞成医保的男女比例哪个更高？调研面向的各个年龄段的人数分布是否存在差异？这一系列问题都是之前没有遇到过的，属于非参数统计检验的范畴。非参数检验方法包括卡方检验和列联表分析两个部分。本模块首先介绍卡方检验，列联表分析将在下一模块中介绍。

一、卡方检验处理的问题

某次调查人们对医疗保险的态度，其中赞成医疗保险的男性和女性分别为 310 人和 279 人，问赞成医疗保险的男女性人数是否存在差异？要回答此问题，不仅仅是将参与调查的赞成医疗保险的男性和女性人数进行简单的比较，还需要考虑其总体的分布情况，这就是卡方检验需要解决的问题之一。下面通过解决此问题来介绍卡方检验的内容。

二、虚无假设 H_0

在推论性统计的假设检验过程中，通常需要对解决的问题先进行虚无假设或备择假设(科学假设)。虚无假设通常陈述的是在总体中没有改变、没有差异或没有相关，因此在这个问题上的虚无假设应该是：

H_0：赞成医疗保险的男性和女性人数没有差异，或者赞成医疗保险的男性和女性各占 50%。

三、卡方检验数据

做出虚无假设之后需要用实际调查的数据来对其进行验证，看实际的数据是接受还是拒绝虚无假设。卡方检验的数据十分简单，就是每个类别的频数。卡方检验的频数分别是观察频数和期望频数。实际观测到的各个类别的频数称为观察频数，用 f_0 表示。比如，在此问题中，赞成医保的男性和女性的观察频数分别为 310 和 279，可以用表 6-1 来表示。

表 6-1　赞成医疗保险的男性和女性的观察频数

类　别	男　性	女　性
f_0	310	279

期望频数是由虚无假设和参与分类的样本数决定的，是指符合虚无假设的样本分布决定的各个类别的频数，用 f_e 表示。在此题中，虚无假设是赞成医疗保险的男性和女性各占 50%，因此 $f_e=(310+279)\times 50\%=294.5$。期望频数如表 6-2 所示。

表 6-2　赞成医疗保险的男性和女性的期望频数

类　别	男　性	女　性
f_e	294.5	294.5

四、计算卡方值

假设检验的目的通常是检查样本的数据是否支持或者拒绝关于总体的假设。在此问题中，样本的数据是观察频数（f_0），总体的假设是期望频数（f_e），需要计算卡方值来看观察频数与期望频数的拟合程度。卡方计算公式如下：

$$\text{卡方值}=\chi^2=\sum\frac{(f_0-f_e)^2}{f_e}$$

即首先求出所有类别的观察频数与期望频数之间的差值，然后将差值平方，之后让所有类别的平方值除以期望频数，最后将所有数值加总。因此本题中的卡方值 $=\frac{(310-294.5)^2}{294.5}+\frac{(279-294.5)^2}{294.5}=1.632$。

五、卡方分布与自由度

从上述计算过程可以看出，如果观察频数与期望频数之间差异越大，卡方值就越大，实际数据与假设总体分布之间的拟合程度就越差。反之，若观察频数与期望频数之间差异越小，卡方值越小，表明实际观测的数据与假设的总体之间拟合越良好。为确定卡方值的实际相对大小，读者需要查看卡方分布表。卡方分布的自由度为 $df=C-1$，其中 C 代表的是观察的类别。在本题中 $C=2$，因此 $df=1$。查看如图 6-1 所示的卡方分布表，找出卡方值的临界区域，看其是相对的大还是小。

α / df	0.995	0.99	0.975	0.95	0.9	0.1	0.05	0.025	0.01	0.005
1	0.00004	0.00016	0.001	0.004	0.016	2.706	3.841	5.024	6.635	7.879
2	0.01	0.02	0.051	0.103	0.211	4.605	5.991	7.378	9.21	10.597
3	0.072	0.115	0.216	0.352	0.584	6.251	7.815	9.348	11.345	12.838
4	0.207	0.297	0.484	0.711	1.064	7.779	9.488	11.143	13.277	14.86
5	0.412	0.554	0.831	1.145	1.61	9.236	11.07	12.833	15.086	16.75
6	0.676	0.872	1.237	1.635	2.204	10.645	12.592	14.449	16.812	18.548
7	0.989	1.239	1.69	2.167	2.833	12.017	14.067	16.013	18.475	20.278
8	1.344	1.646	2.18	2.733	3.49	13.362	15.507	17.535	20.09	21.955
9	1.735	2.088	2.7	3.325	4.168	14.684	16.919	19.023	21.666	23.589
10	2.156	2.558	3.247	3.94	4.865	15.987	18.307	20.483	23.209	25.188
11	2.603	3.053	3.816	4.575	5.578	17.275	19.675	21.92	24.725	26.757
12	3.074	3.571	4.404	5.226	6.304	18.549	21.026	23.337	26.217	28.3
13	3.565	4.107	5.009	5.892	7.042	19.812	22.362	24.736	27.688	29.819
14	4.075	4.66	5.629	6.571	7.79	21.064	23.685	26.119	29.141	31.319
15	4.601	5.229	6.262	7.261	8.547	22.307	24.996	27.488	30.578	32.801
16	5.142	5.812	6.908	7.962	9.312	23.542	26.296	28.845	32	34.267

图 6-1 “卡方分布表”示例

从图 6-1 中可以看到，自由度为 1，统计显著水平为 0.1 时，其临界值为 2.706，大于本题计算所得的卡方值 1.632，而且越小其对应的临界值越大。这表明在本题中观察频数和期望频数之间的差异还没有足够大，不能够使卡方值大于值为 0.1 水平的临界值。因此，认为本题中的观察频数和期望频数之间的差异很小，没有达到统计显著的意义，不能够拒绝虚无假设。也就是说，接受虚无假设，认为赞成医疗保险的男性和女性人数没有差异。

一般来说，实际计算得到的卡方值必须大于表中的值为 0.05 或者更小时所对应的临界值，才具有统计上的显著意义。因此，在本题的自由度为 1 的条件下，只有计算得到的卡方值大于 3.841，才具有统计显著水平为 0.05 的显著性，卡方值才算足够大，可以拒绝虚无假设。从图中可以看到，当自由度大于 1 时，同样显著水平的临界值也变大了。表明自由度越大，用来拒绝虚无假设所具备的卡方值也应该越大。

卡方检验也可以用来计算分类大于两个水平的情况，比如考虑 5 个年龄段内的人数比例有没有差异的问题。其计算方法类似，区别仅在于分类变多了，需要考虑自由度的变化。

【实践操作】

卡方检验的 SPSS 分析过程。

用 SPSS 软件来进行卡方分析的过程是十分简便的，具体操作过程和结果如下所示。

(1)在第一列输入观察频数，例如有 2 个类别，则输入 2 个观察频数，并命名为“观察频数”变量。

(2)在第二列输入数字 1，2，3 等，使第一列的每个观察频数旁边都有一个数字对应，并命名为“行数”变量，如图 6-2 所示。

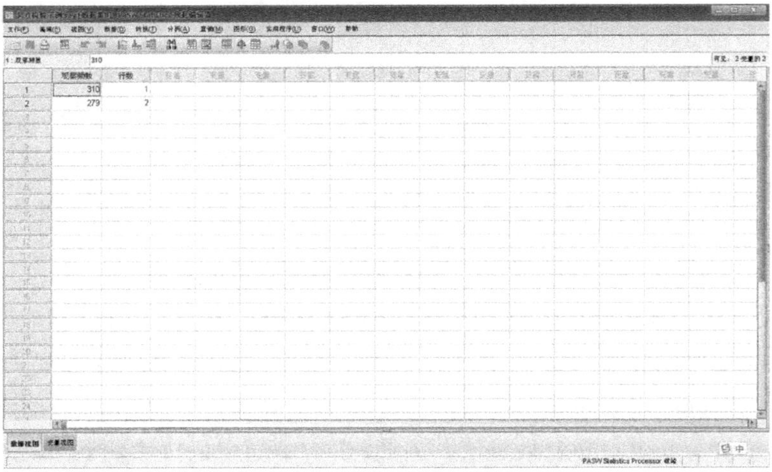

图 6-2　卡方检验数据录入示例

(3)单击工具栏上的“数据”，在菜单下选择“加权个案”，如图 6-3 所示。

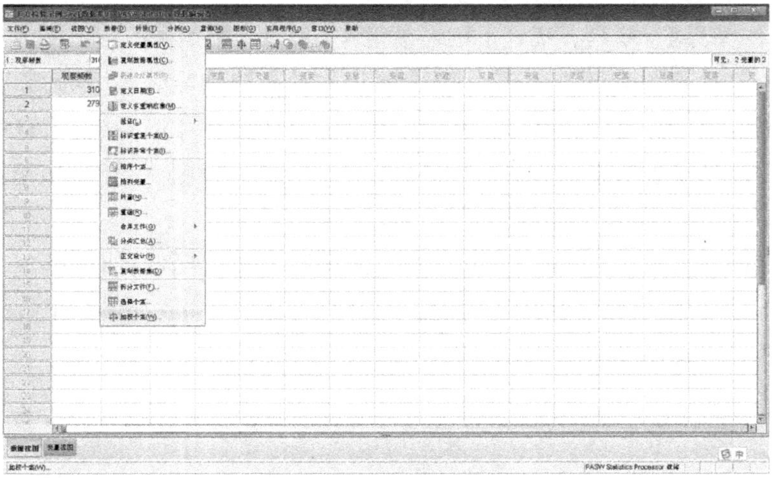

图 6-3　“加权个案”示例

(4)在“加权个案”对话框中将左边的观察频数变量选入“频率变量”一栏中，如图 6-4 所示。

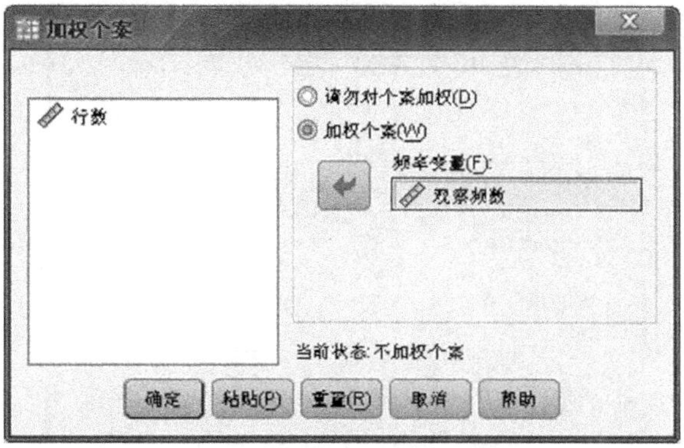

图 6-4　“加权个案”对话框示例

(5)单击“确定”，对个案进行加权。

(6)在工具栏单击“分析”，选择“非参数检验”，然后选择“旧对话框”，单击“卡方”，如图 6-5 所示。

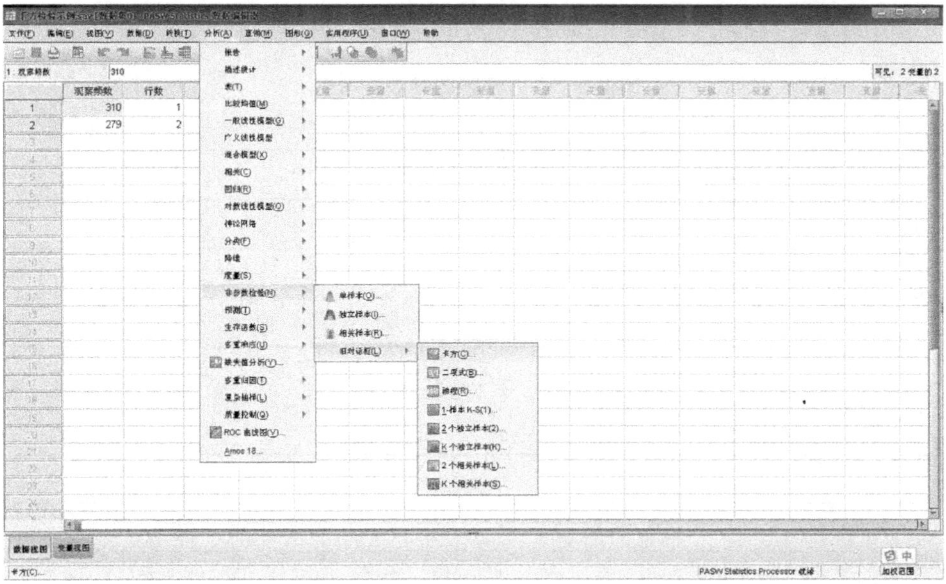

图 6-5　选择“非参数检验”→“旧对话框”中的“卡方”

(7)选择“行数”变量，将其选入“检验变量列表”中，如图 6-6 所示。

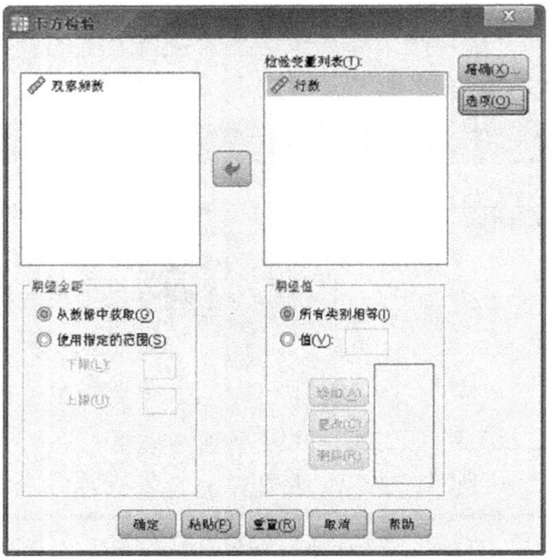

图 6-6 “卡方检验”对话框示例

(8)规定期望频数。你可以选择“期望值”下的“所有类别相等”,自动将所有类别的期望频数设为相等,或自己输入期望频数——单击“值”,输入想要的期望频数,并单击“添加”。

(9)单击“确定”,结果如表 6-3 和表 6-4 所示。

表 6-3 卡方检验的频数分布表

行数

	Observed N	Expected N	Residual
1	310	294.5	15.5
2	279	294.5	−15.5
Total	589		

表 6-4 卡方检验结果表

Test Statistics

	行 数
Chi-square	1.632[a]
df	1
Asymp. Sig.	.201

a. 0 cells (.0%) have expected frequencies less than 5. The minimum expected cell frequency is 294.5.

表 6-3 所示是观察频数和期望频数，以及其差值和样本总数的分布表格，从中可以看到，期望频数与上面计算得到的完全相同。表 6-4 则是卡方检验的结果，其中第一行是卡方值，为 1.632，第二行是自由度，为 1，第三行是统计检验的显著性水平。从表中可以看到，本例中的显著性水平为 0.201，远大于一般的显著性水平 0.05，因此并未达到统计显著要求的 0.05 水平。即赞成医保的男性和女性人数分布不存在显著差异，这与上述手工计算的结果一致。

【注意事项】

（1）深刻理解推论性统计分析和描述性统计分析各自的功能。

（2）注意卡方检验是一种非参数检验方法，其适用范围与一般参数检验方法有所差异。

（3）理解统计检验显著水平的概念及其内在意义。

模块二　列联表分析

【工作任务】

（1）理解列联表分析的过程及意义。

（2）对调研得到的数据中的两个变量进行列联表分析。

【理论指导】

一、列联表分析处理的问题

卡方分析也可以用于检验两个变量是否具有相关关系上。在此情况下，每个测量的对象都可以被分到两个变量中。比如，在调查不同性别的城市居民参与医保的情况时，每个调查对象都可以根据性别分类为男性或女性，也可以根据是否参与医疗保险分类为参与和未参与两种。如果将性别的两个分类作为两行，将是否参与医保的两个分类作为两列，那么每个调查对象都可以被归入一个 2×2 的矩阵中，如表 6-5 所示。从表中可以看到，参加调查的所有人中未参与医保的女性和男性分别为 16 人、52 人，参与医保的女性和男性分别为 126 人、196 人，参与调查的总人数为 386 人。由于具有列与行各代表一个变量的不同分类的交叉形式，这样的表格又称为交叉表或者列联表。

表 6-5　性别和参与医保情况的列联表示例

	未参与医保	参与医保
女　性	16	126
男　性	52	192

从表 6-5 中可以看出，与卡方检验类似，表格内单元格中的数字都是频数而不是分数。列联表的分析过程也与卡方检验类似，下面将就此例进行分析。

二、虚无假设

与卡方检验类似，做列联表检验的第一步也需要进行假设。事实上，所有的检验过程都需要事先进行假设。列联表分析的虚无假设基本陈述是，被分析的两个变量是独立的或者不相关的。也可以将其转换为对于行变量（列变量）的不同分类而言，列变量（行变量）上的人数分布情况没有差异。因此，本例中的虚无假设应该如下所示。

H_0：对于一般的城市居民，性别和参与医疗保险之间不存在相关关系。或者是，对于一般城市居民，男性和女性的参与医保情况不存在显著差异，男性和女性的参与医保情况频数分布具有相同的形状。

三、列联表检验的数据

与卡方检验的逻辑类似，列联表检验的数据也包含观察频数和期望频数两种。其中，观察频数的列表如表 6-5 所示，用 f_0 表示。期望频数 f_e 的计算方法需要考虑到虚无假设，期望频数就是指与虚无假设完美拟合的频数分布。在该例中，期望频数的计算过程如下：

先列出与表 6-5 类似的空白表格，并由表 6-5 中的观察频数计算出所有的行总和与列总和，如表 6-6 所示。

表 6-6　计算出行总和和列总和的空白矩阵

	未参与医保	参与医保	行总和
女　性			142
男　性			244
列总和	68	318	386

表 6-6 中的行总和表示性别的总体分布，其中有 142 人是女性、244 人是男性，占比各为 36.79%和 63.21%。而列总和则表示参与医保情况的总体分布，其中未参与医保和参与医保的人数分别为 68 人和 318 人，占比各为 17.62%和 82.38%。按照虚无假设，男性和女性参与医保的情况不存在显著差异，即男性和女性的已报情况频数分布具有相同的形状，那么不论对于男性还是女性，未参与医保和参与医保的人数比例都应该与总体的未参与医保和参与医保的人数比例相一致。也就是说，可以根据总体的未参与医保和参与医保的人数分布比例即列总和，来求出男性和女性未参与医保和参与医保的各自人数。这样我们就可以算出：

17.62%的女性未参与医保，$f_e = 17.62\% \times 142 = 25$；

82.38%的女性参与医保，$f_e = 82.38\% \times 142 = 117$；

17.62%的男性未参与医保，$f_e = 17.62\% \times 244 = 43$；

82.38%的男性参与医保，$f_e = 82.38\% \times 244 = 201$。

将结果填入表 6-6，结果如表 6-7 所示，需要注意的是，期望频数的行总和和列总和，与观察频数完全一致。

表 6-7　性别与参与医保情况的期望频数分布表

	未参与医保	参与医保	行总和
女　性	25	117	142
男　性	43	201	244
列总和	68	318	386

计算列联表各单元格的期望频数还可以根据如下公式进行，这样通过简单的计算即可得到各单元格的期望频数的值：

$$f_e = \frac{f_c \times f_r}{n}$$

其中，f_c 代表单元格所对应的列总和，f_r 代表单元格所对应的行总和，n 代表样本总数。所以，每个单元格的期望频数等于其所对应的行总和与列总和之积并除以样本容量。读者可以自行计算验证，看结果是否一致。

四、卡方和自由度

列联表分析的卡方计算公式与卡方检验中的卡方计算公式完全一致，这里不做赘述。本例中，卡方值的计算过程如下：

$$卡方值 = \chi^2 = \sum \frac{(f_0 - f_e)^2}{f_e} = \frac{(16-25)^2}{25} + \frac{(126-117)^2}{117} + \frac{(52-43)^2}{43} + \frac{(192-201)^2}{201} = 6.219。$$

当计算出卡方值之后，就需要查卡方分布表找出对应的自由度下的卡方临界值，看检验的结果是否显著。因此，我们还必须先算出自由度。在此，自由度就是可以自由决定的空白期望频数单元格的个数。从表 6-6 可以看到，决定期望频数的因素有行总和与列总和以及样本容量。在表 6-6 中，可以自由决定的单元格只有 1 个，一旦确定了 1 个单元格的数值，剩余的 3 个单元格数值就由行总和与列总和共同确定了。因此，本例中的卡方自由度为 1。对于列联表而言，其自由度由以下公式决定：

$$df = (R-1) \times (C-1)$$

其中，df 代表自由度的值，R 和 C 分别表示行数和列数。

计算出卡方值和自由度之后查卡方分布表（如图 6-1），可以看到自由度为 1 时，值为 0.025 对应的卡方临界值为 5.024，值为 0.01 对应的卡方临界值为 6.635。本例中的卡方自由度为 1，卡方值为 6.239，大于 0.025 水平下的值，小于 0.01 水平下的值。这表明期望频数的分布与观察频数的分布之间差异极大，我们可以有 97.5%的信心说观察频数和期望频数之间存在显著的差异。即城市居民的性别和参与医疗保险之间并不完全独立，而是存在相关的关系。

【实践操作】

列联表分析的 SPSS 分析过程。

SPSS 的列联表分析有两种方法，其中一种与卡方分析的过程类似，需要先将观察频数的变量进行加权个案。具体过程如下：

(1)在第一列，输入完整的观察频数，可以按行输入，也可以按列输入。

(2)在第二列，输入数字 1,2,3 等，这个数字是每个观察频数所处的行数，如在每个属于第一行的观察频数旁边输入数字 1。

(3)在第三列，输入数字 1,2,3 等，这个数字是每个观察频数所处的列数，如在每个属于第一列的观察频数旁边输入数字 1。本例输入完成后的数据如图 6-7 所示。

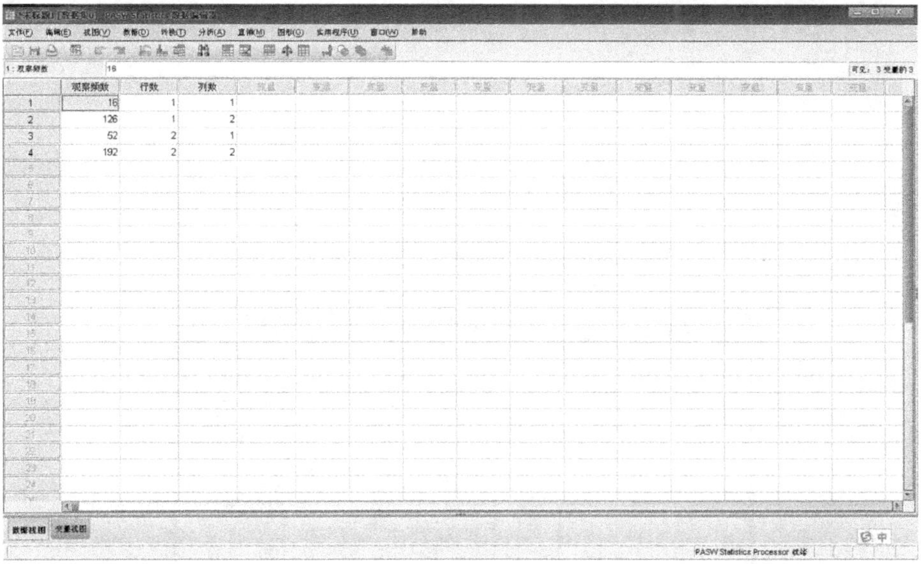

图 6-7　列联表分析数据输入示例

(4)单击工具栏上的“数据”，在菜单下选择“加权个案”。

(5)单击“加权个案”，将左边的观察频数变量选入“频率变量”一栏中。

(6)单击“确定”将变量加权。

(7)在工具栏单击“分析”，选择“描述统计”，单击“交叉表”，如图 6-8 所示。

(8)选择含有行数的那一个变量，将其选入行中，选择含有列数的那一个变量，将其选入列中，如图 6-9 所示。

(9)单击“统计量”，选择“卡方”，然后单击“继续”，如图 6-10 所示。

(10)单击“确定”，结果如表 6-8 和表 6-9 所示。

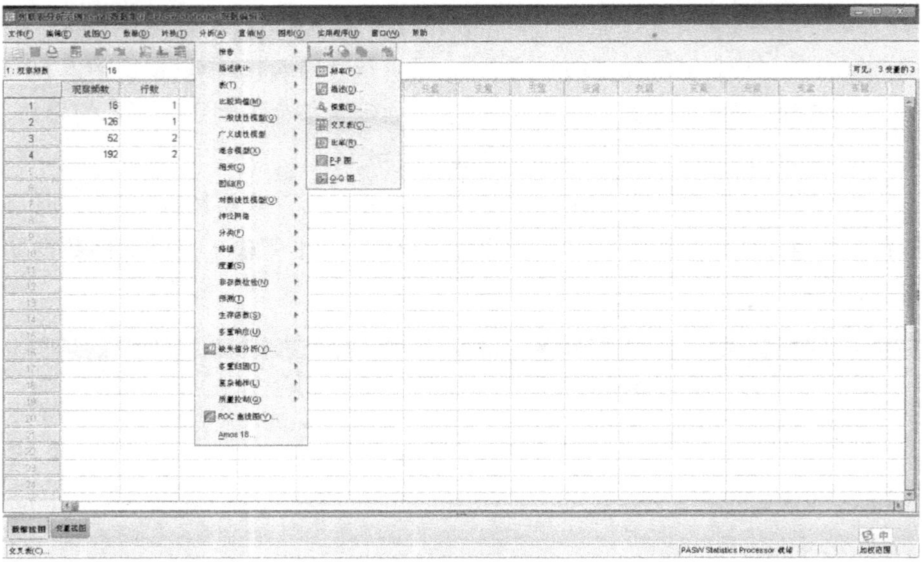

图 6-8　选择“描述统计”中的“交叉表”

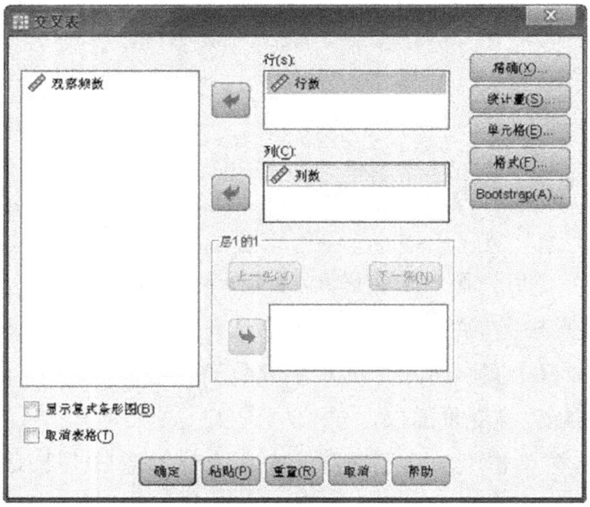

图 6-9　“交叉表”对话框示例

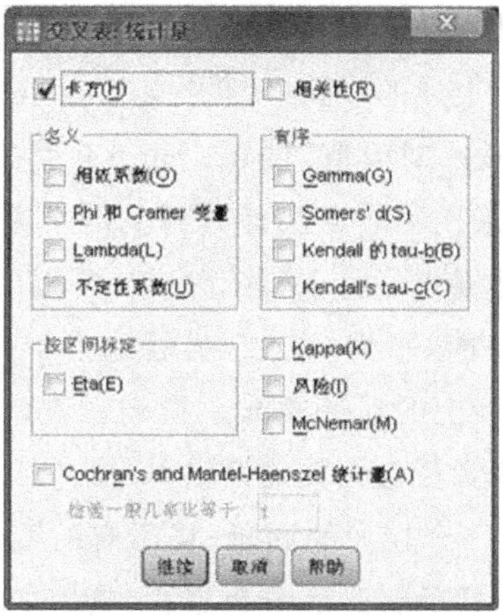

图 6-10 "交叉表:统计量"对话框示例

表 6-8 交叉表的观察频数表

行数 * 列数 Crosstabulation

Count

		列数		Total
		1	2	
行数	1	16	126	142
	2	52	192	244
Total		68	318	386

表 6-9 交叉表分析结果

Chi-Square Tests

	Value	df	Asymp. Sig. (2-sided)	Exact Sig. (2-sided)	Exact Sig. (1-sided)
Pearson Chi-Square	6.239[a]	1	.012		
Continuity Correction[b]	5.566	1	.018		
Likelihood Ratio	6.589	1	.010		
Fisher's Exact Test				.013	.008
Linear-by-Linear Association	6.223	1	.013		
N of Valid Cases	386				

a. 0 cells (.0%) have expected count less than 5. The minimum expected count is 25.02.

b. Computed only for a 2×2 table.

表 6-8 就是观察频数表，在 SPSS 中还可以根据需要将期望频数也输出到同一张表格中，方法是在上述的步骤(9)的“交叉表”对话框中单击“单元格”，然后勾选“计数”标签下的“期望值”即可。表 6-9 就是交叉表分析的结果表格。左边的不同行代表采用不同方法计算得到的卡方值，一般情况下只需要查看第一行皮尔逊卡方值即可。从表 6-9 中可以看到，皮尔逊卡方值为 6.239，自由度为 1，显著性水平为 0.012，显著地小于 0.05。这说明观察频数和期望频数之间存在统计上的显著差异。换句话说，性别变量和参与医保变量之间并非完全独立，两者存在相关关系。

在 SPSS 中，如果是一个较大的调研，将所有的变量都输入 SPSS 并定义完全后，完全可以有更简便的交叉表分析过程，具体如下：

(1)将所有变量输入 SPSS 并定义完全。

(2)在工具栏单击“分析”，选择“描述统计”，单击“交叉表”，如图 6-11 所示。

(3)将“性别”和“医疗保险”两个需要分析的变量分别导入右侧的行和列中，如图 6-12 所示。

(4)点击“统计量”按钮，勾选“卡方”，点击“单元格”按钮，勾选“期望值”，点击继续。

(5)点击“确定”，可以看到结果输出窗口中的输出表格与之前方法得出的表格完全一致，这里不做赘述。

图 6-11　完全数据状态下的交叉表分析步骤示例 1

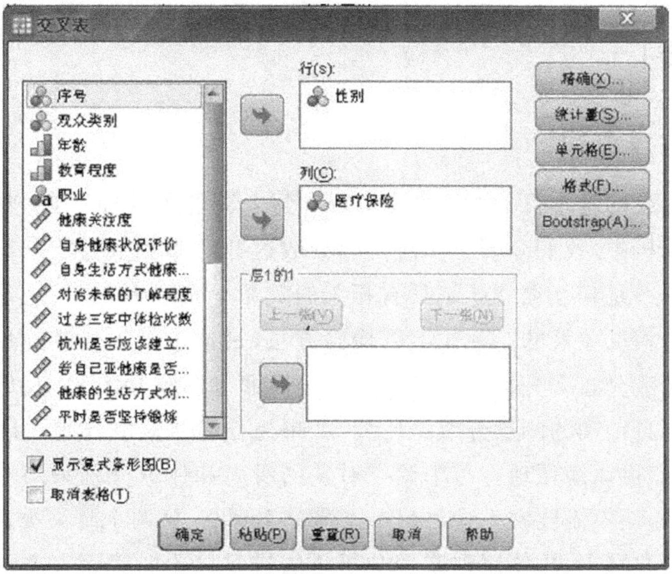

图 6-12　完全数据状态下的交叉表分析步骤示例 2

【注意事项】

(1)理解列联表分析和交叉表制作的差异。前者是推论性统计中的一种非参数检验方法,而后者仅仅是一种描述性统计方法。

(2)注意列联表分析与卡方检验之间的异同。后者是单变量分析,而前者检验双变量之间的关系。

模块三　相关关系

【工作任务】

(1)理解相关的概念和散点图的画法。

(2)对调研得到的数据中的某两个度量变量进行相关分析。

【理论指导】

一、相关关系概述

科学研究的基本目的之一就是寻找和建立变量之间的关系。在上一模块的列联表分析中，我们介绍了如何使用频数这样的非测量分数来检验两个变量之间的关系是相互独立还是具有相关的关系。实际上，这只是寻求变量之间是否具有相关关系的一种非参数检验方法，是迫于没有变量的具体测量分数而采用频数分布来分析的。其实在许多调研和科研项目中，我们可以获得两个变量各自精确的测量分数。比如，如果想检验身高和体重之间是否有相关关系，我们可以简便地将每个调查对象的身高和体重分别采用尺子和电子秤称量出来，而不需要费力地将每个个体分类到高、矮两个身高类别，以及胖、瘦两个体重类别中，再使用列联表分析方法进行检验。简而言之，有的时候，我们有更为精确的测量方法可以测得变量的分数，这对于后续的统计而言是更好的，在统计学上已经发展出了许多针对变量测量分数的统计检验方法，来寻找变量之间的关系。

测得变量的分数之后，下一步就是计算变量之间的相关系数 r。实际上，在计算相关系数之前，我们可以将两个变量的测量分数在同一张图上画出来，画出的图形是许多分散的点，称为散点图。从散点图中就可以大致看出两个变量是否存在相关关系、相关方向以及关系的强弱等。如表 6-10 是 10 个人的身高和体重的列表，将其用散点图的形式画出，如图 6-13 所示。在图 6-13 中，横坐标轴 x 代表身高(cm)，纵坐标轴 y 代表体重(kg)。散点图中的每个点表示每个被测量者的身高所对应的体重。

表 6-10　10 个测量对象的身高和体重

编　号	身高(cm)	体重(kg)
1	160	56
2	171	64
3	168	69
4	176	65
5	166	59

续　表

编　号	身高(cm)	体重(kg)
6	158	51
7	183	72
8	173	70
9	178	73
10	170	63

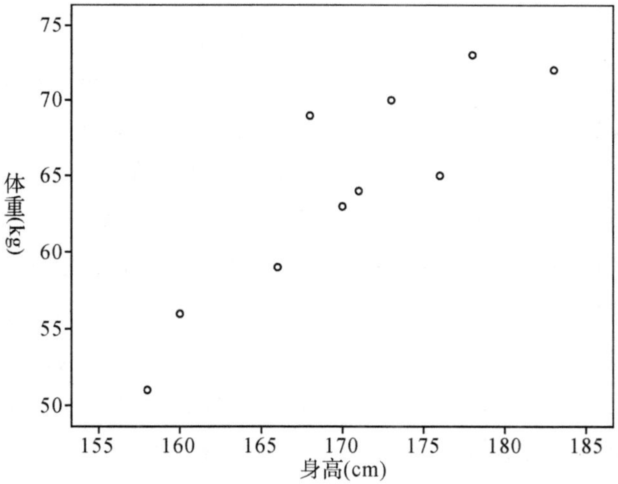

图 6-13　身高和体重的散点图

从图 6-13 中可以看出,虽然有个别反复,但图中的散点总体趋势是随着身高逐渐增高,体重也越来越重。随着变量 x 逐渐增大,y 也逐渐增大,x 逐渐减小,y 也逐渐减小,这样形式的相关称为正相关,在相关系数之前用"+"表示。相反,若随着变量 x 逐渐增大,y 逐渐减小,随着 x 逐渐减小,y 逐渐增大,这样的相关称为负相关,在相关系数之前用"—"表示。

从散点图中我们还可以看出相关的程度,通常对于线性相关关系来说,散点越趋向于一条直线,表示相关关系越强,相关系数越接近+1 或者−1。当所有的散点都位于同一条直线上时,相关系数就是+1 或者−1。相反,若散点图中的点越分散则表示相关关系越弱。当散点的分布为圆形时相关关系最弱,此时相关系数为 0,表示两个变量之间不存在相关关系。

二、皮尔逊相关

目前应用最为广泛的相关是皮尔逊相关，本节介绍的也是以皮尔逊相关为主。皮尔逊相关测量的是两个变量之间的线性关系的程度和方向，相关系数用 r 表示。皮尔逊相关的公式如下：

$$r=\frac{X\text{ 和 }Y\text{ 之间的共变性}}{X\text{ 和 }Y\text{ 各自的变异性}}=\frac{\sum(X-M_X)(Y-M_Y)}{\sqrt{\sum(X-M_X)^2}\sqrt{\sum(Y-M_Y)^2}}$$

其中，X，Y 分别表示变量 X 和 Y 各自的测量分数。M_X 和 M_Y 分别表示变量 X 和 Y 的算术平均数。从上述公式可以看到，只需要将变量 X 和 Y 的分数测量完毕，并求出各自的算术平均值，将各自的测量分数和算术平均值代入公式即可计算出相关系数 r 的值。经过计算，上面的身高和体重两个变量的相关系数 $r=0.887$，有兴趣的读者可以自行手动计算，以加深对相关系数的理解。

相关关系经常被用来预测。如果两个变量存在相关关系，就可以用其中的一个变量来预测另一个变量。比如，已知两个变量存在正相关关系，那么我们可以知道其中的一个变量值是随着另一个变量值变化的，且变化的方向相同。相对地，若存在负相关关系，则两个变量之间的变化关系是一个变量随另一个变量增大而减小。我们知道，随着相关系数的变化，变量可以被预测的比例多少也不相同。比如相关系数为 0 时，一个变量完全不可以被另一个变量预测；而当相关系数为 +1 或者 −1 时，一个变量则可以 100% 被另一个变量预测。那么，被预测的变量有多少变异能够被另一个变量预测呢？这里有一个决定系数的概念存在。决定系数的值等于相关系数的平方，即 r^2，表示的是一个变量的变异中有多少可以由另一个变量来决定。比如，某两个变量之间的相关系数为 0.7，则决定系数为 0.49，表示变量 Y 的变异中只有不到一半可以由变量 X 决定和预测。

计算出相关系数之后也需要进行相关的假设检验过程。在进行相关系数的假设检验时，虚无假设的通常形式是：

$$H_0: \rho=0\text{。}$$

即假设总体的相关系数为 0，总体不存在相关。备择假设则相对地为：

$$H_1: \rho\neq 0\text{。}$$

即备择假设的意义为总体相关系数不为 0，即总体存在相关。

皮尔逊相关的假设检验自由度 $df=n-2$。n 为样本对数。计算出自由度之后，查相关临界值表，看对应自由度的临界值是否小于样本相关系数的绝对值即可。相关临界值表如表 6-11 所示。这里所进行的假设检验是双尾检验，表中的单尾检验是指虚无假设为 $\rho\geqslant0$ 或 $\rho<0$ 这样带有方向的假设。可以看到这样的假设要求的相关系数更为严格，必须是正数或者是负数才能够被接受。

表 6-11　相关临界值表

	单尾检验的显著性水平			
	0.05	0.025	0.01	0.005
$df=n-2$	双尾检验的显著性水平			
	0.10	0.05	0.02	0.01
1	0.988	0.997	0.9995	0.9999
2	0.900	0.950	0.980	0.990
3	0.805	0.878	0.934	0.959
4	0.729	0.811	0.882	0.917
5	0.669	0.754	0.833	0.874
6	0.622	0.707	0.789	0.834
7	0.582	0.666	0.750	0.798
8	0.549	0.632	0.716	0.765
9	0.521	0.602	0.685	0.735
10	0.497	0.576	0.658	0.708
11	0.476	0.553	0.634	0.684
12	0.458	0.532	0.612	0.661
13	0.441	0.514	0.592	0.641
14	0.426	0.497	0.574	0.623
15	0.412	0.482	0.558	0.606
16	0.400	0.468	0.542	0.590
17	0.389	0.456	0.528	0.575
18	0.378	0.444	0.516	0.561

续 表

$df=n-2$	单尾检验的显著性水平			
	0.05	0.025	0.01	0.005
	双尾检验的显著性水平			
	0.10	0.05	0.02	0.01
19	0.369	0.433	0.503	0.549
20	0.360	0.423	0.492	0.537
21	0.352	0.413	0.482	0.526
22	0.344	0.404	0.472	0.515
23	0.337	0.396	0.462	0.505
24	0.330	0.388	0.453	0.496
25	0.323	0.381	0.445	0.487
26	0.317	0.374	0.437	0.479
27	0.311	0.367	0.430	0.471
28	0.306	0.361	0.423	0.463
29	0.301	0.355	0.416	0.456
30	0.296	0.349	0.409	0.449
35	0.275	0.325	0.381	0.418
40	0.257	0.304	0.358	0.393
45	0.243	0.288	0.338	0.372
50	0.231	0.273	0.322	0.354
60	0.211	0.250	0.295	0.325
70	0.195	0.232	0.274	0.302
80	0.183	0.217	0.256	0.283
90	0.173	0.205	0.242	0.267
100	0.164	0.195	0.230	0.254

以上就是皮尔逊相关的基本内容。需要注意的是，变量之间的相关并不一定代表某一个变量一定会导致另一个变量的变化这样的因果关系。例如，已知吸烟和肺癌之间存在显著的相关，但还没有证据证明吸烟就一定会导致肺癌，肺癌的发生还与许多其他因素存在关联。

【实践操作】

相关系数的 SPSS 分析过程。

SPSS 中求相关系数并进行假设检验的过程十分简便。下面将求上面例子中的皮尔逊相关系数并进行假设检验的步骤列出供读者参考。

(1)将数据录入 SPSS 并将变量定义完全，如图 6-14 所示。

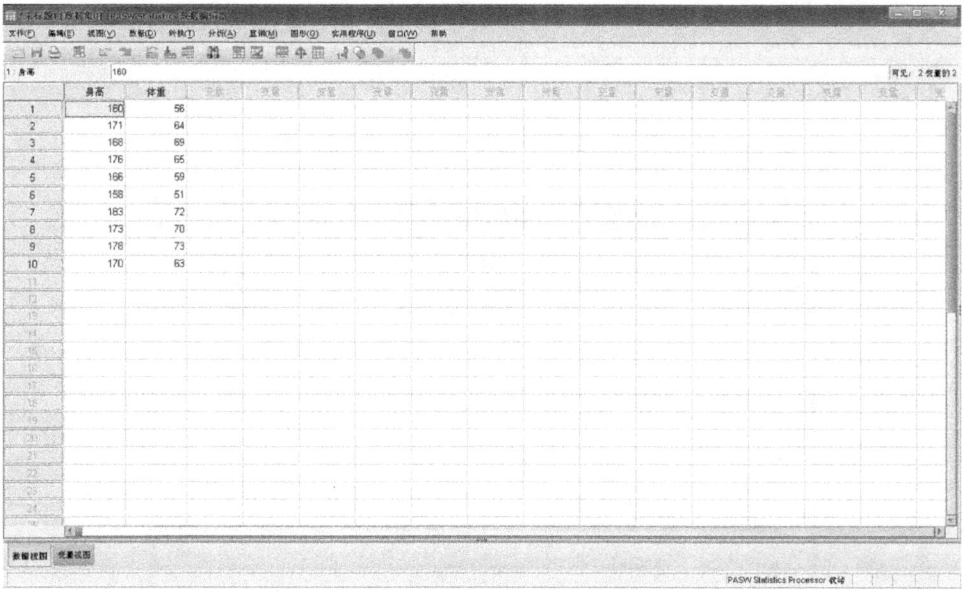

图 6-14　相关数据录入示例

(2)选择菜单中“分析”下的“相关”，点击“双变量”，如图 6-15 所示。

(3)在弹出的“双变量相关”对话框中将左侧的身高和体重两个变量移入右侧的“变量”框中，在下面的“相关系数”中勾选“Pearson”，“显著性检验”下选择“双侧检验”，如图 6-16 所示。

(4)点击“确定”。

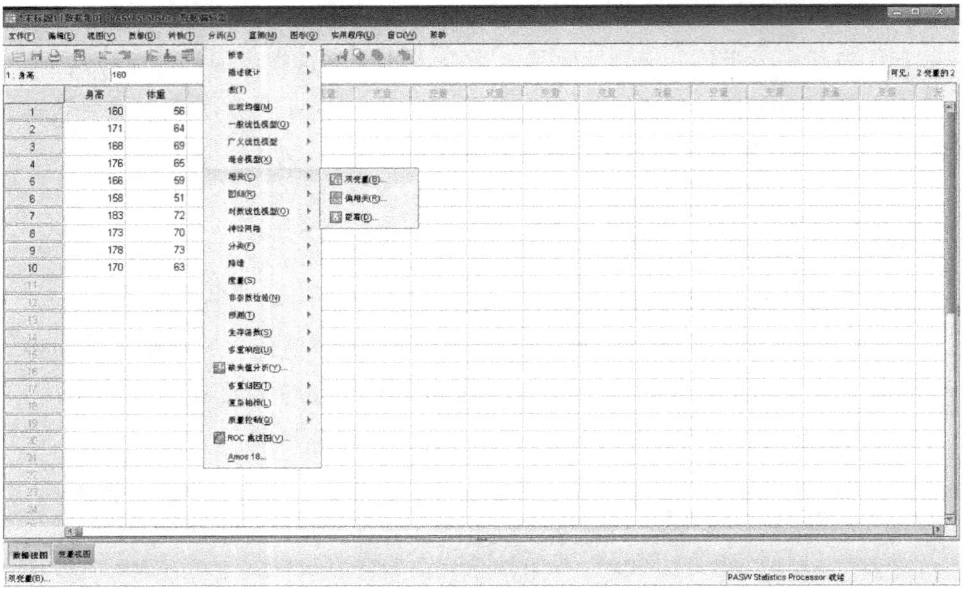

图 6-15　选择“相关”中的“双变量”按钮

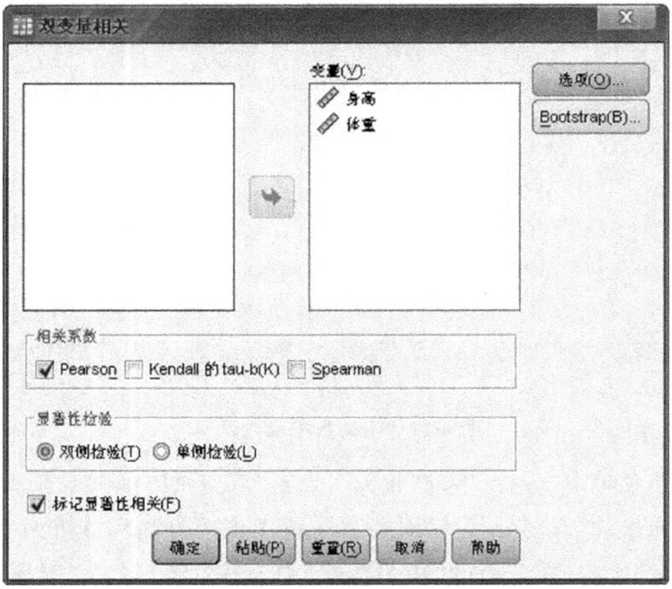

图 6-16　“双变量相关”对话框

表 6-12 是 SPSS 结果输出窗口的相关分析结果。表中的行和列分别是两个变量，从中可以看出，身高和体重之间的皮尔逊相关系数为 0.887，双侧检验结果表明，相关系数显著，显著性水平为 0.001。

表 6-12　相关分析结果

Correlations

		身　高	体　重
身　高	Pearson Correlation	1	.887**
	Sig. (2-tailed)		.001
	N	10	10
体　重	Pearson Correlation	.887**	1
	Sig. (2-tailed)	.001	
	N	10	10

**. Correlation is significant at the 0.01 level (2-tailed).

可以看出，SPSS 操作相关分析是十分简便的，读者可以利用手头的调研数据对其中需要分析相关关系的变量进行 SPSS 相关分析。

【注意事项】

（1）注意皮尔逊相关分析的数据适用范围需要的是等距或等比数据，名义数据或者顺序数据并不能使用皮尔逊相关分析。

（2）从数据适用范围的角度进一步理解非参数检验与参数检验的不同之处。非参数检验方法的适用数据范围要大于参数检验方法。

模块四　独立样本 T 检验

【工作任务】

（1）理解独立样本和相关样本的概念，了解独立样本 T 检验解决问题的范畴。

（2）对调研得到的数据中的某些度量变量进行性别差异分析。

【理论指导】

一、概述

在实际调研中,我们通常会遇到类似这样的问题。如:某次健康文化节调查观众对健康问题的关注程度,现在研究者可能对男性和女性对健康的关注度感兴趣,同时还对男性和女性对健康的关注度是否存在差异感兴趣。比如,在对健康的关注度上,男性和女性谁的关注度更高?两者是否存在显著的差异?在这个问题中,男性和女性是两个相互独立的样本,这类求两个相互独立的样本平均数的差异的统计过程称为独立样本 T 检验。

独立样本 T 检验的 T 分数推导和假设检验的过程较为复杂,不在本书讨论范围之内。有兴趣的读者可以自行参考相关的统计书籍,了解其具体推导和假设检验的过程。本书仅介绍独立样本 T 检验所解决的问题,以及 SPSS 的操作过程和结果解读。

二、独立样本 T 检验解决的问题

如上述例子所述,独立样本 T 检验是采用一种统计指标,即 T 分数来检验两个独立样本的平均数是否存在显著差异。在此有两点需要注意:

(1)独立样本 T 检验只能解决相互独立的样本平均数差异问题。比如,上述的男女性对健康的关注度就可以视为男性和女性两个相互独立的样本。再如,如果要解决参与医保和未参与医保的人对健康的关注度是否存在差异,也是运用类似的思维模式将参与医保和未参与医保作为两个相互独立的不相干样本来看待。但是,在实际研究中,有许多问题是重复测量的样本平均数问题。比如,要测试某种数学教学方法的实际运用效果,对某班级同学的数学成绩在运用教学方法之前和运用教学方法半年之后分别进行前后测试。这种对同一个样本进行前后两次测试或者调查获得的分数是相关的,因此不能够运用独立样本 T 检验的方法,而应该采用重复测量的检验方法。感兴趣的同学可以自行参考其他统计书籍。

(2)独立样本 T 检验只能够解决两个样本之间的平均数差异问题。对三个或者三个以上的平均数比较问题,则属于方差分析的范畴,例如要考虑 20 岁以下、21—30 岁、31—40 岁、41—50 岁、51—60 岁以及 60 岁以上这 6 组调

查对象对健康的关注度是否有差异。显然，这6组样本是可以被视为相互独立的，但是这6组样本之间的平均数有无差异则不能简单地运用独立样本T检验对其两两进行检验，这样会增大误差。处理多于两类的独立样本平均数差异问题有一个专门的统计方法称为方差分析。由于过程较为复杂，且不属于本书介绍的简单统计的范畴，因此不做介绍，有兴趣的读者可以参考其他统计书籍自学。

【实践操作】

独立样本T检验的SPSS分析过程。

独立样本T检验的SPSS分析过程较为简便，结合上述男女性健康关注度是否存在差异的问题进行具体分析，过程如下：

(1)将所有调查数据录入SPSS，并将变量定义完全。

(2)将“性别”变量的值标签定义完全，如在本例中，将分数0定义为女性，1定义为男性，详见项目四模块一相关内容。

(3)选择菜单中“分析”下的“比较均值”中的“独立样本T检验”并点击，如图6-17所示。

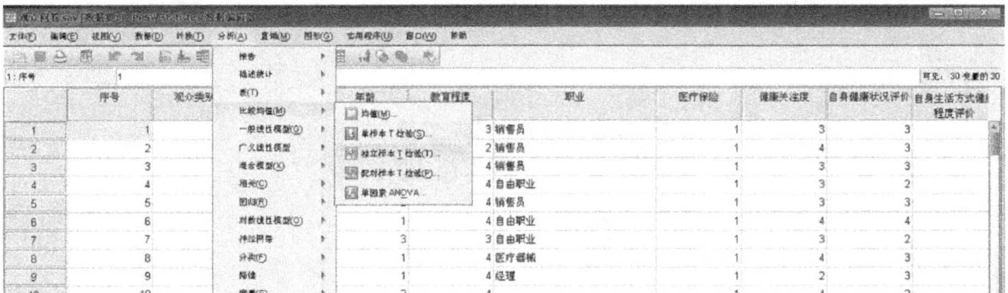

图6-17 “独立样本T检验”按钮示例

(4)在弹出的“独立样本 T 检验”对话框中，将变量“健康关注度”移入右侧的“检验变量”中，将“性别”变量移入右侧的“分组变量”中，如图 6-18 所示。

图 6-18 “独立样本 T 检验”对话框

(5)点击“分组变量”下面的“定义组”按钮，弹出如图 6-19 所示的“定义组”对话框，在对话框中的组 1 和组 2 后面的方框中分别输入想要分析的样本组在 SPSS 中的数据，在该例中，应该在组 1 中输入 0，组 2 中输入 1，点击“继续”。

图 6-19 “定义组”对话框

(6)单击“确定”，SPSS 结果输出窗口中将输出如表 6-13 和表 6-14 所示的两张表格。

表 6-13　健康关注度的分组统计表

Group Statistics

	性别	N	Mean	Std. Deviation	Std. Error Mean
健康关注度	女	144	3.09	.719	.060
	男	247	2.92	.774	.049

从表 6-13 中可以看到，调查中的女性为 144 人，男性为 247 人。女性对健康的关注度平均数为 3.09 分，标准误为 0.719，平均数的标准误为 0.060。男性对健康的关注度平均数为 2.92 分，标准误为 0.774，平均数的标准误为 0.049。可以看到，女性和男性对平均数的关注程度较为接近，其中女性更为关注一些。但这种差异是不是显著呢?

从表 6-14 中可以看到，有两行数值，其中第一行是指在方差齐性成立的条件下的 t 值和显著性，而第二行则是指在方差不齐性的条件下的 t 值和显著性。表的第二列 Levene's Test for Equality of Variances 就是检验方差是否齐性的一次假设检验，从表中可以看到，F 值为 0.974，Sig. 值为 0.324，这表明方差齐性检验结果不显著，即方差是齐性的。我们要看的独立样本 T 检验结果需要看第一行的结果。表格的第二列就是 t 分数的值，从中可以看到 t 分数的自由度为 389，t 分数值为 2.114，记为 $t(389)=2.114$。Sig. (2-tailed) 表明采用的检验方法为双尾检验，从表中可以看到检验的显著性值为 0.035，记为 $p=0.035$。后面几列分别代表均值差异、差异的标准误以及均值差异的 95%置信区间的上下限。这里我们需要关注的是以下几个方面：首先，看方差齐性检验的结果是否显著。如果显著则看第二列的结果，否则看第一列的结果。其次，需要关注 t 值、自由度以及 p 值。在正式的统计报告中，关于该问题的检验结果应该如下报告：检验结果表明，女性组对健康的关注度($M=3.09$，$SD=0.719$)比男性组对健康的关注度($M=2.92$，$SD=0.774$)更高，差异显著，$t(389)=2.114$，$p=0.035$(或者 $p<0.05$)。

表 6-14　健康关注度的性别变量独立样本 T 检验结果

Independent Samples Test

		Levene's Test for Equality of Variances		t-test for Equality of Means						
									95% Confidence Interval of the Difference	
		F	Sig.	*t*	*df*	Sig. (2-tailed)	Mean Difference	Std. Error Difference	Lower	Upper
健康关注度	Equal variances assumed	.974	.324	2.114	389	.035	.167	.079	.012	.323
	Equal variances not assumed			2.156	317.606	.032	.167	.078	.015	.320

【注意事项】

(1)理解独立样本 T 检验中的“独立样本”概念。独立样本指的是进行某个处理或控制的两个样本之间相互独立。

(2) 注意到独立样本 T 检验只是 T 检验的一小部分内容，更多的内容请参考其他的统计书籍。

项目七

会展调研报告的撰写与汇报

学习目标

【知识目标】

◆ 了解会展调研报告的种类

◆ 理解会展调研报告的撰写原则

◆ 掌握会展调研报告的结构和撰写形式

◆ 熟悉会展口头报告的准备工作

◆ 掌握会展调研报告和口头汇报应注意的事项

【技能目标】

◆ 能够撰写会展调研报告

◆ 能够运用PPT进行口头汇报

◆ 能够对会展调研报告的质量进行评析

【训练路径】

◆ 通过写作知识与案例，学习会展调研报告的写作方法

◆ 学生以学习小组为单位撰写一份会展调研报告

◆ 学习小组以调研报告为底本，制作PPT，进行口头汇报

◆ 对评析后的会展调研报告进行完善

会展调研报告是会展调研的最终成果，是前期工作的最后显现。调研者一定要重视调研的最后这项工作，在数据收集、整理和分析的基础上，及时形成调研报告，向调研结果的使用者报送有价值的调研结果。

会展调研报告的形式有两种：书面调研报告和调研口头汇报。

模块一　撰写会展调研报告

【工作任务】

以小组为单位，根据整理、分析后的数据资料，撰写一篇会展调研报告。要求资料翔实、观点明确、格式规范。字数：5000—8000字。

【理论指导】

一、书面调研报告的概念

调研报告是根据对某一事件、某一情况或某一问题，进行有目的、有计划的调研分析研究之后，揭示出事情的本质，总结出经验或教训，用纸质形式进行陈述的报告。

二、撰写会展调研报告的基本原则

会展调研报告是针对会展产业及其会展活动进行调研后撰写的书面报告，它是会展结果的使用者了解会展业总体情况、会展活动情况，进行决策或诊断问题的依据。撰写调研报告应该遵循以下原则。

（一）实事求是

调查就是为了摸清会展的有关情况，因此，调研报告的撰写务必忠实于收集、整理和分析的数据信息。不能以自己的喜好片面取舍材料，更不能更改数据资料。要以立诚守信的态度对待调研报告的撰写。

（二）目的明确

从撰写调研方案开始，就要明确调研目的，并将调研目的贯穿调研的始终。在撰写调研报告的环节，必须紧扣调研目的，根据调研结果使用者的需要，运用材料和观点回答“情况怎么样”，应该“怎么做”。

(三)重点突出

调研得到的数据信息是大量的，不能把所有的材料都写入调研报告当中。好的调研报告必须围绕调研结果使用者的需要，突出重点，揭示事物的本质。

(四)书写规范

调研报告要符合调研报告的格式要求，标题、前言、陈述情况、展开分析、提出建议，每一个部分都不能缺少。行文要条理清楚，具有逻辑性。文字要规范明白，数字要准确翔实，图表要清楚易懂。

三、会展调研报告的种类

(1)按照会展调研报告的内容，将调研报告分为综合性调研报告和专题性调研报告。

综合性调研报告。此类调研报告能够从不同的角度较全面、完整地反映会展业或会展活动的情况，详尽说明调研结果及其发现，如《××城市×年会展业发展的调查报告》包括出台政策，成立组织，会议、展览、节事活动的开展情况等，能够全面地反映一地的会展产业的发展状况。又如《××城市会展协会活动情况的调研》包括会员发展、会员服务、会员培训、协会活动等。

专题性调研报告。此类报告是针对某个问题或侧面而撰写的报告，如《杭州市会议公司发展的调查报告》《关于××地会议场馆使用情况的调研报告》《关于××节庆活动观众需求的调研报告》。

(2)按照会展调研对象，分为展览活动调研报告、会议活动调研报告、节事活动调研报告。

(3)按照会展调研范围，将调研报告分为区域性会展业调研报告、全国性会展业调研报告、国际性会展业调研报告。

(4)按照会展调研报告的呈递形式，将调研报告分为书面调研报告和口头调研报告。

四、会展调研报告的结构

(一)标题页

标题页点明报告的主题,包括会展调研报告的题目、报告的撰写者、提供报告的日期。会展调研报告的题目要能够概括地表明会展调研的性质。会展组织自身进行的调研,报告的撰写者是该组织内的某个部门。如果是接受某一会展相关组织的委托进行的调研,报告提供的对象是委托客户的单位,撰写者是提供会展调研服务的单位,如咨询公司、学校等。有时需要一一列明调研人员的姓名,或者写明调研项目负责人姓名,有的还要写上调研项目负责人的联系方式。

例如:

会展业品牌化趋势初窥

——上海会展业调研报告

调研成员:××× ××× ×××

负责人:×××

×年×月×日

(二) 目录

调研报告一般都要求编写目录,以便读者查阅特定的内容。目录能够清晰地反映调研报告各章节的标题,内容起始的页码。一般要求编写两个层次的目录。有些报告还有图表目录、附件目录。

例如:

目录

摘要……………………………………………………… 1
一、调研概况 ……………………………………………… 2
1. 调研背景及目的………………………………………… 2
2. 调研主要内容…………………………………………… 5
3. 调研方法………………………………………………… 8

（三）摘要

摘要是整个会展调研报告的主要内容的反映，应该写得高度概括。摘要一般包括：一是会展调研目标的简要陈述；二是调研方法的简要陈述；三是主要调研结果的简要陈述；四是结论与建议的简要陈述；五是其他需要说明的内容。

摘要是整个报告的核心，要简短、精练，重点突出，使阅读者能够大致了解本次调研的主要情况。摘要力求能够引起阅读者(会展结果的使用者)的兴趣。

摘要的撰写是在调研报告正文完成之后，摘取报告的核心内容进行概括介绍。

（四）正文

会展调研报告的正文部分包括引言、调研方法、调研结果、局限性、结论和建议。

1. 引言

引言也称前言，说明进行此项会展调研活动的背景、意义及要发现的目标，调查的对象、范围、方法、结果等。

2. 调研方法

调研方法一般需要从以下几个方面加以说明：

(1)数据采集的方法。说明信息是采用什么方法获得的。如第一手资料是采用询问调查法、观察调查法，还是试验调查法取得的；第二手资料是通过查找法、索取法还是购买法取得的。

(2)抽样方法。说明此次会展调研抽样框如何确定，样本单位有哪些，它们是运用什么方法被抽取出来的。

(3)分析方法。说明是使用定量分析的方法还是理论分析的方法(归纳法、演绎法等)，或者是两者结合使用。

3. 调研结果

会展调研结果在正文中占据了最大的篇幅，它是调研报告的主体内容，包括两个方面：一是调查情况内容，二是研究情况内容。调研报告要反映前期的调查情况，就需要将对会展产业或会展活动进行深入调查而占有的材料(一手资料、二手资料)，用数据、实例等写入报告中，客观真实地呈现调查所得到的情况。在掌握了大量的数据信息之后，要经过整理、归类、比较、分析，透彻地揭示事物的本质，详细说明研究情况，并使前后部分的内容紧密关联。

这一部分会运用相当多的数据、图表呈现调研结果，并要对这些数据、图表进行解释、说明，要求用最准确、恰当的文字做出描述，并且用最严谨和富有逻辑的语言分析情况、阐明观点。

参考案例

2010年中国会议统计分析报告(节选)

1 基本统计

1.1 按会议市场分类的统计

1.2 按会议规模分类的统计

1.3 按会议学科分类的统计

1.4 按会议承办单位分类的统计

1.5 按会议内容分类的统计

(http://res.meadin.com/IndustryReport/67107_1.shtml.)

这里只是罗列了会议数据统计各类别的小标题，里面的内容十分丰富，具体不在这里呈现。

4. 局限性

一般来说，调研活动和报告，都会受到各种因素的局限，譬如，调研时机、样本框等等，所以在调研报告中，应该指出此次调研还有哪些不足，必要的时候，还需要将不足之处对调研报告的准确性有多大程度的影响做出说明，以使调研结果的使用者以审慎的态度采纳调研结果。

5. 结论和建议

结论和建议是调研报告的最后一个部分。结论是基于对调研结果的分析得出的观点，结论要精练，表述要做到条理清楚，能使调研结果的使用者抓住实质。结论的阐述应该比摘要中的结论更加具体、详细，还应辅以一定的议论。

建议是根据前面对结果的分析，有针对性地提出需要采取什么措施、方法、步骤。建议应该是合理的、切实可行的，便于调研结果的使用者参考或直接采纳。

当然，有一些调研报告只需要陈述调研的情况，不需要提出建议。

(五) 附录

会展调研报告正文结束后，应该将调研中出现的调研方案，调查问卷，调查访谈提纲和访谈记录，观察记录表，统计数据等作为附录，放在文后，以表明调研材料的真实性，也便于调研结果的使用者进一步了解调研的原始情况和调研的技术。

五、会展调研报告的撰写形式

(一)标题的形式

调研报告要采用能揭示中心内容的标题，具体写法有以下几种。

1. 公文式标题

这类调研报告标题多数由事由和文种构成，是非常规范化的调研报告标题格式，基本格式为“××关于××××的调研报告”“关于××××的调研报告”等。如《××关于建设国际会展中心的调研报告》《关于贸易类展览会举办状况的调研报告》。

2. 一般文章式标题

这类标题直接阐释调研报告的中心，一目了然。如《2013年××市会展业发展迈出新的步伐》《杭州打造国际会议目的地对策研究》。

3. 提问式标题

这是典型调研报告常用的标题写法，特点是具有吸引力，能够引导读者往下看，探寻答案。如《智能化宾馆受欢迎吗》《企业为什么要参展》。

4. 正副题形式标题

这是用得比较普遍的一种调研报告的标题，正标题揭示调研报告的思想意义，副标题表明调研报告的事项和范围。如《“特”展览，“强”会议，“优”节庆——杭州市会展业发展态势调研》。

（二）开头部分的形式

开头部分的形式一般有以下几种写法。

(1)交代这个会展调研的起因或目的，时间和地点，对象和范围，经过与方法，以及人员组成等调研本身的情况，从中引出中心问题或基本结论。

例如，《中国(杭州)健康生活文化节参展商满意度调研报告》开头。

调查目的：2013年中国(杭州)健康生活文化节主办单位是中国医疗保健国际交流促进会、杭州市健康促进协会；承办单位是杭州商益会展有限公司。它是在中国(杭州)健康产业展览会的基础上形成的，其中有两个展览会：(1)2013全国“治未病”及亚健康防治科普大会——科技成果及产品展示会；(2)中国(杭州)健康保健产业博览会，共有300多家参展商参加，具有了一定的规模。从原来的健康展览会到健康生活文化节，参展商会做出怎样的选择，他们对转型后的展览有怎样的评价？我们将通过调查分析，将调查结果撰写成报告，希望能够为健康生活文化节组办方掌握参展商的满意度情况提供真实信息，为展会的提升和发展服务。

调查范围：参加2013年中国(杭州)健康生活文化节展览会的全部参展商。

调查方法：问卷调查、抽样访谈，并采用SPSS统计分析软件对问卷进行数据分析。

项目时间：本项目从2013年3月1日开始，于2013年5月25日结束。

调查人员：杭州科技职业技术学院2012级会展专业学生，在展会组办方的指导下完成。

质量控制：为最大限度地避免人为性误差，确保调查数据的准确性，所有提交问卷，按照"一审一复一校正"的方法，确保进入分析阶段的数据的完整性和准确性。其中一审定在访问员交回问卷时当面进行；复核在一审结束后进行（在调查访问结束后24小时内完成）；校对工作在调查访问结束后三天内完成。

（材料来源：杭州科技职业技术学院"会展调研"课程工学结合调研项目——"2013年中国（杭州）健康生活文化节参展商与观众满意度调研"整理资料）

（2）开门见山，揭示主题，即文章开始就交代调研的目的或动机，揭示主题。

例如，《杭州打造国际会议目的地对策研究》开头。

关于国际会议目的地，国内尚无具体的定义。按照李思瑶先生的描述，"所谓国际会议目的地，是指具备高端、大型会议召开条件，在国际上具有较高知名度，成为会议目的地的城市"①。

按照国际大会与会议协会（ICCA）的统计，每年全世界举办的国际会议中，参加国超过4个、参会外宾人数超过50人的各种国际会议有40万个，会议总开销超过2800亿美元。世界上许多国家和城市把会议产业作为城市重要产业发展，如瑞士、瑞典，美国纽约、法国巴黎，亚洲如新加坡、韩国等。

目前我国会议业面临国际化的发展契机，国际大会和会议协会（ICCA）CEO Martin Sirk曾公开表示，中国有潜力拥有国际会议市场60%的市场份额。北京、上海、广州、大连、杭州五城市已经进入全球最具权威的国际会议组织ICCA发布的2008年度国际会议城市排行榜。目前，国内许多城市正你追我赶，着力打造会议城市，吸引国际会议。杭州要成为国际会议的首选目的地之一，挑战与机遇并存，时间紧迫。

（材料来源：周晓音，《杭州打造国际会议目的地对策研究》调研报告）

① 李思瑶：《国际会议目的地特征与培育研究——以成都为例》，《中国经贸导刊》2010年第21期。

(3)提出问题,引入正题。例如,《中国饭店市场城市景气分析报告》开头。

在2010和2011年的《中国饭店市场城市景气分析报告》中我们所提及的预计大量在建新增国际品牌饭店将进入市场,已经慢慢转变为大量新增供给进入市场。这会对市场产生怎样的影响?饭店业主、饭店运营商和饭店投资者会如何对市场现状做出下一步的反馈?面临的转折点是否是下一个起点?

基于2010年和2011年中国旅游饭店业协会会员及有关单位对报告的良好反应,中国旅游饭店业协会和仲量联行酒店集团继续合作,于2012年第一季度对国内各地的饭店业绩表现进行了问卷调查。

(材料来源:《中国会议酒店》2012年第3期,第31—36页)

(4)结论先行,把会展调研的结论放在开头,如肯定优势、指出问题、提示影响等,然后再逐步通过调研数据和分析进行论证。

例如,

×××是我们福特汽车公司新研制的一款B级轿车,通过对×××在西博车展上的观众调研,我们认为它在杭州乃至浙江及其周边地区的市场具有竞争力,很受年轻人群的欢迎。下面我们从以下几个方面进行阐述。

(材料来源:编著者教学案例)

(三)论述部分的形式

论述部分是调研报告中最主要的部分,这部分详细叙述调研的基本情况,进而分析调研所得材料中的各种数据信息,得出各种具体认识、观点和基本结论。论述部分是否资料翔实、内容准确、分析透彻、表达明白清楚,直接关系到整篇调研报告的质量和作用。论述部分主要包括基本情况部分、分析部分和结尾部分。

1. 基本情况部分

一般是将调研得到的数据信息一一进行介绍,做客观的说明。基本情况要具体介绍,但也不能把调研得来的所有东西都写上去,筛选标准就是与调研目标是否有关,与后面的分析、观点等是否有联系,没有联系的就不要写上。

2. 分析部分

分析部分是对调研材料进行分析、归纳、比较、演绎、实证等等,得出结论。会展调研分析有三种情况:一是原因分析,对会展情况形成的原因进行分析,如《××展会创品牌展会的优势与劣势分析》，就需要发现这个展会的亮点与不足，寻找成因。形成这些特点的原因是多方面的，要充分进行分析，并为最后提出、解决问题的方法做铺垫。二是利弊分析，如《××会议选择会议地点的调研分析》，就需要对几个会议城市的会议中心、宾馆、城市的可进出性、价格等各种条件、因素进行比较，分析其利和弊，寻找出最合适的地点。三是预测分析，根据往届活动的状况、目前市场的情况等，寻找规律，进行趋势的预测，如《调查显示：二、三线城市将成会议产业竞争新焦点》一文中所述："目前很多国际酒店集团都将中国作为其发展的重要市场之一，在一线城市酒店数量日趋饱和的情况下，更具吸引力的价格、逐渐完善的基础设施以及丰富的旅游资源，将使二、三线城市成为诸多酒店集团扩张的重要版图。""目前大型国际会议正在向新兴市场移动，亚太、拉美和南非都将是会议举办目的地。而中国有很大优势，正在逐渐成为世界关注的重要会议目的地。"[①]就是分析国际会议市场对我国二、三线城市进行会议产业发展的趋势预测。

论述部分的层次段落在安排形式上分为以下几种。

(1)层层深入形式。层层深入形式也称纵式结构。各层的逻辑关系是不断地深化，一层一层如剥笋一样不断递进。它有两种形式：一是按调查事件的起因、发展、结果的先后次序进行叙述和议论。如《某某展会展商状告组办方情况的调查报告》按事情的起因、发展、结果的过程进行论述，有助于读者对事件有深入全面的了解。二是按成绩、原因、结论层层递进的方式安排结构。如《2012杭州国际动漫节成绩喜人的背后》，先论述了2012第八届中国国际动漫节共有来自61个国家和地区的461家中外企业参展参会，超过208万人次参加了动漫节的各项活动，签约项目165个，涉及金额104亿元，现场成交金额42亿元，总金额达146亿元，是目前国内规模最大、人气最旺、影响最广的动漫盛会。然后透过这一系列的成绩，寻找原因，得出结论。

(2)并列形式。并列形式也称横式结构，把调研的内容，加以综合分析，紧紧围绕主旨，按照不同的类别分别归纳成几个方面来写，每个方面加上小标题，各方面之间的关系是并列的。如《××展会的优势分析》：一是展会历史悠久，分析其从什么时候开始办展，经历了几年培育之后的发展情况、认知度；二

---

① 雷敏：《调查显示：二、三线城市将成会议产业竞争新焦点》，新华网，2011年2月2日，http://news.xinhuanet/com/local/2011-02/02/c_/21048391.htm。

是展会规模巨大，分析其面积，展商和观众数量，成交量等；三是展会内容相关产业链成熟，分析其产业链上下游的情况、产业环境等。这三方面的优势是并列的。

(3)综合展开形式。综合展开形式又称综合式结构，这种调研报告形式兼有纵式和横式两种结构的特点，互相穿插配合，组织安排材料。

由于论述部分一个大问题往往由若干个小问题组成，内容多，篇幅长，一般需要分若干个层次，以分两个层次为多，在序号表达上：第一层标题序号为"一"，第二层标题序号为"1"。如果内容多，需要步步深入的分析，也可以分三个层次，在序号表达上：第一层标题序号为"一"，第二层标题序号为"（一）"，第三层标题序号为"1"。

3. 结尾部分

结尾部分是调研报告的结束语。会展调研报告的使用者能够通过结尾加深印象、提高认识、引发思考，起到解决问题和决策工作的作用。结尾的写法也比较多，一般有以下几种形式。

（1）可以提出解决问题的方法、对策或下一步改进工作的建议。

（2）总结全文的主要观点，进一步深化主题。

（3）提出问题，引发人们的进一步思考。

（4）展望前景，增强信心。

【实践操作】

撰写会展调研报告的步骤分为：确定主题、整理材料、拟定提纲、撰写初稿、修改、定稿，如图 7-1 所示：

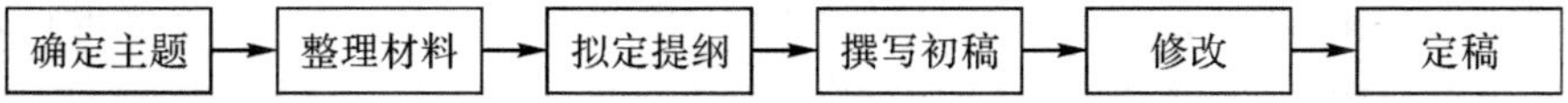

图 7-1　会展调研报告撰写步骤

一、确定调研报告的主题

主题要有现实意义，努力做到深刻、新颖。主题一般表现为调研报告的标题，如《××城市会展协会展会服务分析报告》，就是针对某地的会展协会为会展活动所做的展前服务、展中服务、展后服务情况的调研分析。主题的撰写应注意以下两个方面。

(1)调研报告的主题必须与调研主题相一致。

(2)主题要体现调研的价值,既能提炼、揭示出事物的本质,又具有新意。

二、整理写作材料

围绕会展调研报告的主题对调研取得的材料进行选择,有所取,也要有所舍,不能把所有调研得到的信息都照搬上去。材料的整理应注意以下两个方面。

(1)选取的资料要具有准确性。

(2)舍弃与主题无关的或关系不大的调查材料。

三、拟定提纲

提纲是指会展调研报告的框架,其特点是纲要性、条理性和层次性,要做到纲目清楚。调研报告一般分为三个层次:基本情况介绍、综合分析、结论与建议。合理的结构有助于撰写时思路清晰,也便于会展调研结果的使用者阅读和使用报告结果。拟定提纲包括以下两个步骤。

(1)列出提纲的条目。

(2)根据条目再写出主要的观点。

四、撰写初稿

按照提纲撰写初稿。由一人执笔撰写,或者数人分工撰写一人统稿,围绕主题对调研材料进行运用和分析。撰写初稿应注意以下两点。

(1)叙述、说明与议论相结合,使之在真实材料的基础上有深度分析。

(2)灵活运用调研报告常用的说明方法:数字说明、图表说明、举例说明、分类说明和对比说明等。

五、修改

俗话说,文章不厌百遍改。在初稿完成之后,要围绕报告的主题,对调研的材料、文字、结构进行反复斟酌,调整、修改,确认报告持之有据、言之有理、观点鲜明、逻辑合理,并符合格式的规范。

六、定稿

按照要求完成写作,最后定稿,递交会展调研报告的使用者(委托方)。定稿需要注意以下两点。

(1)字体、字号、行距要认真选择，版面美观大方。

(2)一般用A4纸打印;左侧装订，做到不掉页。可采用钉装、线装或胶装的方式。

【注意事项】

一、真实客观地反映情况

详细全面地占有大量第一手和第二手的材料，才能使会展调研报告所运用的材料具有真实性、可靠性，据此进行分析、综合，形成观点，以获得正确的结论。撰写调研报告时，要真实地反映客观情况，不能对调研材料进行有利于我的“取”，不利于我的“舍”，而是要实事求是，否则所得到的结论就会是片面的，或者是错误的，不利于阅读者掌握真实情况。如果某展览会的调研报告采纳了一些亮点的数据，而忽略了一些问题的数据，得出的结论就会失真。这样“一白遮百丑”的报告，既不利于组办方解决会展活动的一些问题，也不利于参展商和观众了解真实情况。真实性是调研报告的写作基础，也是调研报告的力量所在。

二、观点要与材料紧密结合

观点要从材料中来，建立在事实材料的基础上，即在统计分析数据、梳理信息的基础上形成观点。在写作调研报告时，要注意观点与材料紧密结合，得到材料的有力支撑。可从三个方面着手：一是选用具有代表性的材料来说明观点。二是用准确的统计数字来说明观点。三是通过不同事物或不同方面的对比来突出观点。需要注意的是，切忌堆砌材料、罗列现象，缺乏深入的分析，没有观点和结论，这样的调研报告价值就不大。

三、针对性要强

会展调研是会展产业和会展活动的相关组织对所关心的情况或问题，通过全面、深入、细致的调查与分析，得出正确的结论，起到决策、宣传、咨询的作用。所以，调研报告的写作要目的明确，有针对性，材料与观点能够为解决某个具体问题提供决策的依据。如针对会议举办场所进行的调研，根据组办方的要求，调研会议参加人员的成分、需求，会场的地理位置、设施、停车场地、价格，是否能够附带展览，会场周边的宾馆数量、等级，是否能够满足不同人员的需求，餐饮情况，城市的可进出性，娱乐、购物、旅游的场所，等等，做出分析，提出几个举办会议的地点，供组办方选择。

四、语言准确、平实，以叙述为主

调研报告要以准确、平实的语言进行陈述，可适当选用一些调研对象的语言以增加生动性、真实性，也可插入一些图表，使表现更加具象，一目了然。但要注意，不要用文学语言来进行描述。调研报告主要用叙述的方法，用事实来说明情况与问题；同时也要辅以议论，来阐明作者的见解和揭示事物的本质特征。要注意调研报告与论文体裁的区别，前者是说明情况怎么样，后者是阐明为什么这样。

五、要突出重点，有详有略

撰写会展调研报告，应根据调研目的对调查得到的材料进行梳理，抓住主题，深入分析，然后经过全面系统的构思，写作时做到有详有略，突出重点。切忌把收集到的各种资料无论是否反映主题全都一一进行分析。譬如，展会的满意度的调查，调研报告对参展商、观众反映的问题，没有选择、没有侧重地全部进行罗列，这样就会显得零散。在撰写时要注意，突出重点的问题，对于反映比较强烈的问题要重点写，分析原因，找出解决问题的方法。一般来说，重点的内容放在前面，由重到轻、由大到小排列。一些细枝末节的问题可以放在最后简略地提一提，或者略去。

参考案例一

杭州市会展业2012年度报告

2012年，是杭州会展业创新发展的重要一年，围绕“要把杭州建设成为全国首屈一指的会展城”的要求，以《杭州市“十二五”会展业发展规划》中提出的“打造最具魅力的国际会议目的地”为目标，杭州市会展业认真贯彻落实科学发展观，开拓创新，加强行业自律，维护行业权益，提升行业素质，为杭州市经济社会跨越发展做出了积极贡献。

成功举办的第十四届西湖国际博览会，以“品质西博，幸福杭州”为主题，坚持“品质至上，内容为王，服务发展，注重实效”的原则，共举办130个会议、展览、活动项目，实现贸易成交额221.34亿元，协议引进外资10.55亿美元，协议引进内资202.04亿元。来自40多个国家的友好城市代表、驻华使馆代表等中外来宾、客商、市民、游客共1487万人次参加了本届博览会，展示了杭州经济转型升级的新成就，宣传了杭州国际开放、文化文明的新形象，推进了杭州城乡区域统筹新发展和会展名城新建设，是一届更具品质、更富实效的盛会，一届精彩、亲民、圆满的盛会，为杭州稳增长、扩内需、调结构、促转型做出了积极贡献，更好地服务了杭州经济社会发展大局。

在全国城市会展管理办公室、中国会展联盟、各省市会展行业协会等联合举办的“2012年中国会展行业年会·全国会展节庆高峰论坛”暨年度颁奖盛典上，杭州市被授予“中国十大影响力会展城市”称号，本届西博会被授予“中国品牌展会大奖”。

一、总体情况介绍

1.展览业

据统计，2012年杭州和平国际会展中心、浙江世贸展览中心、杭州市国际会议展览中心(汽车城)、杭州休博园会展中心、杭州海外海国际会展中心、白马湖会展中心6个展览专业场馆共举办展览193个，其中国际展览数量35个，展览总面积达到201.8万平方米，与上年基本持平；单个展览平均展览面积约10456平方米。

各场馆举办展览数量和面积，以及杭州展览规模、展览来源分布情况见表1、表2。

表1　2012年杭州展览专业场馆举办展览数量和面积一览表

展览馆	展览数量(个)	展览总面积(万平方米)
杭州和平国际会展中心	55	72
浙江世贸展览中心	47	30.82
杭州市国际会议展览中心	1	8
浙江美术馆	46	63.6
白马湖会展中心	7	9.89
杭州海外海国际会展中心	45	15.4336

表2　2011年和2012年杭州展览规模分布

统计时间	2011年		2012年	
展览规模	数目(个)	所占比例(%)	数目(个)	所占比例(%)
2万平方米以上展览	34	20.24	14	6.93
1万至2万平方米展览	25	14.88	46	22.79
5000至1万平方米展览	45	26.78	69.8	34.59
5000平方米以下展览	63	37.50	72	35.69

2.会议业

市会展协会所属的宾馆饭店和浙江省人民大会堂等会议场馆2012年共承接各类会议9260个，同比增长8%，其中国际会议535个，占5.78%，同比增长18%，较往年均有较大提升。据中国会议酒店联盟统计，杭州市会议产业已在全国大中城市中位列第三。

3.行业组织

杭州市会议展览业协会作为杭州市会展业的行业组织，在搭建沟通互助平台、开展行业内部协调、促进行业自律、加强对外交流与合作等方面发挥着越来越重要的作用。2012年8月，协会理事会进行换届，成立了五个专业委员会：会议产业专业委员会、展览产业专业委员会、节庆活动专业委员会、会展教育专业委员会、会展衍生服务与用品专业委员会。从更细心、更具体、更专业的角度，加强行业规范化、专业化管理，加强对会员单位的业务指导。同时，新增会员单位13家，总数达到200余家，个人会员37名，基本形成了项目策划、展馆管理、设计布展、设备租赁等相配套的专业队伍，从业人员逾万人。会员企业在参与西博会的过程中不断发展壮大，所属产业结构更趋完善，包含组展公司、会议组织者、会展营销策划公司、会展场馆宾馆单位、会展配套服务单位、会展研究与教学机构六大类，形成了会展全程的完整产业链。

二、主要特点

1.创新平台，强化带动，显著推进产业转型

创新举办“转型升级·产业发展”经贸合作洽谈会，实施了国际投资合作大会、第十五届国内经济合作洽谈会、中国—拉美企业家峰会等一批经贸类项目，此次博览会被授予中国会展业最具影响(潜力)力的品牌盛会。其中国际

投资合作大会组织了城市(项目)推介、产业对接、论坛交流三大板块共18场活动,推出节能环保、金融产业、现代信息技术产业等重点对外招商项目100个,投资额总计超过250亿美元。

同时,围绕加快发展十大产业,推进产业转型升级,策划举办了十大产业展示交流会、文化创意产业博览会、工艺美术精品博览会、丝绸女装博览会、国际友好城市市长峰会、汽车工业博览会、国际休闲运动产业博览会等一批产业类会展活动项目,积极搭建合作交流的平台,加快新项目、新成果、新品牌的引进。12月,“2012中国杭州十大产业展示交流会”被授予中国会展业最具影响(潜力)力的品牌盛会。

2.整合引导,策划热点,扩大消费更富实效

策划推出了杭州新型中心镇评选活动,评出了杭州首批新型小城市和十大新型中心镇,生动展示了我市加快新型城镇化建设的新成就;将国际友好城市市长峰会、中国城市会展发展大会等部分项目延伸到县(市)举办,助推“现代服务业西进”和城乡区域旅游产业、休闲产业等服务经济一体化发展新格局的形成。

此外,在西湖和运河沿线举办烟花大会,吸引了113.8万人次观众现场观看;沿线宾馆、饭店、商场等诸多商家当日营业额显著提高。策划举办“购物天堂”“美食之都”两大系列活动以及第十三届中国(杭州)美食节、国际宜居生活节、国际电脑节、名茶博览会、建材家居博览会、房地产博览会、菊花艺术节等一批消费类会展项目,有效地拉动居民消费。

3.拓宽平台,集聚效应,加速会展名城建设

举办了创新中国2012全国总决赛、创业中华·相约杭州——2012侨界海外精英创业创新峰会等一批引领创新理念,推进创业创新的会展项目,进一步打造集聚新理念、激发新灵感、推进新发展的平台和载体;国际人才交流与合作大会进一步拓展平台,吸引了来自23个国家和地区的447名海外留学人才携487个项目前来参会交流,为城市发展积累了人才和项目资源。

同时,进一步唱好“四季歌”,全年安排了120余个会展项目,努力把杭州一流的品牌会展项目集聚到一个平台上加以培育、推广,不断提升杭州会展业的品牌力、集聚力和影响力。鼓励、支持和帮助杭州会展企业参与有关项目的组织举办,以城市的整体营销和提升发展,提高杭州会展企业的发展水平,增强市场主体的综合竞争力。

4.规范办展,建立标准,助推行业优质发展

2012年6月,杭州市会展业协会与浙江省会展业标准化技术委员会、浙江省会展行业协会共同进行了会展行业标准化试点的探索。经过层层审核,由杭州市会展业协会会员执行承办的四个品牌会展项目:2012中国杭州文化创意产业博览会、2012第二届中国智能博览会、第十五届(2012)西湖艺术博览会、第十六届国际腐食质会议等成功入选2012年度第一批浙江省《会展行业服务规范》标准化试点项目。通过《会展行业服务规范》培训、展会期间现场验收、展会结束总结考评等方式,带动了大批会员单位规范办展、自律守信,助推行业优质发展。

5.鼓励先进,扩大宣传,促进同业交流合作

2012年,杭州市会议展览业协会积极组织行业活动,利用一切有利机会组织企业参与会展项目,不仅体现了高效的资源整合能力,也促进了行业之间的互动交流,提供良好的合作契机。同时,鼓励先进,开展了2011年度杭州会展业优秀项目评选活动,使会展节庆活动真正成为打造杭州"国际重要的旅游休闲中心"城市品牌的平台。

而作为杭州市会展业权威刊物,《杭州会展》一直起着努力提升杭州会展业整体实力和对外影响力的作用。2012年一方面提升了刊物的编印质量,增设栏目丰富了内容,另一方面扩大了会刊发行面,在中国会展经济论坛、中国城市会展高峰论坛、休闲发展论坛等高规格、大规模的会议上发行,并加快了会刊信息化建设步伐,使会刊与西博网、会展网联动,实现了电子化阅读和传播。

(材料来源:西博网,2013年5月7日,http://www.xh-expo.com/492/2013/05/15366_1.html)

参考案例二

中国饭店市场城市景气分析报告(节选)

1.引言

在2010和2011年的《中国饭店市场城市景气分析报告》中我们所提及的预计大量在建新增国际品牌饭店将进入市场,已经慢慢转变为大量新增供给进入市场。这会对市场产生怎样的影响?饭店业主、饭店运营商和饭店投资者会如何对市场现状做出下一步的反馈?面临的转折点是否是下一个起点?

基于2010年和2011年中国旅游饭店业协会会员及有关单位对报告的良好反应，中国旅游饭店业协会和仲量联行酒店集团继续合作，于2012年第一季度对国内各地的饭店业绩表现进行了问卷调查。我们继续以调查所得的宏观需求数据、仲量联行研究部及仲量联行酒店集团内部的数据库为分析框架，对35个典型饭店市场未来三年的供给和需求形势进行了分析及景气预估。与此同时，我们结合了饭店消费市场周期、饭店资产周期等概念及旅游目的地城市饭店市场的形成与发展等浅析中国饭店市场中具有特色的市场现状。同时提供一些从成熟市场中获取的经验，为中国饭店业市场的前进与发展提供可参考的发展动力。报告中区域划分如下：

北部：黑龙江、吉林、辽宁、北京、天津、河北；

华东：上海、江苏、浙江、山东；

中部：山西、安徽、江西、河南、湖北、湖南、福建；

华南：广东、海南、广西；

西部：内蒙古、重庆、四川、贵州、云南、西藏、陕西、甘肃、青海、宁夏和新疆。

2. 中国饭店市场——问卷调查结果

2.1 调研背景

本次问卷调查得到来自全国各地饭店及饭店管理公司的问卷回复共251份，总计客房总数达到77574间。参与调研的饭店中，31.5%的饭店来自北部地区，28.3%来自华东地区，20.7%来自西部地区，10.8%来自中部，其余8.8%来自华南地区。该区域分布与2011年问卷回复情况基本保持一致。

从饭店星级划分来看，五星级饭店占41.8%，四星级饭店占39.0%，三星级饭店占13.9%，其他二星级及以下或者未评星级的饭店占5.2%。

从饭店所有权性质来看，49.4%的为国有性质，30.7%为私营，其他19.9%的饭店以合资、外商独资等其他所有制形式存在。

从饭店的经营模式来看，67.5% 的为业主自主管理，24.9%为委托管理，其他7.8%为特许经营、租赁经营及其他经营模式。

2005年及以前开业的饭店占总样本的72.1%，2006年至今开业的新饭店为27.9%，所占比例比较小。

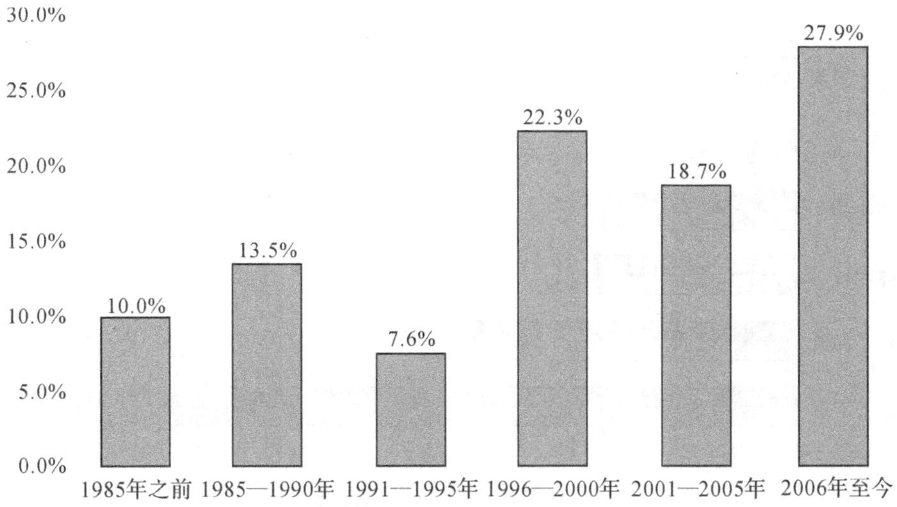

图 1 样本中饭店开业年份

来源:中国旅游饭店业协会调查结果(共 251 家饭店及饭店管理公司)

2.2 饭店业绩(略)

2.3 客源构成

参与问卷调查的饭店中,商务散客在客源构成中仍旧占主导作用。较 2010 年,2011 年样本商务散客上升 2.0 个百分点,商务团队上升 0.5 个百分点。商务客源占总客源的 65.8%。

在休闲客源中,休闲散客出现 0.2 个百分点的小幅增长,而休闲团队下降 1.9 个百分点。游客愿意自助出行的比例在增长,这从某个层面上说明自助旅游已经慢慢渗透成为一种普遍的休闲方式。自助休闲客源相对来说价格敏感度不如休闲团队高,休闲模式的转变也充分说明该部分客源挖掘的潜力。长住及其他客源均有小幅下降。

由于中国近年来经济相对稳定且温和发展,商务活动的频率维持在较为合理的范围内。中国作为一个新兴市场,相对欧美区域经济出现放缓的情况,仍具有市场活力。所以饭店管理者针对价格敏感度不高的商务客源提出较为积极的价格策略仍是对市场充满信心的表现。同时,商务客源对饭店硬件产品的损耗相对较小,可以有效维护饭店产品品质,延长饭店产品的可使用周期。其中拥有真正消费能力的商务散客是目前较多饭店运营者所追求的理想客源之一。

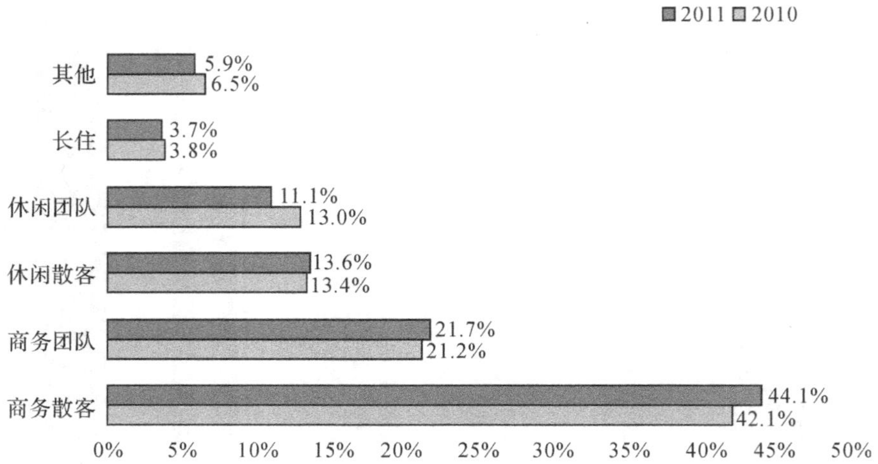

图 2　客源构成(2010—2011 年)

来源：中国旅游饭店业协会调查结果(共 251 家饭店及饭店管理公司)

(材料来源:《中国会议酒店》2012 年第 3 期，第 31—36 页)

模块二　进行会展调研口头汇报

口头调研报告是将会展调研的情况用口头报告的形式进行汇报，它是书面调研报告的补充。大部分调研工作都采取书面报告的形式，但是也有一些采取口头汇报的形式，一般是在调研的过程中，做阶段性的汇报，以便会展调研的使用者特别是管理层及时掌握情况，更好地布置下一阶段的工作；更多的情况是书面的调研报告加上口头汇报，一般是在整个调研工作基本结束后，将调研结果以书面的形式呈上，并以口头形式将调研的重点内容向会展调研的使用者特别是其管理层汇报，以引起他们对调研问题、调研建议的重视。

【工作任务】

以小组为单位，根据撰写的书面会展调研报告，精心选择口头报告内容，制作 PPT，进行会展调研口头汇报。

【理论指导】

一、口头调研报告的概念

会展口头调研报告是会展调研的主持人或者书面会展调研报告的执笔者，以口头陈述的形式向会展调研的使用者汇报调研方法内容、结果，以及分析后的结论与建议的活动。

二、口头调研报告的作用

(1)能在较短的时间里向会展调研的使用者介绍调研报告的主要内容，突出重点，能够节省使用者阅读书面报告的时间。

(2)口头报告运用声音的传播效果，辅以文字、图片，使汇报生动，令调研结果的使用者印象深刻，更能抓住重点。

(3)口头报告者与调研结果的使用者能够进行现场交流，进一步沟通信息，交流思想，补充内容。

三、口头汇报调研报告的要求

(1)使用清楚明白的语言。汇报人在进行会展调研的汇报时，一定要表述清楚、明白，并力求生动。汇报的条理性要强，语言通俗易懂，并辅之以表情和肢体语言，以强化表达的效果。切忌读报告材料，也不能用非常书面化的语言来汇报。

(2)把握好报告的时间。口头报告的时间过短，可能不能把主要的内容展开，影响汇报的质量；口头报告的时间过长，会令听者疲劳，影响听取的效果。所以，要精心准备，在适当的时间内完成口头汇报。如果对口头汇报有规定的时间，更要做到汇报时该详则详，当略则略，事先要进行试讲，做到用时得当。

(3)清楚回答听者的问题。汇报结束后，听者一般会就他们没有听清楚的问题或者想进一步了解的问题进行提问，有些问题可能还会超出书面调研报告的内容，所以汇报人一定要熟悉整个调研的情况，更要对调研报告的内容烂熟于心，做到胸有成竹，有问必答。

【实践操作】

一、确定主汇报人

(1)汇报人一般是调研活动的主要负责人,因为他全面了解调研情况。

(2)汇报人应该是有观点、有思想的人,能够综合调研的情况,并从中抽取出一些有价值的东西。

(3)汇报人应该有良好的表达能力,思路清晰,有逻辑性,能抓住中心,突出重点。

从会展调研到撰写调研报告再到口头汇报调研内容,一路下来,我们看到调研工作对会展调研人员的综合素质要求非常高,一是要善于沟通,了解会展组织方的需求;二是要有调研的能力,能分析问题、归纳问题,提出观点;三是要有良好的写作能力,能用准确的、规范的语言表达思想;四是要有清晰的表达能力,能化繁为简,提取调研报告的核心内容,并生动、形象地传达出来。因此,作为学习者,要努力提高政策理论水平与思辨能力,增加市场的阅历,增加文化的积淀,提高沟通能力。而要做到综合素质的提升,在于"汝果欲学诗,诗在功夫外"。

二、做好汇报准备

(1)确定汇报提纲。围绕调研问题、调研目标、希望解决的问题,设计汇报提纲。一要把握汇报的重点,把能够反映情况,最能揭示本质的东西抓住,有利于听取汇报者(即调研结果的使用者)对情况做出判断。不能面面俱到,事无巨细,否则就会散漫无边,令听取汇报者不得要领,抓不住重点。另外,听取汇报的时间一般有限,也不允许做无足轻重的汇报。汇报提纲一般提供给每一位听众,提纲不应包含数字或图表,而且还要留出空白供汇报的听众做记录或做上标记。二要注意汇报的条理性。因为是口头汇报,要让听取汇报者听得清晰、明白,便于记录,并能够对一些问题及时做出反应,所以汇报提纲一定要写得系统而不凌乱。三要注意量的把握,要根据时间确定汇报内容,详略得当。

(2)准备汇报需要的PPT。大部分的汇报都要求用PPT,通过一些文字、图片、表格,更加生动、形象地反映调研结果,使听取汇报者对调研现场的情况有更清晰的了解,如节事活动的场馆、旅游的资源等;也使听取汇报的听众能够更加集中注意力,抓住有价值的信息,如对比数据列表,不同色彩的文字表述等。需要注意的是，在进行口头汇报之前，要运用 PPT 进行试讲，使 PPT 的内容与口述内容紧密结合，确保汇报的效果。

【注意事项】

为了使口头汇报取得良好的效果，我们一般应注意以下几个方面。

一、要运用材料得出观点

材料是观点的基础，观点从材料中得出，即会展调研者要从实际材料出发，经过分析得出结论和建议。这样，既符合调研报告的组织习惯，也符合听众的听觉习惯。但切忌堆砌材料，罗列大量的数据，缺少深入细致的分析，无结论和建议，这样，整个汇报的价值就不大，甚至可能使汇报的听取者听后不知所云。

二、重点突出，切忌面面俱到

听取口头汇报的人员常常是调研结果的使用者(或者是委托调研的管理层人员)，他们听取汇报的时间有限，汇报者一定要抓住核心的内容，不能面面俱到、事无巨细地进行汇报。只有抓住重点，才能引起听者的注意，增强他们的记忆，有助于对调研结果的使用，对建议的采纳。具体详细的内容，可以请调研结果的使用者进一步看书面的调研报告。

三、PPT 要做得清晰悦目

口头汇报用的 PPT，主要是给听取汇报的人看的，所以图表、文字要清晰，色彩要鲜明，确保听者看得清楚。文字不能太小，密密麻麻地占据整个页面；一张图表也不能放太多的内容，标注的数据等一定要清晰。

参考案例

第四届中国(杭州)国际清洁能源与环保产业展览会调研报告

我们从四个方面向各位领导、专家进行汇报：展会情况、调研分析、结论与建议、附录。

第一部分　展会情况

第四届中国(杭州)国际清洁能源与环保产业展览会以“低碳经济”为主

题,2010 年 10 月 14—16 日在浙江世贸中心举行。

一、办展机构

主办方:杭州市人民政府、中国节能实业发展有限公司、欧中联合商会。

承办方:杭州钱江经济开发区管委会、杭州市发展和改革委员会、杭州市经济委员会、中国国际贸易促进委员会杭州市分会、杭州市西湖博览会组委会办公室、欧中联合商会杭州代表处。

执行方:杭州思诺博会展服务有限公司。

二、展览会内容

1. 新能源利用。

2. 水资源再利用。

3. 建筑节能技术。

4. 生活综合节能技术。

展览类别:太阳能、风力发电、生物质能、节能电器、节能技术、建筑、建材、水处理、消毒、污水处理等。

三、主要参展企业

展览会吸引了国内外的 300 多家企业参展,有来自法国、德国、英国、意大利等 17 个国家的 120 家国际企业,包括:施耐德电气集团、苏伊士燃气集团、宝马集团、法国核能集团等,国内企业包括中国节能投资公司、中国首钢、浙江正泰太阳能科技有限公司等。

四、展览区域

一号馆:新能源展品展示区。

五号馆:节能产品展示区、科研院校专利成果展示区。

五、展会项目

1. 专题研讨会。本届展览会组织了三个专题研讨会,有水处理专题研讨会、沼气与商业模式专题研讨会、城市垃圾处理专题研讨会,为参展商带来最新、最前沿的学界动态和技术方向。

2. 新产品与技术发布会。生物质固体燃料新产品与技术发布会、太阳能新产品与技术发布会、新型建材新产品与技术发布会,为展商展示自身公司的先进节能技术、产品和理念提供平台,并组织相应的观众前来参会。

3. 商务洽谈。展会专门设立了洽谈区,为展商和观众提供方便。特别是钱江经济开发区,与参会的所有企业、组织和机构进行了洽谈和联系,为开发区的招商引资带来了机会。

4.项目签约仪式。主办方对在2010年所谈的项目进行签约仪式，引进相关行业的国际知名企业，使好的项目能够得到转化。

5.参观活动。组织部分参展商考察钱江经济开发区，参观杭州能源与环境产业园，通过展览会的平台，更好地宣传杭州的开发区，促进杭州特别是钱江经济技术开发区的招商引资工作。

第二部分　调研分析

一、展会主办方分析

杭州市人民政府：在推进产业结构，打造新能源基地，发展城市低碳交通，引导市民低碳生活方面，其号召力、推进力强，有利于科研机构、企业、高等院校的跟进。

中国节能实业发展有限公司：是行业的龙头企业，在经济实力和技术实力上有利于本届展会的成功举办。

欧中联合商会：对国际参展商和国外观众的组织起到了很大的作用。

由杭州市人民政府、中国节能实业发展有限公司、欧中联合商会共同组成的主办方，拥有大量政府和行业的资源，它们既为自身寻找合作伙伴，又可以发挥沟通桥梁的作用，为相关各方寻找合作伙伴。政府的公信力、号召力比较强，政府在环保节能上的政策和推进措施，有利于科研机构、高等院校、企业的跟进，也容易获得媒体的支持。中国节能实业发展有限公司是行业的龙头企业，在经济实力和技术实力上，都有利于展会的举办。欧中联合商会的国际化背景，对国际参展商和国外观众的组织都非常有利，而且对低碳经济有关行业信息、发展趋势的认识具有前瞻性，都对展会有着积极的影响。由此，全链式的企业行为将能够在本届展会上得到集中展示。

二、展会主题分析

2010年第四届中国(杭州)国际清洁能源与环保产业展览会以“低碳经济”为主题，符合全球各国对减少温室气体排放、保护全球气候的共识，全社会都有致力于提高能源效率、开发利用清洁能源的责任，代之以消耗太阳能、风能、水能等清洁能源，取代石化能源，形成低碳的消费模式，进而实现全过程的低碳目标。展览会以“低碳经济”为主题，展出新能源、节能产品等，研讨垃圾处理、沼气与商业模式，发布清洁能源和环保产品的新技术新产品，体现了政府、企业、协会的责任感，保护我们人类的共同家园。

三、参展商数据统计分析

1. 参展商来源分析

通过展会现场调查统计，本届展会有来自中国、德国、美国、意大利、瑞典、芬兰、澳大利亚、新加坡、法国、波兰、日本、韩国、瑞士、匈牙利及中国香港、台湾等17个国家及地区的业界企业、机构，展商来源覆盖到欧洲、美洲、亚洲和大洋洲。

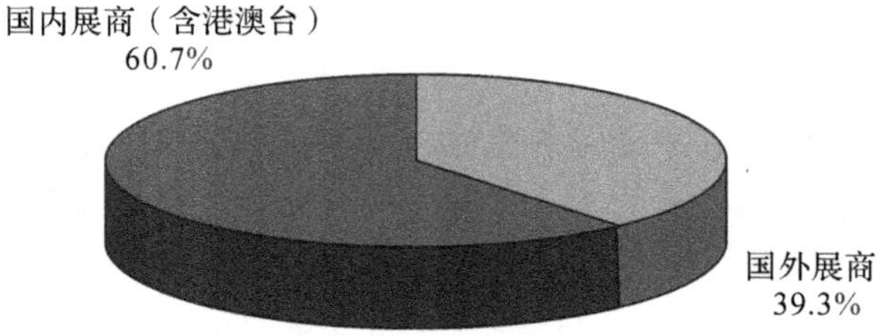

2. 参展商参展情况分析

通过展会现场调查统计，仅有8%的参展商第一次参展清洁能源与环保产业展览会，大多数参展商都参加过该展会。

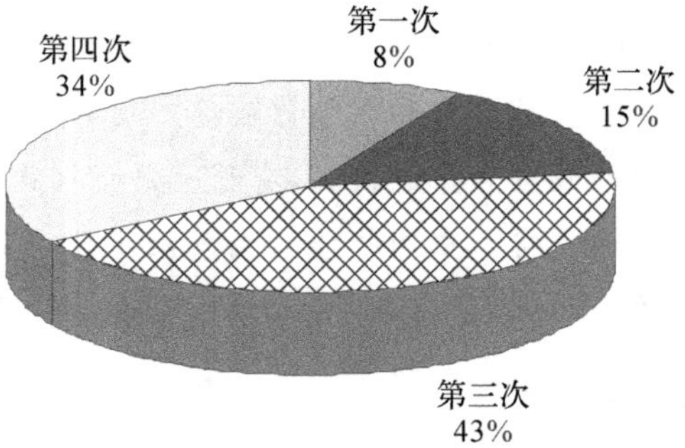

3. 参展商行业来源分析

通过展会现场调查统计，有34%的参展商从事清洁能源行业，20%的参展商从事节能行业，17%的参展商从事建材行业，这三个行业所占比例较大。

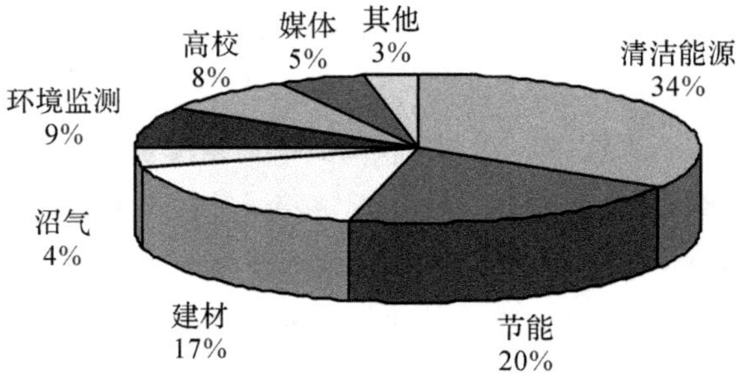

4. 参展商获得展会信息的渠道分析

通过展会现场调查统计，有60%的参展商是组委会对其直接邀请，还有一些参展商是通过媒体网络渠道了解该展会的。

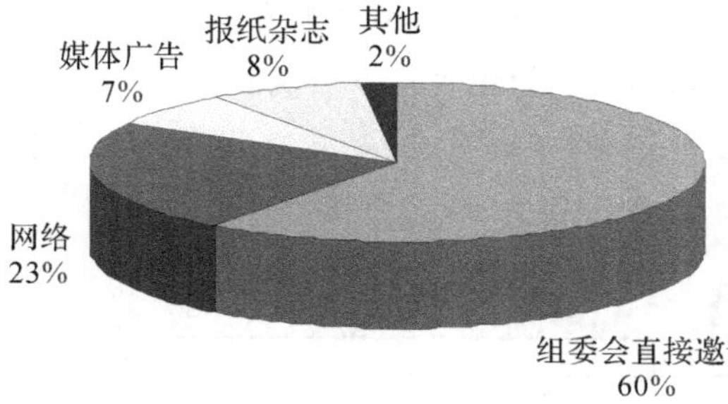

5. 参展商参展目的分析

通过展会现场调查统计，有35%的参展商来参加展览会是为了获得更多的订单，其他的参展商是为了与同行进行技术交流，等等。

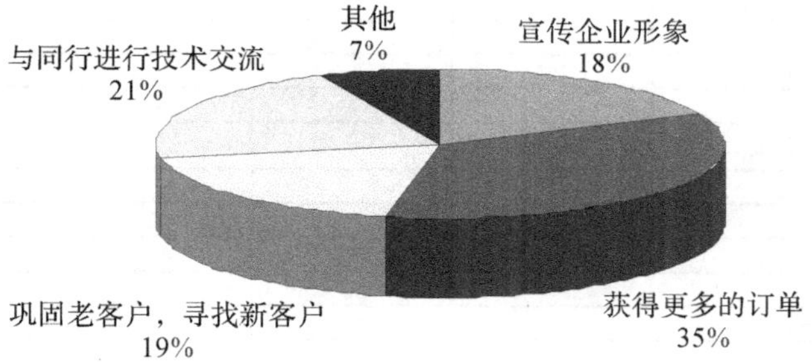

6. 参展商满意度分析

通过展会现场调查统计，对本次展会不满意的占2.9%，一般的占17.6%，47.1%的参展商持满意态度，32.4%的参展商持很满意的态度，由此可知，展览会总体效果较好。有99%的国内参展企业表示将会继续积极参加下届展会，有95%的国际参展企业表示愿意继续参加下届展会。

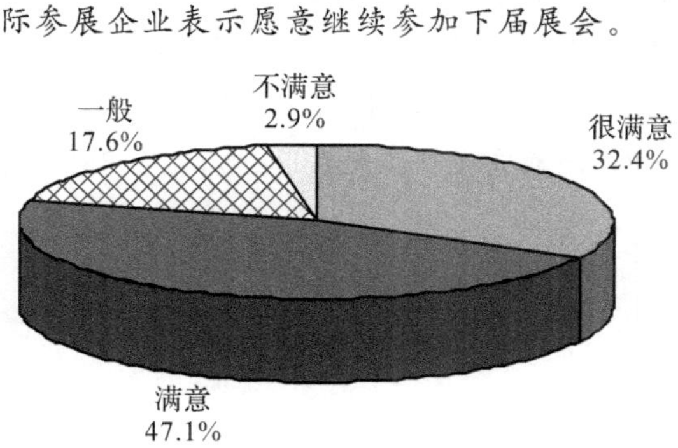

四、专业观众数据统计分析

1. 专业观众来源的统计分析

通过对展会专业观众现场登记和预登记数据库的统计，本届中国(杭州)国际清洁能源与环保产业展览会共吸引了来自17个国家和地区的专业观众，排名前五位的国家和地区有：中国内地专业观众占92.75%；中国香港地区专业观众占1.43%；中国台湾地区专业观众占0.87%；德国专业观众占0.80%；日本专业观众占0.75%，详见下图。

专业观众来源统计

	国家地区	现场	预登记观众	统计	百分比(%)
1	中国内地	3588	378	3966	92.75%
2	中国香港	28	33	61	1.43%
3	中国台湾	24	13	37	0.87%
4	日本	23	9	32	0.75%
5	韩国	21	4	25	0.58%
6	新加坡	13	6	19	0.44%
7	马来西亚	10	6	16	0.37%
8	美国	7	6	13	0.30%
9	加拿大	9	6	15	0.35%
10	德国	26	8	34	0.80%
11	意大利	8	9	17	0.40%
12	法国	5	3	8	0.19%
13	波兰	6	4	10	0.23%
14	匈牙利	5	0	5	0.12%
15	瑞士	1	4	5	0.12%
16	瑞典	2	6	8	0.19%
17	南非	5	0	5	0.12%
18	统计	3781	495	4276	100.00%

2. 境内专业观众地域来源统计分析

通过对境内专业观众现场登记和预登记数据库的统计，本届中国(杭州)国际清洁能源与环保产业展览会共吸引了来自21个省市的总计3966名专业观众，排名前五位的省市地区有：浙江省专业观众3063名，占77.23%；上海市专业观众216名，占5.45%；江苏省专业观众199名，占5.02%；山东省专业观众74名，占1.87%；北京市专业观众55名，占1.39%，详见下图。

境内专业观众省市统计

	省份	现场	预登记观众	统计	区域	百分比（%）
1	浙江	2918	145	3063	东部	77.23%
2	上海	168	48	216	东部	5.45%
3	江苏	159	40	199	东部	5.02%
4	山东	51	23	74	东部	1.87%
5	北京	36	19	55	北部	1.39%
6	广东	38	11	49	南部	1.24%
7	江西	43	5	48	东部	1.21%
8	湖南	13	23	36	中部	0.91%
9	福建	16	19	35	东部	0.88%
10	山西	24	10	34	北部	0.86%
11	湖北	22	8	30	中部	0.76%
12	河北	22	4	26	北部	0.66%
13	安徽	20	2	22	东部	0.55%
14	吉林	11	3	14	东北	0.35%
15	内蒙古	9	3	12	北部	0.30%
16	辽宁	8	3	11	东北	0.28%
17	四川	7	4	11	西南	0.28%
18	重庆	7	2	9	西南	0.23%
19	云南	7	1	8	西南	0.20%
20	河南	4	3	7	中部	0.18%
21	陕西	5	2	7	西北	0.18%
22	统计	3588	378	3966		100.00%

3. 观众所在公司从事的行业分析

根据调研数据，有36.93%的观众属于节能环保产业，还有1.60%的观众从事环境监测与治理，来参观的观众所从事的行业偏向节能环保较多，这符合本次展览会的性质。另外，工业/制造业和工程设计/房地产业的占31.84%，这反映了这两个行业对能源、环保比较关注。

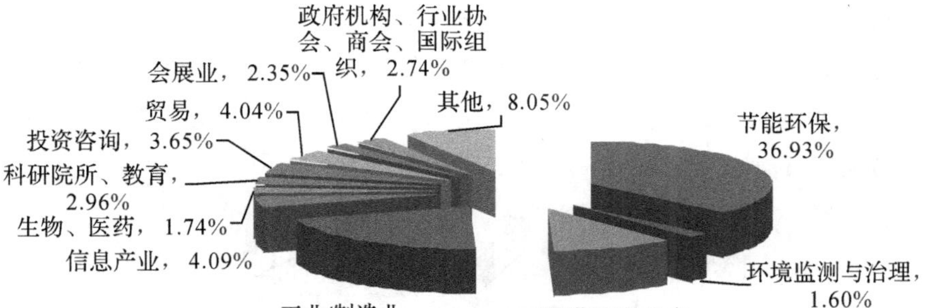

4. 观众参加本届展览会的目的分析

根据调研数据，有55.66%的观众参观本届展览会是为了了解市场前沿，16.87%的观众是为了进行技术交流，10.35%的观众是为了开展业务洽谈。由此看出，参加本届展览会的大部分观众都是为了借助这个平台进行信息交流。

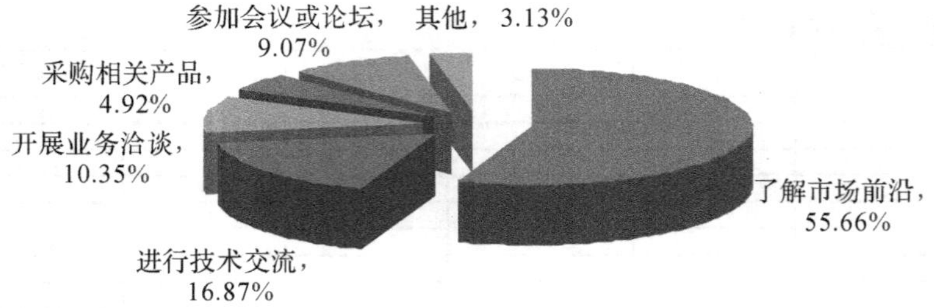

5. 观众在本届展览会上所感兴趣的产品分析

根据调查数据，29.41%的观众对节能技术与产品感兴趣，也有27.00%的观众对污泥、水处理较感兴趣，还有22.19%的观众对低碳技术感兴趣，这些数据都可以提醒承办方在承办下一届展会时，应该在节能技术与产品，污泥、水处理和低碳技术等展览活动上更加侧重。

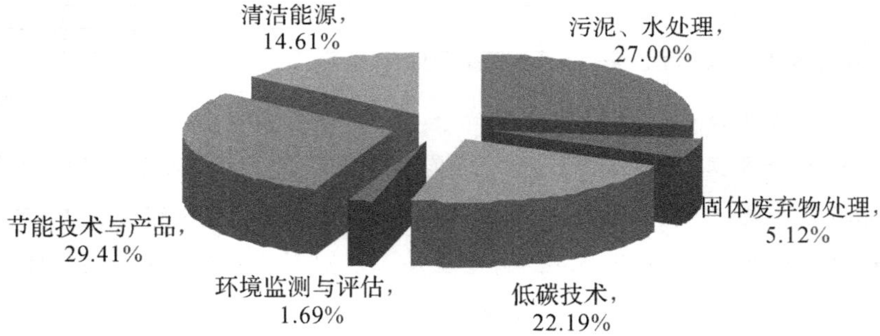

6.观众对展览会承办方工作满意度分析

根据调查数据，95%的观众对本届展会基本认可，其中有25%的观众非常满意本届展会，由此得出观众对承办方的工作较满意，也为下一届展会的成功举办奠定了良好的基础。

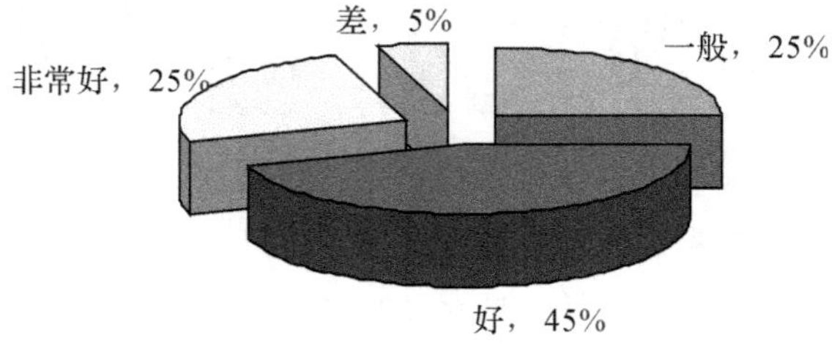

第三部分　结论与建议(略)

一、结论

(一)展会的成功之处

1. 展会主办方积极合作,资源丰富。

2. 展会主题新颖,紧跟时代潮流。

3. 组织企业参展,市场化专业化程度高。

4. 举办研讨会和新产品、新技术发布会,构建信息交流平台。

5. 积极组织洽谈,成功赢得一批意向客户。

6. 组织项目签约,成为展览会的亮点之一。

7. 组织参观考察,为开发区的可持续发展创造了更多条件。

8. 展会重视产业领域的"群聚效应"。

(二)展会的不足之处

1. 招展整体成绩良好,但国际观众数量较低。

2. 普通观众数量多,专业观众数量不高。

3. 同类型的展览会不断出现,给展览会带来了一定的影响。

4. 展会规模不够大,影响展商和观众的选择。

5. 展览会的宣传力度不够大,现场维持秩序有待加强。

(三)展会的 SWOT 分析

S(优势):

1. 政府、企业和商会的强强联合。

2. 定位清晰,凸显专业性。

3. 研讨会,新产品、新技术发布会信息量大。

W(劣势):

1. 来自国外的展商、专业观众数量偏低,专业观众整体数量不多。

2. 展会规模不够大。

O(机会):

1. 展会主题符合社会发展趋势。

2. 清洁能源、节能环保产业发展迅速。

T(威胁):

同类展会数量较多。

二、建议

1. 丰富手段，加强整体宣传。

2. 要以市场化手段为主，行政手段为辅。

3. 强化专业展览服务，培育展会品牌。

4. 从数量和质量上下功夫，组织好专业观众。

5. 选择合适的展会时间。

6. 更新部分展会项目。

7. 形成行业的联盟机制。

第四部分　附录

1. 第四届中国（杭州）国际清洁能源与环保产业展览会参展商调查问卷（略）

2. 第四届中国（杭州）国际清洁能源与环保产业展览会观众调查问卷（略）

（材料来源：杭州科技职业技术学院“会展调研”课程工学结合调研项目——“第四届中国（杭州）国际清洁能源与环保产业展览会调研报告”口头汇报整理资料，2011 年 10 月。《第四届中国（杭州）国际清洁能源与环保产业展览会调研报告》获得由中国商业联合会、中国会展经济研究会、教育部高等学校高职高专旅游管理类专业教学指导委员会联合主办的 2011 年（第五届）全国商科院校技能大赛会展专业竞赛总决赛会展项目调研组一等奖）

参考文献

[1] GRAVETTER F J, WALLNAU L B. 行为科学统计[M]. 王爱民,李悦,等,译. 北京:中国轻工业出版社,2008.

[2] 郑聪玲. 市场调研与分析[M]. 杭州:浙江大学出版社,2011.

[3] 胡祖光,等. 市场调研与预测[M]. 北京:中国发展出版社,2006.

[4] 张晓娟. 会展概论[M]. 大连:东北财经大学出版社,2008.

[5] 肖庆国,武少源. 会议运营管理[M]. 北京:中国商务出版社,2009.

[6] 施祖辉. 市场调研实务[M]. 上海:上海财经大学出版社,2002.

[7] 袭宝仁,曾祥君. 市场调查与预测[M]. 北京:航空工业出版社,2012.

[8] 阮红伟. 营销调研[M]. 北京:清华大学出版社,2011.

[9] 吴明隆. SPSS 统计应用实务[M]. 北京:中国铁道出版社,2001.

[10] 邓铸,朱晓红. 心理统计学与 SPSS 应用[M]. 上海:华东师范大学出版社,2009.

[11] 张文彤,邝春伟. SPSS 统计分析基础教程[M]. 2 版. 北京:高等教育出版社, 2011.

[12] 吴明隆. 问卷统计分析实务:SPSS 操作与应用[M]. 重庆:重庆大学出版社,2010.

[13] 陈胜可. SPSS 统计分析从入门到精通[M]. 北京:清华大学出版社,2010.

[14] 卢小金. 参展商实务[M]. 大连:东北财经大学出版社,2010.